**CD-ROM**

W0053497

 ÜBUNGEN

Mit den Übungen und Lösungen können Sie sich perfekt auf Einstellungstests vorbereiten:

- Allgemeinwissen
- Logisches Denken
- Rechenaufgaben
- Persönlichkeitsmerkmale

 WISSENSTESTS

Prüfen und erweitern Sie Ihr Wissen über Ihren potenziellen Arbeitgeber mit den Tests zu:

- Landespolizeien
- Bundespolizei
- Bundeswehr
- Zoll

 FOTOGENERATOR

Passbilder optimal an Ihre Anforderungen anpassen: Größe, Helligkeit, Kontrast und Skalierung sind individuell einstellbar.

 BEWERBUNGSGENERATOR

Geben Sie einfach Ihre persönlichen Daten ein und der Generator erstellt Ihnen perfekte Bewerbungsunterlagen.

 INTERNETLINKS

Hier finden Sie die Adressen der Einstellungsbehörden aller Bundesländer und des Bundes.

 HÖRTRAINING

Mit den Audiodateien sind Sie bei zahlreichen Vorstellungsgesprächen „live" dabei.

Bibliografische Information der Deutschen Nationalbibliothek

Die Deutsche Nationalbibliothek verzeichnet diese Publikation in der Deutschen Nationalbibliografie; detaillierte bibliografische Daten sind im Internet über http://dnb.d-nb.de abrufbar.

ISBN 978-3-448-10135-5   Bestell-Nr. 04433-0001
1. Auflage 2010

© 2010, Haufe-Lexware GmbH & Co. KG, Munzinger Straße 9, 79111 Freiburg
Redaktionsanschrift: Fraunhoferstraße 5, 82152 Planegg/München
Telefon (089) 8 95 17-0, Telefax (089) 8 95 17-2 50
Internet: http://haufe.de
Lektorat: Jasmin Jallad

Idee & Konzeption: Dr. Matthias Nöllke, Textbüro Nöllke München
Buchgestaltung: Barbara Loy, 80689 München
Umschlaggestaltung: fuchs design, 81671 München
Redaktion und DTP: Lektoratsbüro Cornelia Rüping, 81679 München
Druck: Schätzl Druck, 86609 Donauwörth

Claus Peter Müller-Thurau

Erfolgreich bewerben bei Polizei, Bundeswehr und Zoll

Inhalt

Einführung

Wer um sein Leben, seine Gesundheit und sein Eigentum fürchten muss, ist nicht wirklich frei. Deshalb gibt es keine Freiheit ohne innere und äußere Sicherheit. Ein Staat, der nicht alles tut, was in seinen Kräften steht, um seinen Bürgerinnen und Bürgern ein angstfreies Leben zu ermöglichen, verliert deshalb seine Legitimation. Und so werden denn Menschen gebraucht und gesucht, die Aufgaben rund um die Sicherheit zu ihrem Beruf machen möchten. Dass es hier um spezielle Berufsbilder mit besonderen Anforderungen und auch Chancen geht, zeigt sich bereits an der Kleiderordnung und dem Diensteid, den der zukünftige Amts- und Funktionsträger zu leisten hat.

Doch bevor es für einen Interessenten so weit ist, gilt es, den potenziellen Dienstherrn von der persönlichen Eignung für die angestrebte Laufbahn zu überzeugen. Das ist das Thema dieses Buches. Auf welche Eigenschaften und Qualifikationen kommt es an und mit welchen Auswahlverfahren werden diese ermittelt?

Ich habe als Autor viele gute Gespräche mit Repräsentanten der Landespolizeien, der Hochschule der Polizei Hamburg, der Bundespolizei, der Bundeswehr und dem Zoll geführt und die Ergebnisse in dieses Buch einfließen lassen. Nicht zuletzt durch diese persönlichen Begegnungen ist für Sie, die Leserinnen und Leser, ein besonderer Nutzen gewährleistet.

Nach der Lektüre dieses Buches sowie den Tests und Übungen sind Sie inhaltlich gut vorbereitet und mental fit. In diesem Sinne wünsche ich – ein ehemaliger Polizeibeamter des Bundes sowie Dozent der Universität der Bundeswehr, der Führungsakademie Hamburg-Blankenese und der ehemaligen Heeresoffizierschulen in Hamburg/Hannover – Ihnen eine gewinnbringende Lektüre.

Claus Peter Müller-Thurau
Hamburg, im Frühjahr 2010

Was ist das Besondere an der Arbeit bei Polizei, Bundeswehr und Zoll?

Spätestens seit Boris Becker es uns gezeigt hat, wissen wir, dass man nicht nur körperlich, sondern vor allem auch psychisch fit sein muss, wenn man vorankommen möchte. Wie begründete der Tennisstar doch seine Siege? „Ich war mental gut drauf!" Das aber ist Grundlage für jede sportliche Höchstleistung sowie für den Einstieg in den gewünschten Beruf und die weitere erfolgreiche Laufbahn. Die richtige Haltung ist die halbe Miete.

Bei Polizei, Bundeswehr und Zoll gibt es Funktionsprofile, die ein sehr hohes Maß an körperlicher und seelischer Belastbarkeit sowie an geistiger Wachheit umfassen. Schließlich sind hier Situationen zu bewältigen, die in Büros, Autowerkstätten und Industriebetrieben so nicht vorkommen. Doch was hat es nun mit der bereits im Einstellungsauswahlverfahren geforderten Fitness und intellektuellen Aufgeweckheit auf sich? Aus der Psychologie wissen wir, dass das eine Frage der Veranlagung, aber ganz entscheidend auch eine Frage des Trainings ist. Demosthenes hatte einen Sprachfehler und beseitigte ihn, indem er sich Kieselsteine auf die Zunge legte und gegen die Brandung des Meeres anredete. Er wurde zum größten Rhetoriker der griechischen Antike. Die farbige Amerikanerin Wilma Rudolph war nach einer schweren Kinderlähmung behindert und sie siegte dennoch bei den Olympischen Spielen 1960 in allen drei Kurzstreckendisziplinen beim Laufen. Kurzum: Wer mit weichen Knien und feuchten Händen in eine Bewerbungssituation geht und dann durchfällt, ist meist schlecht vorbereitet. Verordnen Sie sich ein Selbsttraining, um nicht unnötig einzubrechen.

Denken Sie aber auch daran, dass die sturen „Testknechte" das Rennen nicht machen. Natürlich müssen Sie die Tests bestehen – punkten werden Sie aber vor allem, wenn Sie sich gut informiert zeigen und als Persönlichkeit überzeugen. Machen Sie beim Lesen dieses Buches also nicht vorzeitig schlapp. Immerhin geht es bei Ihrer Bewerbung um zukünftige Aufgaben, die eine gehörige Portion Beharrlichkeit erfordern – sowohl bei der Polizei als auch bei Bundeswehr und Zoll. Nehmen Sie diese Lektüre und das Auswahlverfahren als sportliche Herausforderung an. Der Erfolg beginnt im Kopf.

LERNEN MIT MASS

„Bewerber sollten sich in jedem Fall gut vorbereiten, indem sie ähnliche Prüfungsaufgaben lösen. Außerdem sollten sie nicht bis tief in die Nacht lernen, sondern am Prüfungstag gut ausgeschlafen sein und sich dann ein vernünftiges Frühstück gönnen."

Professor Dr. Reimer Eggers, Hochschule der Polizei Hamburg

Berufliches Selbstverständnis: kein Job wie jeder andere

Sie können alle Tests mit Bravour bestehen – wenn Sie keine oder falsche Vorstellungen vom Berufsbild haben, für das Sie sich interessieren, haben Sie keine Zukunft bei Polizei, Bundeswehr oder Zoll. Daher müssen Sie zum Beispiel wissen, dass das demokratisch legitimierte staatliche Gewaltmonopol zu den großen Errungenschaften in der politischen Geschichte der Nationen gehört. Es war für viele Völker ein weiter Weg bis zu einem gesellschaftlich geregelten Umgang mit Macht und Gewalt. Jeder Funktionsträger bei Polizei, Bundeswehr und Zoll muss sich bewusst sein, um welch hohes Rechtsgut es hier geht und daraus sein berufliches Selbstverständnis und Selbstwertgefühl ableiten. Immerhin gibt es ja auch Staaten wie Afghanistan oder Somalia, in denen zum Unglück der Bevölkerung das staatliche Gewaltmonopol kaum oder gar nicht existiert. Dort gilt dann nur das Recht der Stärkeren und Skrupellosen.

Da Polizisten, Soldaten und Zöllner die Einzigen im Land sind, die Gewalt ausüben dürfen, haben sie eine besondere Loyalitätspflicht gegenüber ihrem Dienstherrn und der Verfassung. Dies wird symbolisch beim Amtsantritt durch einen Dienst- beziehungsweise Amtseid zum Ausdruck gebracht. Für Bundesbeamte lautet die Eidesformel beispielsweise so: „Ich schwöre, das Grundgesetz für die Bundesrepublik Deutschland und alle in der Bundesrepublik geltenden Gesetze zu wahren und meine Amtspflichten gewissenhaft zu erfüllen, so wahr mir Gott helfe."

Der Eid kann auch ohne die religiöse Beteuerung geleistet werden (§ 58 Abs. 2 BBG).

Staat und Gesellschaft wünschen sich aus guten Gründen solche Menschen in diesen Funktionen, denen klar ist, auf welche Aufgaben und Anforderungen sie sich mit ihrer Berufswahl einlassen. Machen Sie sich auch vorab bewusst, welche Vor- und Nachteile mit dieser Berufswahl verbunden sind.

VORTEIL	VOR- UND NACHTEILE EINER ANSTELLUNG BEIM STAAT	NACHTEIL
Der Arbeitsplatz ist sicher. Das stellt in Zeiten der Globalisierung und angesichts häufiger Konjunkturschwankungen einen großen Vorteil dar. In diesem Sinne kennt ein Beamter die Sorgen nicht, die viele Arbeitnehmer in der Wirtschaft umtreiben.		Abhängigkeit von einem Arbeitgeber: Die in der Wirtschaft übliche Freiheit, den Arbeitgeber nach Wunsch wechseln zu können, ist für Beamte kaum gegeben. Und wer vom Staat unvorteilhafte Beurteilungen erhält, kann seine beruflichen Ambitionen schnell vergessen.
Bundes- und Landesbesoldungsgesetze regeln die Einkommensentwicklung. Das gibt einem Beamten und seiner Familie eine komfortable persönliche Planungssicherheit in allen finanziellen Angelegenheiten.		Der Wechsel in ein anderes Berufsfeld ist wegen der Spezialisierung schwierig. Wer nach einiger Zeit feststellt, dass er sich für einen Weg entschieden hat, der nicht zu seinen persönlichen Neigungen passt, bekommt ein Problem.
Sonstige Vorteile des Beamtenstatus: Hier sind insbesondere die Beihilfe zu den Krankheitskosten und Pensionsansprüche ohne Einzahlungen in eine Rentenversicherung anzuführen. Einen Vorteil bringt auch die besondere Kreditwürdigkeit.		Die Karriereentwicklung jedes Einzelnen ist auch von der Zahl der Planstellen abhängig. Wenn alle höherwertigen Planstellen besetzt sind oder ein Beförderungsstopp besteht, kann man auch bei einer überdurchschnittlichen Leistung beruflich nicht aufsteigen.

Der Zugang zum mittleren, gehobenen und höheren Dienst

In diesem Kapitel sollen Sie nicht mit den Besonderheiten der einzelnen Bundesländer belastet werden, denn die finden Sie sowieso auf der jeweiligen Homepage. Vielmehr erhalten Sie eine Orientierung über die allgemeinen Voraussetzungen zu den Polizeilaufbahnen. Wer einen Ausbildungsplatz oder ein Studium bei der Polizei anstrebt, muss zunächst die folgenden allgemeinen Bedingungen erfüllen:

- Sie sind nicht mit dem Gesetz in Konflikt gekommen (im Sinne einer strafbaren Handlung).

- Sie sind Deutsche(r) im Sinne von Artikel 116 Grundgesetz (GG) oder Staatsangehörige/r eines Mitgliedslandes der Europäischen Union. (Für Angehörige anderer Nationalitäten gelten Sonderregelungen, die Sie erfragen sollten.)

- Sie bieten Gewähr dafür, dass Sie für die freiheitlich demokratische Grundordnung eintreten, wie sie im Grundgesetz verankert ist.

- Sie entsprechen der Mindestgröße oder sind größer (siehe Portal der Polizeien). In Baden-Württemberg liegt die Grenze beispielsweise für Männer und Frauen bei 1,60 Meter, in Berlin liegt sie für Männer bei 1,65 Meter und für Frauen bei 1,60 Meter.

- Sie verfügen über eine gute körperliche Fitness und einen guten Gesundheitszustand, das heißt, Sie müssen vollzugsdiensttauglich sein. Die gesundheitlichen Anforderungen sind übrigens in einer bundeseinheitlichen Vorschrift definiert.

Voraussetzungen für den mittleren Dienst (mD)

Hier dienen einige Kriterien als Beispiel, zwischen den Bundesländern bestehen Unterschiede. Informieren Sie sich im Internet.

- Sie besitzen oder erwerben einen mittleren Bildungsabschluss (Realschule oder als Hauptschüler einen als gleichwertig anerkannten Abschluss) oder einen Abschluss höherer Schulen.

- Manchmal wird zusätzlich eine „förderliche" Berufsausbildung verlangt.

- Sie können mit Ihrem Bewerbungszeugnis einen bestimmten Notendurchschnitt nachweisen (siehe Portal der Polizeien). Mit einer abgeschlossenen Berufsausbildung sind Ausnahmen möglich.

- Sie müssen am Tag Ihrer gewünschten Einstellung ein Mindestalter erreicht haben und dürfen ein bestimmtes Alter nicht überschritten haben (siehe Portal der Polizeien). Beispiel: In Berlin müssen Sie zwischen 16 und 24 Jahre alt sein.

- Sie können oberhalb dieser Altersgrenze zugelassen werden, wenn Sie eine abgeschlossene Berufsausbildung und eine mindestens zweijährige hauptberufliche Berufstätigkeit nachweisen können (siehe Polizei Berlin).

Anmerkung: Manche Bundesländer haben den mittleren Dienst abgeschafft, weil die Anforderungen an den Polizeiberuf in der Vergangenheit enorm gestiegen sind.

Voraussetzungen für den gehobenen Dienst (gD)

Bitte beachten Sie auch hier die Unterschiede zwischen den Länderpolizeien. Allgemeine Voraussetzungen sind unter anderem

- eine zum Hochschulstudium berechtigende Schulbildung oder ein als gleichwertig anerkannter Bildungsstand.

- Es wird eine bestimmte Abschlussnote vorausgesetzt, bei Zwischenzeugnissen wird ein Notendurchschnitt aus den Hauptfächern (Deutsch und Mathematik sind dabei) ermittelt.

- Wer im gehobenen Dienst weit überdurchschnittliche Leistungen zeigt, kann in den höheren Dienst aufsteigen.

Voraussetzungen für den höheren Dienst (hD)

Die Laufbahn des höheren Dienstes steht vor allem Hochschulabsolventen, zum Beispiel Master, offen. Gute Chancen haben Rechts-, Wirtschafts- und Ingenieurswissenschaftler. Generell bestehen aber für alle Studiengänge Einstiegschancen.

 DIE LAUFBAHNEN SIND „DURCHLÄSSIG"!

Wichtig zu wissen: Jeder Polizeibeamte hat grundsätzlich die Chance, bis nach ganz oben aufzusteigen.

Beamtenlaufbahn: Laufbahngruppen

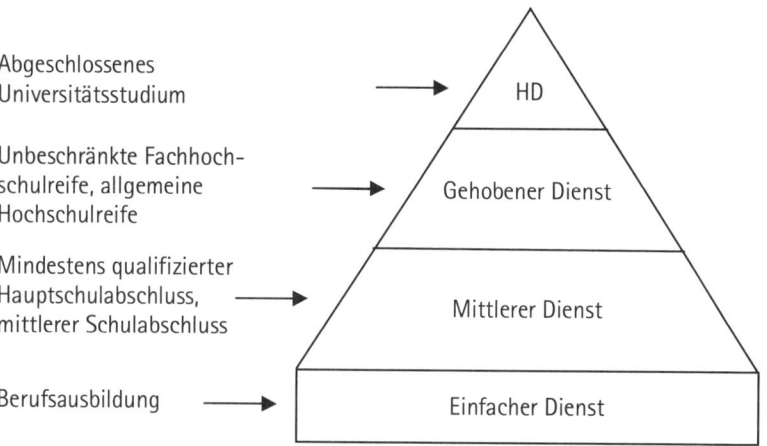

In der Abbildung dargestellt sind die Zugangsvoraussetzungen, wobei es Ausnahmen gibt. So gelten beispielsweise Sonderregelungen für Zeitsoldaten. Grundsätzlich ist der Aufstieg in die nächsthöhere Ebene möglich.

Ihr Berufseinstieg bei der Landespolizei

„Was machen Sie eigentlich?" Wenn Menschen einander kennenlernen, wird oft diese Frage gestellt. Dann liefern die Angesprochenen meist eine Berufsbezeichnung ab oder benennen die Organisation, der sie angehören: „Ich bin Mechatroniker", „Ich arbeite als Produktmanager" oder „Ich bin bei der Polizei". Den meisten Berufstätigen fällt es schwer, ihr Tun sprachlich auf den Punkt zu bringen. Doch was machen Polizeibeamte eigentlich? Hier eine Beschreibung von Professor Dr. Rafael Behr, Kriminologe und Soziologe an der Hochschule der Polizei Hamburg:

„Polizeibeamte und -beamtinnen sind Spezialisten, wenn es darum geht, vor Gefahren zu schützen und die öffentliche Sicherheit zu gewährleisten. Zu ihren Aufgaben gehört es, die Kriminalität zu bekämpfen, Gefahren abzuwehren und den Frieden zu sichern. Sie verteidigen eine pluralistische Gesellschaft mit einer Rechtsordnung, die dem Staat und dem Bürger Grenzen setzt."

Nach dieser Definition können Polizeibeamte ihr berufliches Selbstverständnis mit den folgenden Sätzen zusammenfassen: Wir verstehen uns als Spezialisten für

- die Anerkennung und Durchsetzung des Gesetzes,

- die Bewältigung und Abwehr von Gefahrensituationen,

- den Umgang mit Menschen in schwierigen Situationen,

- Grenzsituationen aller Art,

- eine weitgehende Befriedung (Pazifizierung) der Gesellschaft.

Damit haben Sie als Bewerber beziehungsweise Bewerberin einige wertvolle Anhaltspunkte für ein erwünschtes und notwendiges Berufsverständnis und die damit verbundenen Anforderungen – und können sich im Vorstellungsgespräch entsprechend profilieren. Wer sich gut vorbereitet zeigt, bekommt zu Recht Pluspunkte.

Bei der Gelegenheit gebe ich Ihnen noch einen kleinen Motivationsschub: Das Bild der Polizei hat sich in den vergangenen Jahren zunehmend positiv verändert. Das Wort „Bulle" ist aus der Mode gekommen. Und wenn Kinder – wie der Volksmund meint – die Wahrheit sagen, dann wird sich dieser Trend zukünftig verstärkt fortsetzen. Das Marktforschungsinstitut iconkids & youth (München) hat im Jahr 2009 im Auftrag des Apothekenmagazins „medizini" Sechs- bis Zwölfjährige nach ihrem Traumberuf gefragt. Hier das Ergebnis:

TRAUMBERUFE

1. Fußballer/Tierärztin	17,3/19,8%
2. Polizist/Lehrerin	10/9,3%
3. Pilot/Ärztin	7,8/8,4%
4. Feuerwehrmann/Sängerin	6,3/7,5%
5. Ingenieur/Krankenschwester	4,9/6%
6. Forscher und Kfz-Mechaniker/Kindergärtnerin	3,2/3,6%
7. –/Schauspielerin	–/3,3%
8. Lehrer/Model	2,9/3'%
9. Arzt und Profisportler/Tierpflegerin	2,3/2,4%
10. –/Polizistin	–/2,1%

Und wie sehen die Befragungsergebnisse aus, wenn die Kinder groß geworden sind? Hier das „Schülerbarometer 2009": Auf die Frage „Bei welchen Arbeitgebern würden Sie sich bewerben?" liegt nach einer Umfrage des Trendence Instituts im Jahr 2009 die Polizei bei Männern auf Platz eins und bei den Frauen auf Platz zwei.

MACHEN SIE SICH EIN BILD VOM BERUF

„Wie bei jedem anderen Beruf auch, ist es ratsam, sich mit dem Berufsbild und möglichen Tätigkeiten vorab zu beschäftigen."

Oliver Merz, Leiter Prüfungsamt der Bayerischen Polizei

Test: Was wissen Sie über die Landespolizeien?

Je mehr Hintergrundwissen Sie haben, umso sicherer und überzeugender werden Sie im Vorstellungsinterview, in Präsentationen und Gruppendiskussionen agieren. Fragen wie „Warum wollen Sie zur Polizei?" oder „Was wissen Sie über die Polizei?" können Sie dann locker beantworten. Machen Sie also bei diesem Test einfach einmal mit.

Wo stimmen Sie zu oder welche ist die beste Antwort? Bitte markieren Sie jeweils nur ein Kästchen.

1. Wie viele Landespolizeien gibt es in der Bundesrepublik Deutschland?
   - ☐ a. 16.
   - ☐ b. 14.
   - ☐ c. 1.

2. Der oberste Dienstherr der Landespolizei ist
   - ☐ a. der Polizeipräsident.
   - ☐ b. der Landesinnenminister beziehungsweise Innensenator.
   - ☐ c. der Bundesinnenminister.

3. Die Polizei ist ein
   - ☐ a. Legislativorgan des Staates.
   - ☐ b. Exekutivorgan des Staates.
   - ☐ c. Judikativorgan des Staates.

4. Die Landespolizeien besitzen

   ☐   a. einen Kombattantenstatus.

   ☐   b. einen eingeschränkten Kombattantenstatus.

   ☐   c. keinen Kombattantenstatus.

5. Wortgeschichtlich leitet sich „Polizei" ab von

   ☐   a. Police, also einem Vertrag.

   ☐   b. Griechisch „Pontus", auf Deutsch „Brücke".

   ☐   c. Griechisch „Polis", auf Deutsch „Stadt" oder „Staat".

6. Woher stammt das Wort „Bulle"?

   ☐   a. Vom oft aggressiven Verhalten der Polizeibeamten.

   ☐   b. Aus dem niederländischen „Bol", was so viel wie „Kopf", „kluger Mensch" bedeutet.

   ☐   c. Von der Sturheit vieler Polizeibeamter.

7. Die Tätigkeit der Polizei

   ☐   a. kann präventiven und repressiven Charakter haben.

   ☐   b. hat nur präventiven Charakter.

   ☐   c. hat immer repressiven Charakter.

8. Die Vollzugspolizei ist der Teil der Polizei, der

   ☐   a. für schnelles Handeln verantwortlich ist.

   ☐   b. von der Schusswaffe Gebrauch macht.

   ☐   c. den Hauptteil der Gefahrenabwehr vornimmt.

9. Typisch für den Polizeivollzugsdienst ist die Zuständigkeit für Situationen, in denen

   ☐   a. von der Schusswaffe Gebrauch gemacht wird.

   ☐   b. Rechtsbrecher verhaftet werden.

   ☐   c. sofort gehandelt werden muss.

10. Welche Aufgabenbeschreibung ist richtig und vollständig? Die Wasserschutzpolizei (WaPo) ist zuständig für

☐ a. schifffahrtsbezogene Kriminalitätsvorbeugung.

☐ b. schifffahrtsbezogene Kriminalitätsvorbeugung, Verkehrssicherheit auf dem Wasser und Umweltschutz.

☐ c. schifffahrtsbezogene Kriminalitätsvorbeugung und Verkehrssicherheit auf dem Wasser.

11. Die Bereitschaftspolizei (BePo) unterstützt den polizeilichen Einzeldienst unter anderem bei

☐ a. der Grenzkontrolle und dem Objektschutz.

☐ b. der Straßenverkehrsüberwachung.

☐ c. Naturkatastrophen und dem Objektschutz.

12. Die Kriminalpolizei ist

☐ a. auf die Prävention und Verfolgung von Verbrechen und Vergehen spezialisiert.

☐ b. auf die Prävention und Verfolgung von Ordnungswidrigkeiten spezialisiert.

☐ c. ist auf die Ahndung von Vergehen und Verbrechen spezialisiert.

13. Der Polizeiberuf hat viele Gesichter und bietet deshalb auch viele Möglichkeiten zur Spezialisierung. Ein Mobiles Einsatzkommando (MEK) beispielsweise ist insbesondere zuständig für

☐ a. die Befreiung von Geiseln.

☐ b. die verdeckte Observation (potenziell) besonders gefährlicher Straftäter und den mobilen Zugriff.

☐ c. die Bekämpfung von Schwarzarbeit und Geldwäsche.

14. Um ihrer Aufgabe gerecht zu werden, treten MEK-Beamte

☐ a. sowohl in „voller Kampfmontur" als auch „in Zivil" auf.

☐ b. grundsätzlich in „voller Kampfmontur" auf.

☐ c. aus taktischen Gründen immer „in Zivil" auf.

15. Alle Bundesländer verfügen über Spezialeinsatzkommandos (SEK). Ihre Tätigkeit besteht vorrangig in

☐ a. Geiselbefreiungen.

☐ b. Zugriffs- und Schutzmaßnahmen (meist aus einer mobilen Lage heraus).

☐ c. Zugriffs- und Schutzmaßnahmen (meist aus einer statischen Lage heraus).

16. Für eine Bewerbung beim SEK sollte man neben Flexibilität, Einfallsreichtum, Kreativität, körperlicher und mentaler Belastbarkeit vor allem noch die folgende Eigenschaft mitbringen:

☐ a. Führungsfähigkeit.

☐ b. Wahrnehmungsfähigkeit.

☐ c. Organisationstalent.

17. In den Landeskriminalämtern

☐ a. bündelt sich die kriminalistische Kompetenz eines Bundeslandes.

☐ b. findet die nationale Verbrechensbekämpfung statt.

☐ c. geht es immer um Mord und Totschlag.

18. Was ist ein daktyloskopisches Gutachten?

☐ a. Die Beschreibung und Analyse einer Handschriftenprobe.

☐ b. Eine besondere Profiling-Methode.

☐ c. Beschreibung individueller Besonderheiten von Fingerabdrücken zwecks besserer Identifikation einer Person.

19. Der Polizeiberuf fordert die folgenden Eigenschaften in besonders hohem Maß:

☐ a. Verantwortungsbewusstsein, Flexibilität, Teamfähigkeit sowie Identifikation mit den gesetzlichen und gesellschaftlichen Regeln unseres Landes.

☐ b. Kritikfähigkeit, Innovationsfähigkeit und Belastbarkeit.

☐ c. Anpassungsfähigkeit, Selbstlosigkeit und unbedingte Loyalität.

20. Was bedeutet für Sie eine Uniform?

   ☐ a. Man wird respektiert.

   ☐ b. Man flößt anderen ein wenig Angst ein.

   ☐ c. Man vermittelt dem Bürger ein Gefühl der Sicherheit.

21. Welche Bezeichnung kommt dem Polizeiberuf sinngemäß am nächsten?

   ☐ a. Security-Manager.

   ☐ b. Terminator.

   ☐ c. Sozialarbeiter.

22. Worauf kommt es bei der Sportprüfung ganz besonders an?

   ☐ a. Körperkraft und Sprintfähigkeit.

   ☐ b. Ausdauer und allgemeine Fitness.

   ☐ c. Koordination von Bewegungsmustern und Teamfähigkeit.

23. Der gesamte Dienstbetrieb der Ausbildung wird

   ☐ a. in den meisten Bundesländern in Uniform durchgeführt.

   ☐ b. nur bei der Bundespolizei in Uniform durchgeführt.

   ☐ c. in allen Bundesländern in Uniform durchgeführt.

24. Dürfen Nachwuchspolizisten einen Migrationshintergrund haben?

   ☐ a. Ja, wenn sie ihre Wurzeln in Europa haben.

   ☐ b. Grundsätzlich nicht.

   ☐ c. Grundsätzlich ja.

25. Die Zahl der Polizisten in Deutschland beläuft sich auf

   ☐ a. ca. 160 000.

   ☐ b. gut 260 000.

   ☐ c. fast 360 000.

Lösung

1. a	2. b	3. b	4. c	5. c	6. b	7. a
8. c	9. c	10. b	11. c	12. a	13. b	14. a
15. c	16. b	17. a	18. c	19. a	20. c	21. a
22. b	23. c	24. c	25. b			

Empfehlung

Sie haben weniger als zehn Punkte erreicht? Füllen Sie Ihre Wissenslücken unbedingt und schauen Sie sich die folgenden Erläuterungen zu den Testfragen genau an. Sie müssen im Einstellungsgespräch möglichst viel über Ihren zukünftigen Arbeitgeber und das Berufsbild des Polizisten wissen.

Wichtige Informationen zu den Landespolizeien

Zu 1.

Wie viele Landespolizeien gibt es in der Bundesrepublik Deutschland? 16.

Nach dem Zweiten Weltkrieg wurde die Polizei durchgängig Ländersache. Also: 16 Bundesländer = 16 Länderpolizeien. Jedes Bundesland hat sein eigenes Polizeigesetz und – das ist besonders augenfällig – eine eigene Polizeiuniform. Zu den 16 Landespolizeibehörden kommen zwei Bundesbehörden hinzu, nämlich die Bundespolizei und das Bundeskriminalamt (BKA) in Wiesbaden.

Zu 2.

Der oberste Dienstherr der Landespolizei ist der Landesinnenminister beziehungsweise der Innensenator (Stadtstaaten).

Das folgt aus der obigen Erläuterung.

Zu 3.

Die Polizei ist ein Exekutivorgan des Staates.

Ohne das Prinzip der Gewaltenteilung in Gesetzgebung (Legislative), Vollziehung (Exekutive) und Rechtsprechung (Judikative) ist eine Demokratie nicht denkbar. Die Idee einer Verteilung der Staatsgewalt geht unter anderem auf den französischen Staatstheoretiker Charles de Montesquieu (Mitte des 18. Jahrhunderts) zurück.

Zu 4.

Die Landespolizeien besitzen keinen Kombattantenstatus.

Kombattanten sind laut Rechtsprechung in erster Linie die Angehörigen der regulären Streitkräfte eines Staates. Die Konfliktparteien sind vertraglich verpflichtet, ihre Kombattanten äußerlich von der Zivilbevölkerung zu unterscheiden. Das bedeutet, dass sie Uniformen tragen. In Deutschland verfügen folglich die Soldaten der Bundeswehr über einen Kombattantenstatus. Das galt übrigens bis 1994 auch für den Bundesgrenzschutz, aus dem 2005 die Bundespolizei hervorging.

Zu 5.

Wortgeschichtlich leitet sich das Wort „Polizei" vom griechischen „Polis" ab, auf Deutsch „Stadt" oder „Staat".

Verwandte Wörter: Metropole, Politik, Kosmopolit (Weltbürger).

Zu 6.

Woher stammt das Wort „Bulle"? Aus dem niederländischen „Bol", was so viel wie „Kopf", „kluger Mensch" bedeutet.

Im 18. Jahrhundert hießen die Vorgänger unserer Polizisten „Landpuller" oder auch „Bohler". Es ist nicht bekannt, wann „Bulle" zum Schimpfwort wurde. Der Begriff „Bulle" stand früher auch für „päpstliche Verordnung".

Zu 7.

Die Tätigkeit der Polizei kann präventiven und repressiven Charakter haben.

Die Gefahrenabwehr hat natürlich präventiven Charakter. Daneben werden Polizisten gemäß § 152 Gerichtsverfassungsgesetz (GVG) in Verbindung mit der jeweiligen Landesverordnung als Ermittlungspersonen der Staatsanwaltschaft zur Verfolgung von Straftätern und Aufklärung von Straftaten tätig. In dieser Funktion können bestimmte Anordnungen nach der Strafprozessordnung, zum Beispiel eine Beschlagnahme oder Durchsuchung, getroffen und durchgeführt werden. Es handelt sich also um eine Strafverfolgung, die repressiven Charakter hat. Da die Staatsanwaltschaften keine eigenen ausführenden Organe haben und deshalb „Kopf ohne Hände" sind, wird die Strafverfolgung – insbesondere bei Gefahr im Verzug – von den zuständigen Polizeien durchgeführt.

Zu 8.

Die Vollzugspolizei ist der Teil der Polizei, der den Hauptteil der Gefahrenabwehr vornimmt. Das sind vor allem:

- Schutzpolizei (SchuPo)

- Kriminalpolizei (KriPo)

- Bereitschaftspolizei (BePo)

- Wasserschutzpolizei (WaPo)

Anmerkung: Den Begriff „Vollzugspolizei" gibt es zum Beispiel nicht in Schleswig-Holstein.

Zu 9.

Typisch für den Polizeivollzugsdienst ist die Zuständigkeit für Situationen, in denen sofort gehandelt werden muss.

Da das sofortige Handeln oft einen Eingriff in die Freiheitsrechte anderer bedeutet, sind persönliche Eigenschaften wie Verantwortungsbewusstsein, Urteilsvermögen und seelische Belastbarkeit im Polizeiberuf unverzichtbar.

Zu 10.

Welche Aufgabenbeschreibung ist richtig und vollständig? Die Wasserschutzpolizei (WaPo) ist zuständig für schifffahrtsbezogene Kriminalitätsvorbeugung, Verkehrssicherheit auf dem Wasser und Umweltschutz.

Der Dienst bei der Wasserschutzpolizei gehört zu einer von diversen Spezialisierungsmöglichkeiten nach der Ausbildung.

Zu 11.

Die Bereitschaftspolizei (BePo) unterstützt den polizeilichen Einzeldienst unter anderem bei Naturkatastrophen und dem Objektschutz.

Unterstützend wirkt die Bereitschaftspolizei aus gegebenem Anlass auch bei Großveranstaltungen wie Fußballspielen, Konzerten und Demonstrationen mit.

Zu 12.

Die Kriminalpolizei ist auf die Prävention und Verfolgung von Verbrechen und Vergehen spezialisiert.

In der Bundesrepublik Deutschland ist die Kriminalpolizei jener Teil der Polizei, der sich ausschließlich mit der Verfolgung von Straftaten und ihrer Verhütung befasst. Die Angehörigen versehen ihren Dienst in Zivilkleidung.

Zu 13.

Der Polizeiberuf hat viele Gesichter und bietet deshalb auch viele Möglichkeiten zur Spezialisierung. Ein Mobiles Einsatzkommando (MEK) beispielsweise ist insbesondere zuständig für die verdeckte Observation (potenziell) besonders gefährlicher Straftäter und den mobilen Zugriff.

Nach der dramatischen und katastrophal beendeten Geiselnahme israelischer Sportler durch palästinensische Terroristen anlässlich der Olympischen Spiele 1972 in München beschloss die Innenministerkonferenz im Jahr 1974 die Gründung von Mobilen Einsatzkommandos. Es handelt sich um lokale Spezialeinheiten der Länderpolizeien. Die Mitarbeiter eines MEK sind überwiegend Kriminalbeamte und haben eine anspruchsvolle Spezialausbildung absolviert.

Zu 14.

Um ihrer Aufgabe gerecht zu werden, treten MEK-Beamte sowohl in „voller Kampfmontur" als auch „in Zivil" auf.

Zu den wichtigsten Aufgaben eines MEK gehört die verdeckte Observation von potenziellen Straftätern. Dabei ist das Tragen einer Uniform wenig sinnvoll.

Zu 15.

Alle Bundesländer verfügen über Spezialeinsatzkommandos (SEK). Ihre Tätigkeit besteht vorrangig in Zugriffs- und Schutzmaßnahmen (meist aus einer statischen Lage heraus).

Der Einstellungsberater und Kommissar Jens Heidenfeldt von der Thüringer Polizei bringt den grundsätzlichen Unterschied zwischen MEK und SEK recht anschaulich auf den Punkt: „Das MEK findet die einzutretende Tür und das SEK tritt sie dann ein." In der Regel sind aber die Beamten von MEK und SEK fähig, beide Bereiche zu bewältigen. In Hamburg werden die Aufgaben von SEK und MEK beispielsweise von sogenannten integrierten Gruppen ausgeübt.

Zu 16.

Für eine Bewerbung beim SEK sollte man neben Flexibilität, Einfallsreichtum, Kreativität, körperlicher und mentaler Belastbarkeit vor allem noch die folgende Eigenschaft mitbringen: Wahrnehmungsfähigkeit.

Bei Einsätzen des SEK geht es nicht selten um Leben und Tod. Eine kleine Unaufmerksamkeit oder das Übersehen einer Gefahrenquelle kann böse Folgen haben.

Zu 17.

In den Landeskriminalämtern bündelt sich die kriminalistische Kompetenz eines Bundeslandes.

Die Mehrzahl der Bürger kennt Kriminalbeamte und deren Tätigkeit nur aus Film und Fernsehen. Aber was versteht man konkret unter Kriminalistik? Kriminalistik ist die Lehre von den Mitteln und Methoden der Bekämpfung einzelner Straftaten und des Verbrechertums durch vorbeugende (präventive) und strafverfolgende (repressive) Maßnahmen.

Zu 18.

Was ist ein daktyloskopisches Gutachten? Beschreibung individueller Besonderheiten von Fingerabdrücken zwecks besserer Identifikation einer Person.

Aus der „Münchener Wochenend-Zeitung" vom 26.11.2009: „Ein Einbruch in eine Moosacher Gaststätte Anfang September konnte nun geklärt werden. Der zunächst unbekannte Täter stieg über das Toilettenfenster in das Lokal in der Bunzlauer Straße ein und entwendete insgesamt 1.500 Euro Bargeld. Beamte der Spurensicherung konnten am Rahmen des Toilettenfensters Fingerspuren sichern, die über ein daktyloskopisches Gutachten einem 32-jährigen in München lebenden Italiener zugeordnet werden konnten. Zivile Beamte der Polizeiinspektion 44 (Moosach) konnten den Italiener an seiner Wohnadresse in Moosach vorläufig festnehmen."

Zu 19.

Der Polizeiberuf fordert die folgenden Eigenschaften in besonders hohem Maß: Verantwortungsbewusstsein, Flexibilität, Teamfähigkeit und Identifikation mit den gesetzlichen und gesellschaftlichen Regeln unseres Landes.

Ein konkretes Beispiel: Die Entscheidung, unter Berücksichtigung der Umstände, der Verhältnismäßigkeit und der einschlägigen Gesetze von der Schusswaffe Gebrauch zu machen, stellt hohe Anforderungen an die Persönlichkeit des Polizeibeamten.

Zu 20.

Was bedeutet für Sie eine Uniform? Man vermittelt dem Bürger ein Gefühl der Sicherheit.

Aus taktischen Gründen kann es allerdings sinnvoll sein, im Dienst keine Uniform zu tragen, zum Beispiel als Zivilfahnder.

Zu 21.

Welche Bezeichnung kommt dem Polizeiberuf sinngemäß am nächsten? Security-Manager.

Die Polizei ist ein Dienstleister und Garant für Sicherheit. Da die hiermit verbundenen Aufgaben jedoch einstweilen derart vielfältig sind, gibt es inzwischen diverse private Sicherheitsdienste, die von Security-Managern organisiert und geführt werden.

Zu 22.

Worauf kommt es bei der Sportprüfung ganz besonders an? Ausdauer und allgemeine Fitness.

In Gesprächen mit Verantwortlichen der polizeilichen Auswahldienste und mit Prüfungsämtern wurde deutlich, dass zu viele Bewerber/innen an der Sportprüfung scheitern. Hauptgrund: mangelnde Vorbereitung.

Zu 23.

Der gesamte Dienstbetrieb der Ausbildung wird in allen Bundesländern in Uniform durchgeführt.

Das versteht sich von selbst.

Zu 24.

Dürfen Nachwuchspolizisten einen Migrationshintergrund haben? Grundsätzlich ja.

Als im November 2009 in Hamburg „100 neue Freunde und Helfer" vereidigt wurden, waren Nachwuchskräfte mit internationalen Wurzeln aus Afghanistan, der Türkei, Kroatien, Portugal, Russland, Polen, Griechenland, der Ukraine, Malaysia und Frankreich dabei.

Zu 25.

Die Zahl der Polizisten in Deutschland beläuft sich auf gut 260 000.

Klarer Befund: Die Polizeien der Länder gehören unter den „Großunternehmen" zu den größten.

Experteninterview mit Oliver Merz, Oberregierungsrat und Leiter Prüfungsamt der Bayerischen Polizei

Müller-Thurau: Herr Merz, auf Ihrer Visitenkarte steht „Die Bayerische Polizei – Garant für Ihre Sicherheit". Welchen Beitrag leisten Sie als Leiter des Prüfungsamtes der Bayerischen Polizei für die Sicherheit des Landes?

Oliver Merz: Ich gewährleiste mit meinen Mitarbeitern im Prüfungsamt und in den Prüfungsstellen in München und Nürnberg, dass wir im Interesse der Sicherheit unseres Landes die Bewerberinnen und Bewerber für diese verantwortungsvolle und wichtige Aufgabe auswählen, die dafür am besten geeignet sind. Das erfüllen wir mit unserem professionellen Team im Rahmen des standardisierten zweitägigen Bewerberauswahlverfahrens.

Müller-Thurau: Ihr Amt prüft ja letztlich, ob Bewerberinnen und Bewerber geeignet sein könnten, nach der Ausbildung zum mittleren beziehungsweise zum gehobenen Polizeivollzugsdienst rechtmäßig Gewalt auszuüben. Welche persönlichen Eigenschaften müssen Interessenten mitbringen, um den Polizeiberuf in Bayern verantwortungsvoll wahrnehmen zu können?

Oliver Merz: Unsere künftigen Kolleginnen und Kollegen müssen teamfähig und aufgeschlossen sein, Spaß am Umgang mit Menschen haben, eine gute Auffassungsgabe besitzen und psychisch stabil sein. Des Weiteren erfordert der Polizeiberuf ein hohes Maß an Einsatzbereitschaft und sozialer Kompetenz sowie Stressstabilität. Für die Einstellung in den bayerischen Polizeivollzugsdienst gelten darüber hinaus weitere formale Kriterien, über die Sie unsere hauptamtlichen Einstellungsberaterinnen und Einstellungsberater gerne informieren.

Müller-Thurau: Mal anders gefragt: Welche Persönlichkeitsmerkmale und Einstellungen vertragen sich nicht mit dem Polizeiberuf?

Oliver Merz: Selbstverständlich erwarten wir von unseren Bewerberinnen und Bewerbern, dass sie nicht im Konflikt mit dem Gesetz stehen und sich nicht im Widerspruch zu den Werten des Grundgesetzes und somit unserer

Gesellschaft sowie der freiheitlich-demokratischen Grundordnung befinden. Im Interesse unserer Bürgerinnen und Bürger und zum Wohle der Bewerberinnen und Bewerber müssen wir außerdem darauf achten, dass keine gesundheitlichen Einschränkungen für die Ausübung des Polizeiberufs bestehen.

Müller-Thurau: An welchen Anforderungen im Auswahlverfahren scheitern die meisten am Polizeiberuf Interessierten?

Oliver Merz: Die meisten Interessenten unterschätzen unseren Sporttest. Dieser besteht aus mehreren Einzelübungen, die nacheinander abgeprüft werden. Häufig verkannt wird hierbei der konditionelle Aspekt, nicht nur die einzelnen Übungen zu beherrschen, sondern, diese – trotz Verschnaufpausen – nacheinander ablegen zu müssen.

Zudem sind viele unserer Bewerberinnen und Bewerber sportlich aktiv. Aus diesem Grund glauben sie, ganz ohne Vorbereitung am Auswahlverfahren teilnehmen zu können. Die Enttäuschung ist groß, wenn der Sporttest nicht bestanden wird, oder trotz Bestehens nicht das erwartete, sehr gute Ergebnis erzielt wird.

Müller-Thurau: Sie müssen im Interesse der Bevölkerung natürlich dafür sorgen, dass nur geeignete Kandidaten einen Ausbildungsplatz bei der Polizei erhalten. Welchen Tipp können Sie hochmotivierten Bewerberinnen und Bewerbern in Sachen Vorbereitung auf das Einstellungsverfahren geben?

Oliver Merz: Wie bei jedem anderen Beruf auch ist es ratsam, sich mit dem Berufsbild und möglichen Tätigkeiten vorab zu beschäftigen. Gerne stehen unsere Einstellungsberaterinnen und Einstellungsberater für Gespräche zur Verfügung. Hinsichtlich unseres Auswahlverfahrens nutzen sie die im In-ternet bereitgestellten Informationen, insbesondere unsere Videoclips zum Sporttest sowie unsere weiteren Informationen – zum Teil mit Beispielauf-gaben – zu den Testteilen. Informationen zum Auswahlverfahren, zum Be-rufsbild und zu den aktuellen Einstellungsvoraussetzungen finden sie unter www.polizei.bayern.de.

Die Eignungsauswahlverfahren: So bereiten Sie sich vor

NUTZEN SIE DAS ANGEBOT DER EINSTELLUNGSBERATER

Ich als Autor dieses Buches hatte Gelegenheit, an einer Informationsveranstaltung über den Zugang zum Polizeiberuf und die Entwicklungsmöglichkeiten bei der Thüringer Polizei in Erfurt teilzunehmen. Die Präsentation eines Kommissars der Polizeidirektion Erfurt, Jens Heidenfeldt, war prägnant auf den Punkt formuliert, konkret hinsichtlich der Anforderungen und Erschwernisse des Polizeiberufs, wies interessante berufliche Perspektiven auf und enthielt nützliche Tipps zur Vorbereitung auf das Eignungsauswahlverfahren. Sympathisch klar waren zwei Aussagen:

- „Sie werden auch am Wochenende ab und zu in den Stiefeln stecken!"

- „Es geht nicht immer nur um Mord und Totschlag bei der Kriminalpolizei."

Also: anrufen, Termin geben lassen und hingehen. Und: Ohren wie Schöpflöffel haben. Es lohnt sich! Die Einstellungsberater der Länderpolizeien wissen, worüber sie sprechen.

Da es in unserem föderalen Staat 16 Länderpolizeibehörden gibt, gibt es auch 16 Eignungsauswahlverfahren (EAV). Die grundsätzlichen Anforderungen sind jedoch überall die gleichen. Die zukünftigen Polizeibeamten und -beamtinnen müssen

- die deutsche Sprache in Wort und Schrift beherrschen,

- eine gute Allgemeinbildung besitzen,

- eine hohe intellektuelle Leistungsfähigkeit mitbringen,

- sich konzentrieren und etwas merken können,

- mental und körperlich (Sportleistungstest!) fit sein sowie

- vom Erscheinungsbild und vom (Sozial)Verhalten her zum Polizeiberuf passen.

Es folgt nun eine Darstellung der schriftlichen und mündlichen Auswahlverfahren der Länder. Die Bundesländer sind im folgenden Text alphabetisch geordnet.

Baden-Württemberg

Der Einstellungstest dauert einen Tag und beinhaltet folgende Elemente:

- Diktat

- Sprachverständnistest

- Computergestützter Intelligenztest

- Auswahlgespräch

- Abschließendes Gespräch

Das Auswahlgespräch ist ein strukturiertes Interview. Es geht um Fragen zu

- Sozialkompetenz,

- Belastbarkeit,

- Leistungsbereitschaft,

- Selbstkontrolle und

- Eigenständigkeit.

Zudem kommt es auf die Ausdrucksfähigkeit und die Umgangsformen an. Lesen Sie also in diesem Buch auf jeden Fall die Textpassagen unter den folgenden Überschriften: „Rhetorik: Die wichtigste Waffe ist das Wort", „Diese Umgangsformen sollten Sie beherrschen". Machen Sie darüber hinaus den Multiple-Choice-Test „Wie stilsicher ist Ihr Auftritt?".

Bayern (www.polizei.bayern.de)

Die Einstellungsprüfung für den mittleren Dienst (mD) dauert zwei Tage. Dies sind die Anforderungen:

- 90-minütiger Sprachtest am Computer (Rechtschreibung, Satzzeichen, Grammatik, Wortverständnis, Sprachgefühl)

- Test zu den gängigen Grundfähigkeiten (logisches Denken, Merkfähigkeit, Kombinationsaufgaben)

- Auswahlgespräch

- Gruppendiskussion

Im Auswahlgespräch geht es um

- Sozialkompetenz,

- Belastbarkeit und

- Leistungsbereitschaft.

Während des Interviews können Sie sich durch Fragen zum Polizeiberuf profilieren. Überlegen Sie sich also unbedingt einige Themen, die Sie ansprechen könnten. Der Wissenstest in diesem Buch enthält Ansatzpunkte, die Sie nutzen können.

Interessenten für den gehobenen Dienst (gD) und damit an einem Studium müssen zwei Auswahlverfahren absolvieren:

- ein Auswahlverfahren des Landespersonalausschusses und

- den Einstellungstest des Präsidiums der Bayerischen Bereitschaftspolizei.

Die erste Auswahlprüfung (ein halber Tag) beinhaltet schriftliche Aufgaben mit folgenden Inhalten:

- Sprachfertigkeiten

- Kenntnisse in den Bereichen Geografie, Geschichte, Wirtschaft und Recht

- Kenntnis der staatlichen und politischen Grundlagen Bayerns, der Bundesrepublik Deutschland und der EU

- Zeitgeschichtliche Ereignisse in Kultur und Politik

Der zweite Teil der Prüfung dauert einen Tag. Er besteht aus

- einem Einstellungsgespräch in Form eines strukturierten Interviews (soziale Kompetenz, Belastbarkeit und Leistungsbereitschaft) sowie

- einer Gruppendiskussion (Kommunikationsfähigkeit, Eigeninitiative und Kooperationsfähigkeit).

Berlin (www.berlin.de/polizei/)

Die schriftliche Prüfung (mD) besteht aus folgenden Elementen:

- Diktat

- Intelligenztest

- Gedächtnistest

- Wissenstest

Die mündliche Prüfung (mD) beinhaltet Folgendes:

- Persönliche Vorstellung

- Gruppendiskussion (Lösung einer polizeibezogenen Aufgabe)

- Strukturiertes Interview (unter anderem zu Themen, die in den Medien behandelt werden)

Wer sich für die Laufbahn im gehobenen Dienst interessiert, muss zusätzlich den Test „Textwiedergabe" bestehen. Tipp: Lesen Sie regelmäßig die Tageszeitung!

Die Berliner Polizei weist darauf hin, dass sie besonders an Bewerberinnen/ Bewerbern interessiert sei, die über (möglichst muttersprachliche) Fremdsprachenkenntnisse verfügen. Gefragt sind vor allem Arabisch, Chinesisch, Englisch, Französisch, Italienisch, Kroatisch, Polnisch, Russisch, Serbisch, Spanisch, Tschechisch, Türkisch und Vietnamesisch.

Brandenburg (www.internetwache.brandenburg.de)

Der zweitägige Eignungstest besteht (neben der Sportprüfung) aus

- einem schriftlichen Teil (Diktat, Textverständnis, Allgemeinbildung, kognitive Eigenschaften, Konzentration, psychologischer Test),

- einem Einzelgespräch (Allgemeinbildung Politik/Gesellschaft, Argumentation) und

- einem Gruppengespräch (Kommunikationsfähigkeit, Sozialkompetenz).

Entsprechende Aufgaben und Trainingsmöglichkeiten finden Sie in diesem Buch. Bearbeiten Sie auf jeden Fall die Tests zur Allgemeinbildung.

Bremen (www.polizei.bremen.de)

Das Auswahlverfahren dauert zwei Tage und gliedert sich in die folgenden Anforderungen:

- Rechtschreibtest

- Intelligenztest

- Eignungsgespräch in Gruppen (ein Problemthema soll im Team erörtert werden; es geht um soziale Kompetenz)

- Einzelgespräch (= Eignungsgespräch)

Im Einzelgespräch geht es nicht nur um den Berufswunsch und persönliche Neigungen, sondern oft auch um allgemeine Wissensgebiete. Befassen Sie sich also auch mit den Tests zur Allgemeinbildung in diesem Buch.

Hamburg

Im zweitägigen Auswahlverfahren sind zunächst die folgenden schriftlichen Anforderungen zu meistern:

- Beherrschung der deutschen Sprache (Diktat in neuer Rechtschreibung, Aufsatz, Bericht)

- Logisch-analytisches Denken

- Konzentrationsfähigkeit

- Merkfähigkeit

- Fragen zur Allgemeinbildung in den Gebieten Politik, Geschichte, Wirtschaft und Gesellschaft

- Fragen aus den Bereichen Mathematik, Geografie, Kunst und Kultur sind meist ebenfalls vorgesehen

Je nach Dienstweg fällt der Einstellungstest zwar ein wenig unterschiedlich schwer und umfangreich aus, von den Grundzügen her sind die Tests jedoch miteinander vergleichbar. Im mündlichen Prüfungsteil gilt es im Rahmen eines Einzelinterviews die Prüfungskommission zu überzeugen von

- der mündlichen Ausdrucksfähigkeit,

- dem persönlichen Urteilsvermögen sowie

- der Argumentationsfähigkeit.

Tipp: Verfolgen Sie unbedingt das aktuelle Zeitgeschehen und absolvieren Sie den Wissenstest zur Polizei in diesem Buch.

Bewerber/innen für den gehobenen Dienst müssen außerdem an einer Gruppendiskussion teilnehmen, in der meist eine polizeibezogene Aufgabe gemeinsam zu lösen ist. Zu den erfolgreichen Verhaltensmustern in Gruppendiskussionen finden Sie in diesem Buch nützliche Anregungen.

Hessen (www.polizei.hessen.de)

Das Eignungsauswahlverfahren für den gehobenen Polizeivollzugsdienst dauert eineinhalb Tage. Bewerber/innen müssen sich bewähren bei

- einem computergestützten psychologischen Testverfahren. Dabei werden die Bereiche Intelligenz, Konzentrationsleistung, Persönlichkeitsmerkmale und Rechtschreibung getestet.

- einer Gruppenaufgabe. Hier ist gemeinsam mit den Mitbewerbern und Mitbewerberinnen ein Problem zu lösen. Bewertet werden Team- und Kommunikationsfähigkeit.

- einem Einzelinterview, in dem es um die Berufsmotivation und persönliche Eigenschaften geht, die man im Polizeiberuf braucht.

In diesem Buch finden Sie alle relevanten Tests und nützliche Tipps für die Gruppendiskussion und die Selbstdarstellung im Einzelinterview.

Anmerkung: Die Polizei Hessen stellt nur Bewerber/innen für den gehobenen und höheren Dienst ein.

Mecklenburg–Vorpommern (www.polizei.mvnet.de)

In der Auswahlprüfung (mD) werden Sie konfrontiert mit

- einem Diktat,

- einem psychologischen Leistungstest (verbales, nummerisches und figurales Denken sowie Merkfähigkeit) und

- einem Vorstellungsgespräch, in dem es um allgemeine Kenntnisse sowie um sprachliche und soziale Kompetenzen und die Erwartungen an den Polizeiberuf geht.

Die Auswahlprüfung für den gehobenen Dienst sieht noch eine Gruppendiskussion vor, in der Kooperationsfähigkeit unter Beweis zu stellen ist.
Sie finden die entsprechenden Tests und Tipps in diesem Buch.

Niedersachsen (www.polizei.niedersachsen.de)

Das Eignungsauswahlverfahren beginnt mit der Göttinger Personal-Auswahl
(GöPA), einem Computertest mit folgenden Aufgaben:

- Sprache und Ausdruck

- Denken und Problemlösen

- Gedächtnisübungen

- Postkorb

- Rechtschreibtest

Ein zweiter Teil des Auswahlverfahrens findet für die erfolgreichen Teil-
nehmer/innen einige Wochen später in Form eines strukturierten Interviews statt. Ein Gremium aus Angehörigen der jeweiligen Polizeidirektion
beurteilt

- die Kontaktstärke,

- die Einstellung zum Beruf,

- das Sozialverhalten,

- die emotionale Belastbarkeit und

- die Fähigkeit zur Initiative.

Absolvieren Sie die im Buch vorhandenen Tests und befassen Sie sich in-
tensiv mit dem Thema Vorstellungsinterview.

Nordrhein-Westfalen (www.polizei-nrw.de)

Das Auswahlverfahren für den gehobenen Polizeivollzugsdienst besteht zunächst aus einem umfangreichen computergestützten Testverfahren zur Erfassung folgender Merkmale:

- Analytische Fähigkeiten (logische Schlüsse, Zahlensymbole, Tatsache oder Meinung, Wortanalogien etc.)

- Gedächtnis

- Kommunikationsfähigkeit (Korrektur von Wörtern, Sätzen oder Texten)

- Soziale beziehungsweise persönliche Kompetenzen

- Berufsmotivation

- Eigenständigkeit, Fähigkeit im strategischen Denken, Werteorientierung

- Konflikt-, Kooperations- und Teamfähigkeit

- Entscheidungs- und Umsetzungsfähigkeit (Situationen aus dem polizeilichen Berufsleben werden anhand vorgegebener Antwortalternativen bewertet)

- Nach einem „Formalgespräch" findet noch ein computergestützter Test zur Überprüfung von Reaktionsschnelligkeit, Aufmerksamkeit und Konzentrationsfähigkeit statt

Zum nachfolgenden halbtägigen Assessment-Center werden Sie gesondert eingeladen. Das kommt auf Sie zu:

- Rollenspiele (zum Beispiel Konflikt mit einem Kollegen)

- Präsentation (Vortrag)

- Strukturiertes Auswahlgespräch (Selbstvorstellung, biografische Fragen)

In diesem Buch finden Sie, was Sie brauchen. Lesen Sie unbedingt die Tipps zu den Präsentationstechniken im Kapitel zum Assessment-Center.

Rheinland-Pfalz (www.polizei.rlp.de)

Der Eignungstest dauert zwei Tage. Zunächst wird das „Dokumentationsvermögen" bewertet. Die Anforderungen im computergestützten Test:

- Sprachverständnis und Rechtschreibkenntnisse

- Fähigkeit, Informationen wahrzunehmen und zu verarbeiten

- Ausdrucksfähigkeit

- Intelligenzstruktur

- Merk-, Konzentrations- und Belastungsfähigkeit

Die Kommunikations- und Teamfähigkeit nebst Verhandlungsgeschick sind in einer Gruppendiskussion zu zeigen.

Die Prüfung schließt mit einem Vorstellungsgespräch ab. Hier geht es um folgende Aspekte:

- Persönliche Interessen

- Ergebnisse der übrigen Tests

- Allgemeine Themen und Wissensbereiche

- Fragen zum Polizeiberuf

Befassen Sie sich mit den im Buch vorhandenen Tests, insbesondere auch mit den Wissenstests und Tipps zum Vorstellungsinterview.

Saarland

Die Polizei des Saarlandes gibt auf ihrer Homepage bekannt, dass das Auswahlverfahren aus einer Sportprüfung, einer ärztlichen Untersuchung auf Polizeidiensttauglichkeit sowie einer schriftlichen und einer mündlichen Prüfung besteht. Um den Frauenanteil bei der Polizei zu erhöhen, ist das Saarland besonders an Bewerbung von Frauen interessiert.

Besonders interessant ist dieser Hinweis: „Angaben über ehrenamtliche Tätigkeiten sind erwünscht."

Sachsen (www.polizei.sachsen.de)

Die Eignungstests beinhalten neben der Sportprüfung und der ärztlichen Untersuchung einen schriftlichen und einen mündlichen Teil. Am ersten Tag gilt es, in einem computergestützten Fähigkeitstest die folgenden Anforderungen zu bewältigen:

- Intelligenztest

- Diktat, Lückentest und Fremdwörter verstehen

- Persönlichkeitstest

Der mündliche Teil am zweiten Auswahltag besteht aus den folgenden zwei Elementen:

- einer Gruppenaufgabe und

- einem Einzelinterview (beides am zweiten Tag).

Bei der Gruppenaufgabe geht es um Kommunikations-, Kooperations- und Teamfähigkeit. Im Einzelinterview wird dann die persönliche Eignung noch einmal genau unter die Lupe genommen (Einstellung zum Beruf, Allgemeinbildung, soziale Kompetenz, Auftreten etc.).

Das Auswahlverfahren für den gehobenen Polizeivollzugsdienst unterscheidet sich nach Auskunft der Polizei Sachsen vom Auswahlverfahren für den mittleren Polizeivollzugsdienst grundsätzlich durch einen größeren Umfang und höheren Anspruch bei dem computergestützten Fähigkeitstest und durch Inhalte im mündlichen Eignungstest, bei denen es unter anderem auch um die Führungsfähigkeit geht.

Was Sie zur Vorbereitung auf dieses Eignungsverfahren brauchen, finden Sie im Buch.

Sachsen-Anhalt (www.polizei.sachsen-anhalt.de)

Das zweitägige Eignungsauswahlverfahren sieht neben dem Sporttest und der ärztlichen Untersuchung folgende Anforderungen vor:

- Rechtschreibtest in Form eines Lückendiktats

- Computergestützter Eignungstest zur Überprüfung der verbalen, nummerischen und figuralen Intelligenz sowie dem schlussfolgernden Denken, der Gedächtnisleistung und dem Allgemeinwissen.

Am zweiten Tag müssen sich die bisher erfolgreichen Bewerber/innen bewähren bei

- einer Gruppendiskussion mit Mitbewerbern/innen und

- einem Interview (Einzelgespräch).

In der Gruppendiskussion geht es um Kommunikations-, Kooperations- und Teamfähigkeit. Im Einzelinterview wird die persönliche Eignung nochmals geprüft (Einstellung zum Beruf, Allgemeinbildung, soziale Kompetenz, Auftreten etc.).

Sie finden die entsprechenden Tests in diesem Buch. Lesen Sie auf jeden Fall auch die Tipps zum Diskussionsverhalten und zur Selbstdarstellung im Interview.

Schleswig-Holstein (www.polizei.schleswig-holstein.de)

Das Auswahlverfahren für den mittleren und gehobenen Polizeivollzugsdienst findet an mehreren, nicht direkt aufeinander folgenden Tagen statt. Für den mittleren Dienst sieht der Eignungstest (neben der Sportprüfung) die folgenden zwei jeweils eintägigen Prüfungsteile vor:

- Diktat und Intelligenztest

- Einzelgespräch (Auftreten, Allgemeinbildung, Ausdrucksvermögen und äußeres Erscheinungsbild)

Für den Einstieg in den gehobenen Dienst (zwei Tage) sind Leistungen in den folgenden Bereichen zu erbringen:

- Sprach- und Bildungstest (Deutsch, politische Bildung, Natur, Technik, Diktat) und Intelligenztest

- Einzelgespräch (Auftreten, Allgemeinbildung, Ausdrucksvermögen und äußeres Erscheinungsbild; während des Einzelgesprächs ist ein Kurzreferat von fünf bis sieben Minuten über ein Thema aus den Bereichen Gesellschaft, Wirtschaft/Politik oder Natur und Technik zu halten)

Üben Sie auf jeden Fall mit den in diesem Buch angebotenen Leistungs- und Wissenstests. Lesen Sie außerdem die Tipps zu Präsentationen und zur Rhetorik im letzten Kapitel dieses Buches.

Thüringen (www.thueringen.de/de/polizei)

Das Eignungsauswahlverfahren für den Polizeivollzugsdienst besteht aus drei Testabschnitten, die jeweils an unterschiedlichen Tagen zu absolvieren sind. Die Testabschnitte sind zeitlich voneinander getrennt. Im ersten Testabschnitt sind von den Bewerbern für den mittleren und gehobenen Polizeivollzugsdienst die folgenden Anforderungen zu bewältigen:

- Rechtschreibprüfung am PC (neue deutsche Rechtschreibung)

- Psychologisches Testverfahren/Merkaufgaben am PC

- Vorstellungsgespräch

Im zweiten Testabschnitt wird die Polizeitauglichkeit untersucht.

Bewerber für den gehobenen Polizeivollzugsdienst müssen in einem dritten Testabschnitt an einem Assessment-Center teilnehmen und einen Eng-
lischtest bestehen.

Üben Sie die einschlägigen Tests in diesem Buch und lesen Sie unbedingt
die Tipps zum Assessment-Center.

Hochschule der Polizei Hamburg: mit Sicherheit praxisnah studieren

Aus guten Gründen soll in diesem Buch auf die Hochschule der Polizei
Hamburg (HdP) gesondert eingegangen werden. Zum einen gehört sie zu
den jüngsten Hochschulen in Deutschland, zum anderen bildet sie auf pro-
fessionellem Niveau seit 2007 Polizeibeamte und -beamtinnen für den gehobenen Dienst sowie Manager und Managerinnen für das private Sicherheitsgewerbe aus.

Mit ihren international anerkannten Bachelor-Studiengängen Sicherheitsmanagement (SiMa) und Polizei steht die Hochschule seit ihrer Gründung
für eine exzellente Ausbildung. Ihre Kapazität fasst bis zu 400 Studieren-
de. Die Hochschule der Polizei Hamburg zeichnet sich durch die Besonder-
heit aus, dass Hörsäle und Polizeipräsidium dicht beieinander liegen, was
nicht nur der internen Kommunikation, sondern auch den Studieninhalten
zugute kommt. So besuchen die Studierenden beider Studiengänge in den
ersten acht Monaten zeitgleich dieselben Vorlesungen, um voneinander zu
lernen und sich dabei optimal auf eine spätere berufliche Zusammenarbeit
vorzubereiten.

Ein weiterer Vorteil ist die enge Verzahnung von Theorie und Praxis. So
beginnen das zweite und dritte Studienjahr jeweils mit einem sechsmo-
natigen Praktikum. Die künftigen Kommissare und Kommissarinnen der
Dienstzweige Kriminal-, Schutz- und Wasserschutzpolizei absolvieren
während ihres sechssemestrigen Studiums zwei Praktika, unter anderem
beim Landeskriminalamt (LKA), beim Kriminalermittlungsdienst (KED),
in der Verkehrsdirektion (VD) und bei der Landesbereitschaftspolizei
(LBP). Zahlreiche renommierte Unternehmen wie Securitas, Daimler AG,

Mercedes-Benz und Beiersdorf engagieren sich darüber hinaus für die zukünftigen Sicherheitsmanager und -managerinnen, indem sie Kooperationen, Praktikumsplätze oder Stipendien anbieten. Zusätzlich hierzu setzt sich die Hochschule für einen regen internationalen Austausch ein, beispielsweise mit Studierenden an Hochschulen in Schweden, Polen und Ungarn.

Sie sind interessiert? Dann nutzen Sie die folgenden Kontaktdaten, um sich im Detail zu informieren: Studierendensekretariat, info@hdp.hamburg.de/, Telefon 040 4286-68802. Hier können Sie den aktuellen Flyer „Sicherheitsmanagement" anfordern. Ausbildungsleiter und zugleich Praxiskoordinator ist Hauptkommissar Rainer Klement. Das Interview mit ihm haben Sie ja bereits gelesen, falls nicht, Sie finden es weiter vorne im Buch.

Die Zugangsprüfung

Wie erwähnt, geht es um den Zugang zum gehobenen Dienst (gD). Dafür gilt es, zunächst drei Aufgaben zu bewältigen, die sofort ausgewertet werden. Vom Resultat hängt es dann ab, ob man – auf Wunsch – in den mittleren Dienst gehen kann oder aber an der Sportprüfung und weiteren Tests zwecks Qualifikation für den gD teilnehmen darf. Die Anforderungen sehen folgendermaßen aus:

- Lückendiktat: Im Text fehlen etwa 72 Wörter. Die Bewerber sollen also gute deutsche Rechtschreibkenntnisse mitbringen.

- Bericht: Anhand einer Bildergeschichte, in der eine Straftat passiert (zum Beispiel wird am Flughafen ein Koffer gestohlen), müssen die Bewerber einen Bericht über die Ereignisse schreiben. Anschließend bewertet ein Deutschlehrer Rechtschreibung, Grammatik und Ausdruck. Der Leser soll die Situation aus der Bildergeschichte gut nachvollziehen können.

- Kognitiver Leistungstest (Teil 1): In diesem Test geht es um die Fähigkeit zum abstrakt-logischen Denken. Unter Zeitdruck müssen die Bewerber verschiedene Aufgaben im Multiple-Choice-Verfahren lösen. Es geht dabei um Muster, Formen, Zahlenreihen etc. Der Test dauert in der Regel 20 bis 30 Minuten.

■ Nach einer Pause geht es dann zum Sporttest mit Wendellauf, Klimm-
  zügen, Standweitsprung, Kasten-Bumerang- und Cooper-Test. Die HdP-
  Pressestelle informiert hier mit einer pdf-Datei.

Nachdem die Bewerberinnen und Bewerber den Sporttest absolviert haben,
geht es wie folgt weiter:

■ Interkultureller Wissenstest: Die 30 Fragen beziehen sich auf Sitten
  und Gebräuche in verschiedenen Ländern, auf Kleidung, Glauben,
  Verhaltensweisen etc. Sie müssen im Multiple-Choice-Verfahren beantwortet werden.

■ Kognitiver Leistungstest (Teil 2): Dieser Test dauert in der Regel ungefähr 75 Minuten. Im ersten Baustein geht es um analytisches und
  sprachgebundenes Denken, räumliches Vorstellungsvermögen, Konzentration, Gedächtnis und Argumentationsfähigkeit. Der zweite Teil
  umfasst eine schriftliche Erörterung (Pro und Contra).

Die entsprechenden Übungen und Tipps finden Sie über das Inhalts- und
das Stichwortverzeichnis in diesem Buch.

Deutsche Hochschule der Polizei in Münster: Forum zwischen Wissenschaft und Praxis

Die Deutsche Hochschule der Polizei (DHPol) in Münster (Hiltrup) bewegt
sich auf universitärem Niveau. Sie wird von den Innenministerien und In-
nensenatoren des Bundes und der Länder getragen und basiert auf einem
eigenen Gesetz, dem DHPolG. Der akkreditierte Masterstudiengang „Öffentliche Verwaltung – Polizeimanagement" qualifiziert für den höheren Polizeidienst in den Ländern und beim Bund. Zudem bietet die Hochschule ein
umfassendes Fortbildungsangebot für die Angehörigen des höheren Polizei-
dienstes an. Zur Geschichte: Die Vorläufereinrichtungen der 2006 gegründe-
ten DHPol, das Polizeiinstitut Hiltrup und die Polizei-Führungsakademie,
waren an diesem Standort bereits seit Mitte der 1940er Jahre ansässig.

Zugang zum Studium

Zum Studium können Polizeibeamtinnen und Polizeibeamte des gehobenen und höheren Dienstes oder Anwärterinnen und Anwärter für den höheren Polizeidienst zugelassen werden, die

1   nicht älter als 40 Jahre sind,

2   über die Hochschulreife oder einen entsprechenden anerkannten Bildungsstand verfügen und

a) nach dem abgeschlossenen Studium an einer Fachhochschule für den öffentlichen Dienst oder einer vergleichbaren Einrichtung die Laufbahnprüfung für den gehobenen Polizeivollzugsdienst abgelegt haben und über Diensterfahrungen nach dem Fachhochschulstudium verfügen, sich im Dienst besonders bewährt haben sowie in Auswahlverfahren der Länder und des Bundes nach dem Prinzip der Bestenauswahl die Zulassung zum Studium erhalten haben

oder

b) das Abschlusszeugnis einer wissenschaftlichen Hochschule besitzen und in einem Auswahlverfahren der Länder und des Bundes nach dem Prinzip der Bestenauswahl die Zulassung zum Studium erhalten haben.

3   die zweite juristische Staatsprüfung oder nach der Hochschulprüfung die Staatsprüfung für den höheren allgemeinen Verwaltungsdienst abgelegt haben. Sie werden an der Hochschule für die Aufgaben des höheren Polizeivollzugsdienstes mit einem Weiterbildungsangebot vorbereitet. § 29 Abs. 3 DHPolG gilt entsprechend.

4   Ausnahmsweise sind Zulassungen bis zum vollendeten 45. Lebensjahr zulässig, wenn eine Zulassung unter Einhaltung der Höchstaltersgrenze aus einem von der Beamtin oder dem Beamten nicht zu vertretenden Grund nicht möglich war oder die Laufbahnverordnungen des Bundes und der Länder dies zulassen.

(Quelle: www.dhpol.de/de/studium.php)

LESEN SIE ZEITUNG

Bei der Polizei werden Nachwuchskräfte gebraucht, die eine solide Allgemeinbildung mitbringen und das Tagesgeschehen interessiert verfolgen. Lesen Sie regelmäßig eine Tageszeitung oder gehen Sie auf entsprechende Online-Seiten.

- Im Auswahlverfahren der Polizei könnten Sie zum Beispiel gebeten werden, einen Aufsatz zu einem aktuellen Thema zu schreiben.

- Bei den Gruppenverfahren (zum Beispiel im Rahmen eines Assessment-Centers) werden aktuelle Fragen/Debatten thematisiert.

- Natürlich müssen Sie die wichtigsten handelnden Personen aus Politik und Gesellschaft kennen – und auf die stoßen Sie regelmäßig in der Zeitung und im Internet.

- Auch im Vorstellungsgespräch müssen Sie zeigen, dass Sie auf dem Laufenden sind. Wer als Bewerber/in mit dem Stichwort „Kundus" nichts anfangen kann, hat schlechte Karten. Wenn Sie bei Google die Begriffe „Kundus" und „Bundeswehr" eingeben, erhalten Sie immerhin mehr als 1 000 000 Einträge.

Experteninterview mit Rainer Klement, Hauptkommissar und Ausbildungsleiter Sicherheitsmanagement an der Hochschule der Polizei Hamburg

Müller-Thurau: Herr Klement, Sie bieten an der Hochschule der Polizei Hamburg einen Studiengang Polizei an, der Polizeibeamte auf den gehobenen Dienst vorbereitet. Parallel dazu gibt es – unter demselben Dach – einen Studiengang Sicherheitsmanagement für Fach- und Führungskräfte im privaten Sicherheitsgewerbe. Das ist, glaube ich, einmalig in Deutschland. Aber was daran ist noch besonders, welche Idee steckt hinter dieser ungewöhnlichen Kombination?

Rainer Klement: Es gibt auch an anderen Stellen Ausbildungsgänge für solche Fach- und Führungskräfte, aber einzigartig ist, dass wir im Rahmen eines Bachelor-Studiums ein gemeinsames achtmonatiges Grundstudium für zukünftige Polizeibeamte und angehende Sicherheitsmanager durchführen. Dabei geht es in erster Linie darum, Verständnis für das jeweilige Berufsfeld des anderen zu entwickeln. Es geht nicht um eine zukünftige unzulässige Aufgabenverquickung. Die Studierenden sitzen Seite an Seite im Hörsaal und besuchen gemeinsam Vorlesungen, die für beide Berufsfelder gleichermaßen wichtig sind.

Müller-Thurau: Und wer hat eine Uniform an?

Rainer Klement: Im Grundstudium niemand, weil die Teilnehmer noch keine Polizeibeamten sind. Sie werden erst nach acht Monaten von der Hamburger Polizei eingestellt, wenn sie bis dahin entsprechende Leistungen erbringen. Die Sicherheitsmanager tragen generell erst einmal keine Uniformen.

Das Einzigartige an dem gemeinsamen Grundstudium ist, dass wir praktisch die engste Ausbildungskooperation haben, die man sich vorstellen kann. Im Grunde geht es darum, die Ausbildung an die sich verändernden Verhältnisse anzupassen. Bei selbstverständlich unantastbarem Gewaltmonopol des Staates werden bisher von der Polizei wahrgenommen Aufgaben zunehmend in den zivilen Bereich verlagert. Das bedeutet, dass die Aufgaben für private Sicherheitsdienstleister im sogenannten kooperativen Gewährleistungsstaat in qualitativer sowie in quantitativer Hinsicht immer mehr werden. Man denke etwa an Maßnahmen auf Bahnhöfen, Flughäfen oder im Rahmen von Großveranstaltungen wie Fußballspiele und Konzerte. Hierbei werden immer häufiger private Sicherheitsdienstleister in sicherheitssensiblen Bereichen eingesetzt – oft im Zusammenwirken mit der Polizei.

Zudem ist die Hamburger Polizei so mutig gewesen – und meiner Meinung nach ist das zeitgemäß –, einen Schritt auf die Sicherheitswirtschaft zuzugehen und mit ihr auf Augenhöhe eine mögliche Aufgabenteilung zu diskutieren. Dies ist ein zukunftsweisendes Modell guter Zusammenarbeit auf dem Gebiet der Sicherheit und darüber hinaus ein gelungenes Beispiel für „Public-Private-Partnerships" – und zwar ohne dass staatliche Aufgaben übertragen werden.

Müller-Thurau: Darf ich noch einmal auf die Ausbildungsinhalte zurückkommen? Sie betonen ausdrücklich die Praxisnähe des Studiums. Wie kann sich ein Interessent diese Praxisnähe vorstellen?

Rainer Klement: Wir bieten beiden Gruppen einen dualen Studiengang an, so ist der wissenschaftliche Anspruch der Ausbildung jeweils eng mit der Praxis verbunden. Zweimal sechs Monate, also insgesamt ein Drittel der dreijährigen Ausbildung, wird in den Unternehmen vor Ort geleistet beziehungsweise in den Dienststellen der Hamburger Polizei. Damit haben wir ein Spitzenangebot auch für die Studierenden im Bereich Sicherheitsmanagement konzipiert. Und ich stehe in meiner Funktion als Polizeibeamter und Praxisbeauftragter der Hochschule der Polizei für die konsequente Verzahnung von Theorie und Praxis. Praxis heißt hier übrigens Vollzeit, also eine 40-Stunden-Woche. Damit haben wir auch eine starke Bindung an die Abnehmer unserer Absolventen – sowohl bei der Polizei als auch beim privaten Sicherheitsgewerbe. Wir bieten eine am Bedarf orientierte Qualifikation.

Müller-Thurau: Im Programm der Hochschule ist der Studienschwerpunkt „Polizei im internationalen Kontext" zu finden. Nun ist ja die Polizei – wenn man hier einmal die Bundespolizei außen vor lässt – Ländersache und es gibt diverse Länder, nehmen wir Hamburg, die gar keine ausländischen Nachbarn haben. Welche Idee steckt hinter dieser Internationalisierung der Ausbildung?

Rainer Klement: Überall ist ein Trend zur Internationalisierung zu erkennen. Auch die polizeiliche Zusammenarbeit auf internationaler Ebene wird immer umfangreicher – man denke nur an Europol, Interpol und viele andere Einrichtungen, die eine Kooperation über Grenzen hinweg bedeuten. Nehmen wir einmal eine Fußballeuropameisterschaft: Wie viele Menschen aus welchen Nationalitäten werden wie und wohin reisen? Das soll ja reibungslos ablaufen. Oder man denke an organisierte Kriminalität über Landesgrenzen hinweg. Und was unsere Absolventen im Studiengang Sicherheitsmanagement betrifft – die werden häufig in weltweit agierenden Konzernen mit eigener Konzernsicherheit tätig sein. Darauf sind sie dann vorbereitet.

Müller-Thurau: Werden denn auch Fähigkeiten wie interkulturelle Kompetenz vermittelt?

Rainer Klement: Wir haben als junge Hochschule beispielsweise bereits Austausche mit der Polizeihochschule in Ungarn gemacht. Zurzeit sind wir in Verhandlungen mit Schweden und Polen. Und auch das ist in diesem Zusammenhang sicher interessant: Wir haben ganz aktuell ein Hochschulnetzwerk ins Leben gerufen – Cooperation Network for Risk, Safety and Security Studies –, und zwar mit neun weiteren Hochschulen in Deutschland, Österreich und den Niederlanden. Das ist ein Netzwerk nur für akkreditierte Sicherheitsstudiengänge.

Müller-Thurau: Sie haben mir ein schönes Stichwort geliefert. Im Deutschen sprechen wir von Sicherheit – im angloamerikanischen Raum wird zwischen Safety und Security unterschieden. Sie nehmen ja an der Hochschule der Polizei Hamburg diese sprachliche Differenzierung ebenfalls vor. Wie drückt sich das in Hinblick auf die Studieninhalte aus?

Rainer Klement: Es gibt in der Tat die Unterscheidung zwischen Security und Safety und wir nehmen sie auch auf. Die Begriffe sind geprägt worden in der freien Wirtschaft. Es gibt bestimmte Hochschulen, die beispielsweise Sicherheitsingenieure oder Fachkräfte für Arbeitssicherheit ausbilden, das sind typische Safety-Studiengänge. Wir bilden hier an der Hochschule der Polizei Hamburg in unseren Inhalten beide Begriffe ab – unser Schwerpunkt liegt allerdings auf der Security.

Müller-Thurau: Es gibt einen Studienschwerpunkt „Risiko- und Katastrophenmanagement". Was kann ein erfolgreicher Absolvent der Hochschule der Polizei Hamburg, das die Spezialisten vom Technischen Hilfswerk oder der Feuerwehr nicht können?

Rainer Klement: Stellen Sie sich vor, dass in einer Firma ein Brand ausbricht. Dann ruft man natürlich die Feuerwehr. Gibt es dann zudem einen qualifizierten Sicherheitsmanager vor Ort, kann der bereits äußerst wertvolle erste Maßnahmen treffen und wird Hand in Hand mit der Feuerwehr arbeiten. Sobald der Brand gelöscht ist, kommt eine weitere Aufgabe auf den Sicherheitsmanager zu. Jetzt muss er prüfen, wie groß der Schaden für die Firma ist – eventuell auch für das Image. Er erledigt also die Vorarbeit und die Nacharbeit. Um den Unterschied anders zu verdeutlichen:

Polizei und Feuerwehr haben im Brandfall den Draufblick, der Sicherheitsmanager kennt die inneren Gegebenheiten seines Betriebs und verfügt zusätzlich über betriebswirtschaftliche Kenntnisse.

Müller-Thurau: Nun haben junge Frauen und Männer dieses Interview so weit verfolgt und sagen sich vielleicht: „Mensch, das könnte etwas für mich sein!" Welche Hürden sind denn zu überwinden, um bei Ihnen an der Hochschule starten zu können?

Rainer Klement: Konzentrieren wir uns zunächst auf den Studiengang Polizei. Nach wie vor ist es so, dass die Hamburger Polizei die Polizeibeamten einstellt. Wir sagen, wie viele Plätze wir zur Verfügung stellen können, und die Polizei führt für uns dann das Bewerbungsauswahlverfahren durch. Genau gesagt macht dies das Personalauswahl-Center der Polizei. Es finden ein Sporttest und diverse andere schriftliche Tests statt und natürlich erfolgt eine Gesundheitsprüfung. Am Ende steht ein Auswahlgespräch, dabei übernimmt die Hochschule den Vorsitz.

Doch auch wer alle Tests bestanden hat, hat den Studienplatz noch nicht sicher, denn es gibt eine bedarfsorientierte Bestenauslese. Wenn maximal 56 Studienplätze zu vergeben sind und ein Bewerber landet mit seiner Punktezahl auf dem unglücklichen 57. Platz, kann er leider nicht berücksichtigt werden. Wer an Sicherheitsmanagement interessiert ist, für den besteht die erste Hürde darin, dass dieser Studiengang kostenpflichtig ist. Zur Erklärung: Die Hochschule als öffentliche Hochschule wurde unter der Auflage gegründet, kostenneutral zu arbeiten. Die Studierenden zahlen 490 Euro Studiengebühren im Monat – für die gesamte Studiendauer bis zum Abschluss als Bachelor nach drei Jahren.

Müller-Thurau: 490 Euro im Monat – für welche jungen Frauen und Männer ist das eine gute Investition in die Zukunft?

Rainer Klement: Wer Interesse am Thema Sicherheit hat und statt in einer staatlichen Institution lieber in der freien Wirtschaft arbeiten möchte, der ist gut beraten, wenn er sich für den Studiengang Sicherheitsmanagement an unserer Hochschule entscheidet. Durch die Studiengebühren sind die Absolventinnen und Absolventen unabhängig, sie können national und international bei Arbeitgebern ihrer Wahl arbeiten. Durch das gemeinsame

Grundstudium mit angehenden Polizeibeamten und Polizeibeamtinnen stechen die Absolventen unserer Hochschule zudem aus dem Kreis potenzieller Mitbewerber heraus.

Müller-Thurau: Die letzte Hürde, um angenommen zu werden, stellt die Hochschule der Polizei auf – in Form eines Vorstellungsinterviews. Welche Verhaltensmuster oder Eigenschaften schätzen Sie bei Bewerbern in den Interviews?

Rainer Klement: Drei Eigenschaften bestimmen die Qualität eines erfolgreichen Polizeibeamten, das gilt auch für zukünftige Fach- und Führungskräfte im privaten Sicherheitsgewerbe: Fachkompetenz, Methodenkompetenz und Sozialkompetenz.

Müller-Thurau: Was verbirgt sich hinter dem Begriff „Sozialkompetenz"?

Rainer Klement: Wir brauchen Nachwuchskräfte, die kooperativ eingestellt und damit teamfähig sind. Selbstverständlich müssen Polizeibeamte auch durchsetzungsfähig sein, aber wir wünschen uns dabei ein gehöriges Maß an Einfühlungsvermögen.

Müller-Thurau: Wozu brauchen Polizeibeamte oder Sicherheitsmanager denn Einfühlungsvermögen, wenn sie sowieso bewaffnet oder zumindest kräftig gebaut sind?

Rainer Klement: Es geht um die Fähigkeit und um die Bereitschaft, sich mit anderen verantwortungsbewusst auseinanderzusetzen – sich also gruppensowie beziehungsorientiert zu verhalten. Man braucht viel Einfühlungsvermögen, um Konflikte zu regulieren und um unnötige Eskalationen zu vermeiden. In diesem Zusammenhang ist natürlich eine ausgeprägte Kommunikationsfähigkeit unverzichtbar. Wir bieten aus diesem Grund unter anderem auch Rhetorikseminare an. Unser berufliches Selbstverständnis lässt sich wie folgt auf den Punkt bringen: „Unsere Waffe ist das Wort!"

Ihr Berufseinstieg bei der Bundespolizei

1951 war das Geburtsjahr des Bundesgrenzschutzes (BGS), einer Sonderpolizei des Bundes. Die Stärke wurde zunächst auf 10 000 Mann festgelegt. Als 1956 die Bundeswehr aufgestellt wurde, gingen fast 60 % der Grenzer freiwillig zu den neuen Streitkräften. Dieser personelle Aderlass konnte wieder ausgeglichen werden, als Wehrpflichtigen die Möglichkeit eingeräumt wurde, ihren Dienst beim BGS abzuleisten.

Im Lauf der folgenden Jahre erstreckte sich das Aufgabenspektrum vom Schutz der innerdeutschen Grenze über den Bundespasskontrolldienst, die Mitwirkung bei RAF-Großfahndungen, die Sicherung von Amtssitzen bis hin zur Bekämpfung von Hochwasser und Waldbränden.

Nach der deutschen Wiedervereinigung und aufgrund vielfältiger neuer Aufgaben wurde der Bundesgrenzschutz 2005 in „Bundespolizei" (BPOL) umbenannt. Im Jahr 2008 trat das Gesetz zur Neuorganisation der Bundespolizei in Kraft. Das Bundesministerium des Inneren teilt auf seiner Homepage mit: „Die Bundespolizei untersteht dem Bundesministerium des Inneren und nimmt im Sicherheitssystem der Bundesrepublik Deutschland polizeiliche Aufgaben insbesondere in den Bereichen Grenzschutz, Bahnpolizei und Luftsicherheit wahr, die ihr durch das Grundgesetz und durch Bundesgesetze übertragen sind."

Diese Aufgaben haben es in sich und bieten qualifizierten Bewerbern und Bewerberinnen gute Berufschancen. Interessiert? Dann prüfen Sie doch einmal mit dem folgenden Test, was Sie bereits über die Bundespolizei wissen, und bessern Sie anschließend Ihre Kenntnisse auf. Zum einen, um eine eventuelle Entscheidung für die berufliche Zukunft bei der Bundespolizei nicht nur aus dem Bauch heraus zu treffen, und zum anderen, um im Einstellungsverfahren zeigen zu können, dass Sie sich vorab gut informiert haben. Denn das kommt immer gut an.

Je mehr Hintergrundwissen Sie haben, umso sicherer und überzeugender werden Sie im Vorstellungsinterview, in Präsentationen und Gruppendiskussionen agieren. Fragen wie „Warum wollen Sie zur Bundespolizei?" oder „Was wissen Sie über die Bundespolizei?" können Sie dann locker beantworten. Machen Sie also bei diesem Test mit.

Test: Was wissen Sie über die Bundespolizei?

Was ist richtig oder welche ist die beste Antwort? (Bitte jeweils nur ein Kreuzchen.)

1. Der Vorläufer der Bundespolizei ist
   - ☐ a. der Bundesgrenzschutz.
   - ☐ b. das THW.
   - ☐ c. die Feuerwehr.

2. Die Bundespolizei untersteht
   - ☐ a. dem Bundesministerium des Innern.
   - ☐ b. dem Bundesministerium der Verteidigung.
   - ☐ c. einer gemeinsamen Kommission der Landespolizeien.

3. Was gehört nicht zu den Aufgaben der Bundespolizei?
   - ☐ a. Unterstützung des Auswärtigen Amtes beim Schutz deutscher diplomatischer und konsularischer Vertretungen im Ausland.
   - ☐ b. Einsätze auf der Nord- und Ostsee.
   - ☐ c. Die Übernahme von polizeilichen Aufgaben im Ausland auf Bitten eines befreundeten Staates.

4. Welche Aussage ist falsch? Die Bundespolizei
   - ☐ a. ist für den grenzpolizeilichen Schutz des gesamten Bundesgebietes verantwortlich.
   - ☐ b. wirkt bei der Gefahrenabwehr auf dem Gebiet der Bahnanlagen der Eisenbahnen des Bundes mit.
   - ☐ c. bekämpft Schwarzarbeit und Lohndumping.

5. Die Bundespolizei
   - ☐ a. ist beim Bundeskriminalamt für den Personenschutz zuständig.
   - ☐ b. leistet Hilfe bei Katastrophen und besonderen Unglücksfällen und bietet einen Luftrettungsdienst.
   - ☐ c. übernimmt bei Großeinsätzen in den Bundesländern die alleinige Verantwortung.

6. Was gehört nicht zu den Aufgaben der Bahnpolizei?
   - ☐ a. Die Überprüfung der Grenzübertrittspapiere.
   - ☐ b. Die Fußballfan-Begleitung.
   - ☐ c. Präventions- und Strafverfolgungsaufgaben gegen Graffiti.

7. Welche der folgenden Spezialisierungsmöglichkeiten beziehungsweise Spezialverwendungen gibt es bei der Bundespolizei?
   - ☐ a. Fachkraft im Sanitätsdienst.
   - ☐ b. Dienstleister für Informations- und Kommunikationstechnik.
   - ☐ c. Spezialist für telefonische Abhörtechnik.

8. Die GSG 9 (heute GSG 9 BPOL) begründete ihr international hohes Ansehen durch einen Spezialeinsatz in
   - ☐ a. Bad Kleinen.
   - ☐ b. Mogadischu.
   - ☐ c. München.

9. Entschärfer und Taucher gibt es
   - ☐ a. nur bei der Bundeswehr und beim THW.
   - ☐ b. nur bei der Bundeswehr.
   - ☐ c. auch bei der Bundespolizei.

10. Der/die Polizeihauptkommissar/in (3 Sterne)
   - ☐ a. gehört dem gehobenen Dienst (gD) an.
   - ☐ b. gehört dem mittleren Dienst (mD) an.
   - ☐ c. gehört dem höheren Dienst (hD) an.

11. Was ist richtig? Eine Hundertschaft besteht aus

☐   a. ca. 120 Polizeivollzugsbeamten (PVB).

☐   b. ca. 100 PVB.

☐   c. ca. 80 PVB.

12. Eine Gruppe besteht aus ca. 8 PVB. Ein Zug besteht aus

☐   a. ca. 30 PVB.

☐   b. ca. 60 PVB.

☐   c. ca. 90 PVB.

13. Das Bundespolizeipräsidium ist als Oberbehörde für die Dienst- und Fachaufsicht sowie für die polizeilich-strategische Steuerung der Bundespolizei zuständig. Es hat seinen Sitz in

☐   a. Berlin.

☐   b. Pirna.

☐   c. Potsdam.

14. Was ist eine Iriskamera?

☐   a. Eine Kamera, die Personen über eine angeschlossene Software durch die Regenbogenhaut identifiziert.

☐   b. Eine Kamera, die Personen über eine angeschlossene Software durch die Augäpfel identifiziert.

☐   c. Eine Kamera, die Personen über eine angeschlossene Software durch die Augenlider identifiziert.

15. Bei einem biometrischen Reisepass muss das Bild unter anderem folgende Merkmale aufweisen:

☐   a. Kopfhaltung gerade, Lippen geschlossen, Foto kontrastreich.

☐   b. Kopfhaltung leicht nach rechts, Lippen geschlossen, Foto gut ausgeleuchtet.

☐   c. Lippen leicht geöffnet, Augen offen, einfarbiger Hintergrund.

16. Wie viele Bedienstete hat die deutsche Bundespolizei?

☐   a. Etwa 20 000 Personen.

☐   b. Fast 25 000 Personen.

☐   c. Fast 40 000 Personen.

17. Wie sieht das Hoheitszeichen der Bundespolizei aus?

☐   a. Der schwarze Bundesadler ist auf einen Polizeistern aufgelegt.

☐   b. Der gelbe Bundesadler ist auf einen Polizeistern aufgelegt.

☐   c. Der schwarze Bundesadler ist auf eine Raute aufgelegt.

18. Welche Eigenschaft sollten Bewerber/innen um eine Ausbildung oder einen Studienplatz bei der Bundespolizei neben Teamfähigkeit, physischer und psychischer Belastbarkeit, Entscheidungsvermögen und Mobilität unbedingt noch mitbringen?

☐   a. Zahlenverständnis.

☐   b. Risikofreude.

☐   c. Zivilcourage.

19. Auch bei der Bundespolizei gilt das Prinzip der Bestenauslese. Was heißt das?

☐   a. Es wird darauf geachtet, dass die besten Bewerber unter Berücksichtigung der Bevölkerungsstärke der Bundesländer eine Chance erhalten.

☐   b. Über den Zugang zu einem öffentlichen Amt entscheiden ausschließlich Eignung, Befähigung und fachliche Leistung.

☐   c. Bewerber/innen dürfen nicht diskriminiert werden.

20. Welche Aussage verrät ein angemessenes Demokratieverständnis?

☐   a. Der Rechtsstaat lebt von der Treue gegenüber dem Recht und der Verfassung.

☐   b. Vertrauen ohne Kontrolle ist erfahrungsgemäß nicht dauerhaft von Bestand.

☐   c. Meinungs- und Rechtsstreitigkeiten gefährden die Demokratie.

Lösung

1. a	2. a	3. c	4. c	5. b	6. a	7. b
8. b	9. c	10. a	11. a	12. a	13. c	14. a
15. a	16. c	17. a	18. c	19. b	20. a	

Empfehlung

Bei weniger als zehn Punkten sollten Sie sich noch einmal gründlich mit Ihrem potenziellen neuen Dienstherrn und den Aufgaben eines Bundespolizisten beschäftigen. Aber egal wie das Ergebnis ausgefallen ist – schauen Sie sich auf jeden Fall die Erläuterungen zu den Testfragen an. Dann können Sie im Vorstellungsgespräch nicht nur Fragen sachkundig beantworten, sondern bestimmte Themen auch von sich aus kompetent ansprechen. Das wirkt immer überzeugend.

Wichtige Informationen zur Bundespolizei

Zu 1.

Der Vorläufer der Bundespolizei ist der Bundesgrenzschutz.

Historischer Hintergrund: Der 16.3.1951 ist der Geburtstag des Bundesgrenzschutzes (BGS). Die Stärke wird zunächst auf 10 000 Mann festgelegt. Am 30.6.2005 wird das Gesetz zur Umbenennung des Bundesgrenzschutzes in Bundespolizei verkündet. Seit dem 1.7.2005 heißt der Bundesgrenzschutz „Bundespolizei".

Zu 2.

Die Bundespolizei untersteht dem Bundesministerium des Innern.

Selbstverständlich muss man als Bewerber/in wissen, wie der amtierende Bundesinnenminister heißt. Seit Oktober 2009 nimmt Dr. Thomas de Maizière dieses Amt wahr. Davor war es Dr. Wolfgang Schäuble, der jetzt (Stand Anfang 2010) Bundesfinanzminister ist.

Zu 3.

Was gehört nicht zu den Aufgaben der Bundespolizei? Die Übernahme von polizeilichen Aufgaben im Ausland auf Bitten eines befreundeten Staates.

Eine Mitwirkung an polizeilichen Aufgaben im Ausland findet unter Verantwortung der Vereinten Nationen, der Europäischen Union oder anderer internationaler Organisationen statt.

Zu 4.

Welche Aussage ist falsch? Die Bundespolizei bekämpft Schwarzarbeit und Lohndumping.

Diese Aufgaben erfüllt der Zoll.

Zu 5.

Die Bundespolizei leistet Hilfe bei Katastrophen und besonderen Unglücksfällen und bietet einen Luftrettungsdienst.

Man muss unterscheiden zwischen der alleinigen Zuständigkeit für polizeiliche Aufgaben, einer Mitwirkung und einer Unterstützung anderer Institutionen beziehungsweise Behörden. In diesem Sinne unterstützt die Bundespolizei das Bundeskriminalamt beim Personenschutz und die Polizeien der Bundesländer bei Großeinsätzen.

Zu 6.

Was gehört nicht zu den Aufgaben der Bahnpolizei? Die Überprüfung der Grenzübertrittspapiere.

Die polizeiliche Kontrolle des grenzüberschreitenden Verkehrs einschließlich der Überprüfung der Grenzübertrittspapiere und der Berechtigung zum Grenzübertritt liegt in der Verantwortung des Grenzschutzes.

Zu 7.

Welche Spezialisierungsmöglichkeiten beziehungsweise Spezialverwendungen gibt es bei der Bundespolizei? Dienstleister für Informations- und Kommunikationstechnik.

Eine interessante Spezialisierungsmöglichkeit bietet das Zentrum für Informations- und Kommunikationstechnik (IKTZ). Es sorgt für die Bereitstellung und Verfügbarkeit eines bundesweiten Informations- und Kommunikationsnetzes im In- und Ausland. Das Diensthundewesen unterstützt polizeitaktische Maßnahmen wie Festnahmen und Durchsuchungen von Räumen.

Zu 8.

Die GSG 9 (heute GSG 9 BPOL) begründete ihr international hohes Ansehen durch einen Spezialeinsatz in Mogadischu.

- 1977 befreite die Grenzschutzgruppe 9 auf dem Flughafen Mogadischu, Somalia, 86 Geiseln aus der Lufthansamaschine Landshut aus der Hand von Terroristen (Operation Feuerzauber). Damals wurden unter Leitung von GSG-9-Chef Ulrich Wegener alle Geiseln unverletzt befreit.

- 1993 versuchten GSG-9-Männer auf dem Bahnhofsgelände in Bad Kleinen die RAF-Terroristen Wolfgang Grams und Birgit Hogefeld festzunehmen. Während der Zugriff auf Hogefeld gelang, kam es mit Grams zu einem Schusswechsel, der den 26-jährigen Beamten Michael Newrzella das Leben kostete. Newrzella war der erste GSG-9-Beamte, der im Dienst getötet wurde. Grams nahm sich das Leben.

- Die GSG 9 wurde nach dem Überfall eines palästinensischen Terrorkommandos auf die israelische Olympiamannschaft während der Olympischen Sommerspiele in München 1972 aufgestellt.

Zu 9.

Entschärfer und Taucher gibt es auch bei der Bundespolizei.

Bei diesen Tätigkeiten handelt es sich um Spezialisierungsmöglichkeiten im Technischen Einsatzdienst/ABC-Wesen.

Zu 10.

Der/die Polizeihauptkommissar/in gehört dem gehobenen Dienst an.

Über die Rangstufen im mittleren, gehobenen und höheren Dienst informieren Sie sich bitte anhand des Informationsmaterials der entsprechenden Institutionen oder im Internet.

Zu 11.

Was ist richtig? Eine Hundertschaft besteht aus ca. 120 PVB.

Schon das römische Heer gliederte sich seit seinen Anfängen in die jeweils von einem Centurio kommandierten Zenturien, was übersetzt „Hundertschaft" bedeutet (von lateinisch „centum" für „hundert"). Heute ist die Hundertschaft als Bezeichnung einer militärischen Einheit weitgehend verschwunden, lebt aber bei der Polizei fort, die oft über sogenannte Hundertschaften für Großeinsätze (zum Beispiel bei Fußballspielen oder Demonstrationen) verfügt. So werden beispielsweise bei der deutschen Bundespolizei Hundertschaften (in der Regel bestehend aus 117 Polizeivollzugsbeamten) zur Bewältigung von Großlagen eingesetzt. Auch die Schweizerischen Kantonspolizeien verfügen über Hundertschaften.

Zu 12.

Eine Gruppe besteht aus ca. 8 PVB. Ein Zug besteht aus ca. 30 PVB.

Siehe hierzu die Erläuterungen oben.

Zu 13.

Das Bundespolizeipräsidium ist als Oberbehörde für die Dienst- und Fachaufsicht sowie für die polizeilich-strategische Steuerung der Bundespolizei zuständig. Es hat seinen Sitz in Potsdam.

In Berlin und Pirna befinden sich zwei von neun Polizeidirektionen.

Zu 14.

Was ist eine Iriskamera? Eine Kamera, die Personen über eine angeschlossene Software durch die Regenbogenhaut identifiziert.

Eine „Automatisierte und Biometriegestützte Grenzkontrolle" (ABG) wird mittelfristig Standard sein.

Zu 15.

Bei einem biometrischen Reisepass muss das Bild unter anderem folgende Merkmale aufweisen: Kopfhaltung gerade, Lippen geschlossen, Foto kontrastreich.

Durch die Einführung der Gesichtsbiometrie für Reisepässe werden insbesondere an das Passbild die folgenden Anforderungen gestellt:

■ Bildgröße 35 x 45 Millimeter

■ Gesichtshöhe 32 bis 36 Millimeter vom Kinn bis zum Haaransatz

■ Kopfhaltung gerade

■ Frontalaufnahme

■ Gesichtsausdruck neutral

■ Lippen geschlossen

■ Augen offen und deutlich sichtbar

■ Foto kontrastreich, Ausleuchtung gleichmäßig (keine Schatten)

■ Einfarbiger Hintergrund

Zu 16.

Wie viele Bedienstete hat die deutsche Bundespolizei? Fast 40 000.

Nach einer Definition des Bundesministeriums für Arbeit und Soziales ist die Bundespolizei damit ein „Großunternehmen". Dieser Umstand ist auch für das private „Sicherheitsgefüge" von Bewerbern nicht uninteressant.

Zu 17.

Wie sieht das Hoheitszeichen der Bundespolizei aus? Der schwarze Bundesadler ist auf einen Polizeistern aufgelegt.

Der Polizeistern („Gardestern") geht auf die Geschichte Preußens zurück – und zwar auf das Jahr 1701, in dem Preußen Königreich wurde. Damals stiftete Friedrich I. (Vater Friedrichs des Großen) den „Schwarzer-Adler-Orden".

Da viele Polizeiorganisationen weltweit nach dem preußischen Vorbild aufgebaut sind, wurde vielfach auch der Gardestern als Erkennungssymbol der Polizei in irgendeiner landesspezifischen Form übernommen.

Zu 18.

Welche Eigenschaft sollten Bewerber/innen um eine Ausbildung oder einen Studienplatz bei der Bundespolizei neben Teamfähigkeit, physischer und psychischer Belastbarkeit, Entscheidungsvermögen und Mobilität unbedingt noch mitbringen? Zivilcourage.

Lesetipp: „Zivilcourage" (Originaltitel: „Profiles in Courage") von John F. Kennedy. Das Buch ist 1956 erschienen, als er US-Senator von Massachusetts war. Das Werk fand in den Vereinigten Staaten große Beachtung, Kennedy erhielt dafür 1957 den Pulitzer-Preis.

Zu 19.

Auch bei der Bundespolizei gilt das Prinzip der Bestenauslese. Was heißt das? Über den Zugang zu einem öffentlichen Amt entscheiden ausschließlich Eignung, Befähigung und fachliche Leistung.

Nehmen Sie das Grundgesetz zur Hand und lesen Sie Artikel 33. Da steht:

(1) Jeder Deutsche hat in jedem Lande die gleichen staatsbürgerlichen Rechte und Pflichten.

(2) Jeder Deutsche hat nach seiner Eignung, Befähigung und fachlichen Leistung gleichen Zugang zu jedem öffentlichen Amte.

(3) Der Genuss bürgerlicher und staatsbürgerlicher Rechte, die Zulassung zu öffentlichen Ämtern sowie die im öffentlichen Dienste erworbenen Rechte sind unabhängig von dem religiösen Bekenntnis. Niemandem darf aus seiner Zugehörigkeit oder Nichtzugehörigkeit zu einem Bekenntnisse oder einer Weltanschauung ein Nachteil erwachsen.

(4) Die Ausübung hoheitsrechtlicher Befugnisse ist als ständige Aufgabe in der Regel Angehörigen des öffentlichen Dienstes zu übertragen, die in einem öffentlich-rechtlichen Dienst- und Treueverhältnis stehen.

(5) Das Recht des öffentlichen Dienstes ist unter Berücksichtigung der hergebrachten Grundsätze des Berufsbeamtentums zu regeln und fortzuentwickeln.

Zu 20.

Welche Aussage verrät ein angemessenes Demokratieverständnis? Der Rechtsstaat lebt von der Treue gegenüber Recht und Verfassung.

Mitarbeiter/innen beziehungsweise Beamte und Beamtinnen im Öffentlichen Dienst sind selbstverständlich zur Verfassungstreue verpflichtet und haben jeglichem Extremismus eine Absage zu erteilen.

Das Eignungsauswahlverfahren: So bereiten Sie sich vor

Das Eignungsauswahlverfahren besteht neben der polizeiärztlichen Untersuchung und dem Sporttest aus einem schriftlichen (computergestützten) und einem mündlichen Teil. Die Anforderungen für Bewerber/innen für den mittleren Polizeivollzugsdienst der Bundespolizei:

- Allgemeinwissen (Themenschwerpunkte: Politik, Wirtschaft, Geschichte der Bundesrepublik; außerdem: Fragen aus den Bereichen Geografie, Kunst, Kultur und Sport)
- Verbale Intelligenz
- Logik- und Konzentrationstests (unter Zeitdruck fehlerfrei arbeiten)
- Rechtschreib- und Grammatikkenntnisse (Diktat/Aufsatz; neue Rechtschreibregeln beachten!)
- Textverständnis
- Englische Sprachkenntnisse

In einem Vorstellungsgespräch gilt es, den zukünftigen Ausbildenden und Dienstherrn von der persönlichen Eignung für den Polizeiberuf zu überzeugen. Natürlich geht es hier auch um die mündliche Ausdrucksfähigkeit und das Sozialverhalten. Das EAV für den mittleren Dienst dauert zwei Tage.

Die Anforderungen für Bewerber/innen für den gehobenen Polizeivollzugsdienst der Bundespolizei:

- Intelligenztest

- Kurzaufsatz

- Computergestützter Test zur Messung der sozialen Kompetenzen

- Allgemeinwissen (siehe oben)

- Assessment-Center mit Gruppendiskussion, Kurzvortrag und Interview

Das EAV für den gehobenen Dienst dauert zweimal zwei Tage.

Über das Inhalts- und das Stichwortverzeichnis finden Sie alles, was Sie für eine solide Vorbereitung brauchen.

LESEN SIE ZEITUNG

Bei der Bundespolizei werden Nachwuchskräfte gebraucht, die eine solide Allgemeinbildung mitbringen und das Tagesgeschehen verfolgen. Lesen Sie regelmäßig eine Tageszeitung oder besuchen Sie die entsprechenden Online-Seiten.

- Im Auswahlverfahren könnten Sie zum Beispiel gebeten werden, einen Aufsatz zu einem aktuellen Thema zu schreiben.

- Bei den Gruppenverfahren (zum Beispiel im Rahmen eines Assessment-Centers) werden aktuelle Fragen/Debatten thematisiert.

- Natürlich müssen Sie die wichtigsten handelnden Personen in Politik und Gesellschaft kennen – und auf die stoßen Sie regelmäßig in der Zeitung.

- Auch im Vorstellungsgespräch müssen Sie zeigen, dass Sie auf dem Laufenden sind. Wer als Bewerber/in mit dem Stichwort „BGS" nichts anfangen kann, hat schlechte Karten.

Ihr Berufseinstieg bei der Bundeswehr

„Soldaten sind Mörder." Diese Parole von Kurt Tucholsky wurde den Soldaten der Bundeswehr häufig zugerufen. Wie bitter muss diese Anschuldigung für jene klingen, die beispielsweise ihre Lieben in Afghanistan verloren haben, weil das deutsche Parlament sie dorthin befohlen hat. Soldaten sind ein wichtiger Teil der demokratischen Gesellschaft. Die Mehrheit unserer Gesellschaft weiß das und diese Mehrheit wird angesichts der weltweiten Bedrohung durch aggressive Diktatoren und Terroristen größer.

Die zwiespältige Haltung der Bevölkerung zu den eigenen Streitkräften hat bekanntlich historische Gründe. Der rücksichtslose Angriffskrieg der Wehrmacht in der Zeit des Nationalsozialismus war seit der Gründung der Bundeswehr 1956 für jeden Soldaten eine besonders schwere Hypothek. Damals stellte sich die Bevölkerungsmehrheit gegen eine Wiederbewaffnung der jungen Bundesrepublik Deutschland.

Vor diesem Hintergrund ist auch das „Versteckspiel" in Bezug auf Afghanistan zu sehen: Befindet sich Deutschland dort in einem Krieg oder leisten wir am Hindukusch nur Sozial- und Aufbauarbeit? Lange hat sich die deutsche Politik in für die dort stationierten Soldaten unzumutbarer Weise um eine klare Antwort gedrückt. Erst der neue Verteidigungsminister Karl-Theodor zu Guttenberg sprach im Herbst 2009 klar und mutig von „Krieg".

Und was sagte der amerikanische Präsident Barack Obama anlässlich der Verleihung des Friedensnobelpreises im Dezember 2009 in Oslo? „Die Instrumente des Krieges müssen eine Rolle spielen bei der Bewahrung des Friedens." Und: „Alle verantwortungsbewussten Nationen müssen den Beitrag nutzen, den Militärs mit klarem Auftrag zur Erhaltung des Friedens beitragen können." Eine derart klare Ansage hat man lange nicht mehr gehört.

Warum also sollten sich junge Frauen und Männer für den Beruf des Soldaten entscheiden? Weil eines der höchsten Güter der Menschen, nämlich die Freiheit, nicht ohne Sicherheit zu haben ist. An dieser Stelle ist zu fragen, ob Menschen freiwillig oder gesetzlich verpflichtet eine Uniform tragen sollten. Ein Ländervergleich zeigt, dass die meisten Staaten der freien Welt die Wehrpflicht abgeschafft oder ausgesetzt und eine Berufsarmee aufgestellt haben oder dies beabsichtigen. Bei Ländern mit totalitären Regierungsformen ist diese Tendenz nicht zu erkennen. In Deutschland wird seit längerer Zeit eine heftige Debatte um das Pro und Contra einer Wehrpflicht geführt.

 BERUFSARMEE ODER WEHRPFLICHTARMEE?

Ägypten	Wehrpflicht
Australien	Berufsarmee
Brasilien	Wehrpflicht
China	Wehrpflicht
Deutschland	Wehrpflicht
Frankreich	Berufsarmee
Großbritannien	Berufsarmee
Indien	Berufsarmee
Iran	Wehrpflicht
Israel	Wehrpflicht
Italien	Berufsarmee
Japan	Berufsarmee
Kanada	Berufsarmee
Marokko	Wehrpflicht
Nordkorea	Wehrpflicht
Pakistan	Berufsarmee
Russland	Wehrpflicht
Schweiz	Wehrpflicht
Südkorea	Wehrpflicht
Türkei	Wehrpflicht
Ukraine	Wehrpflicht
USA	Berufsarmee

Prüfen Sie nun einmal, was Sie über die Bundeswehr wissen und wo noch Informationsbedarf besteht. Je mehr Hintergrundwissen Sie haben, umso sicherer und überzeugender werden Sie im Vorstellungsinterview, in Präsentationen und Gruppendiskussionen agieren. Fragen wie „Warum wollen Sie zur Bundeswehr?" oder „Was wissen Sie über die Bundeswehr?" können Sie dann locker beantworten. Machen Sie also bei diesem Test mit.

Test: Was wissen Sie über die Bundeswehr?

Was ist richtig oder welche ist die beste Antwort? Bitte entscheiden Sie sich jeweils für eine Alternative.

1. Die Bundeswehr wurde am 12.11.1955 gegründet, am 200. Geburtstag von Gerhard Johann David von Scharnhorst. Wer war von Scharnhorst?

    ☐ a. Der Sieger der Schlacht von Waterloo, die das Ende der Herrschaft von Napoleon besiegelte.

    ☐ b. Der genialste Militärstratege in der Geschichte Preußens.

    ☐ c. Ein preußischer Militärreformer, der das Söldnerheer in ein Volksheer umwandelte und damit die Befreiung Deutschlands von der Herrschaft Napoleons ermöglichte.

2. „Krieg ist die Fortsetzung der Politik mit anderen Mitteln." Von wem stammt diese berühmte Definition?

    ☐ a. August Neidhardt von Gneisenau.

    ☐ b. Carl von Clausewitz.

    ☐ c. Graf von Kielmansegg.

3. Woher stammt das Wort „Soldat"?

    ☐ a. Von „solid", das für zuverlässig steht.

    ☐ b. Von „Sold", also Bezahlung.

    ☐ c. Von „Soldo", einer früheren italienischen Münze.

4. Die Bundeswehr ist in die westliche Staaten- und Wertegemeinschaft eingebettet. Das bedeutet,

☐ a. dass ein Einsatz in Afghanistan sehr fragwürdig ist.

☐ b. dass die Bundesrepublik Deutschland kein souveräner Staat ist.

☐ c. dass Verteidigung immer als Verteidigung im Bündnis im Sinne einer erweiterten Landesverteidigung zu verstehen ist.

5. Wie sieht das Hoheitszeichen der Bundeswehr aus?

☐ a. Schwarzes Kreuz mit weißer Umrandung.

☐ b. Schwarzer Adler mit weißer Umrandung.

☐ c. Schwarze Schwerter mit weißer Umrandung.

6. Wann fand der erste Einsatz der Bundeswehr statt?

☐ a. 1960 als Katastrophenhilfe bei einem Erdbeben in Marokko (Agadir).

☐ b. 1962 als Katastrophenhilfe bei der Sturmflut in Hamburg.

☐ c. Im Jugoslawienkrieg 1991.

7. Zum Traditionsverständnis der Bundeswehr gehört

☐ a. das Andenken an die Männer des 20.7.1944.

☐ b. der Kampfpanzer vom Typ „Leopard".

☐ c. der Blitzsieg gegen Frankreich im Jahr 1940.

8. Wofür steht die Buchstabenkombination NATO?

☐ a. North America Treaty Organization.

☐ b. North Atlantic Treaty Organization.

☐ c. North Atlantic Treatment Organization.

9. Was ist das NATO-Alphabet?

☐ a. Die Einigung auf eine gemeinsame Rechtschreibung in der englischen Sprache.

☐ b. Ein Morsealphabet für U-Boote innerhalb der NATO-Verbände.

☐ c. Eine Buchstabiertafel.

10. Die Streitkräfte bestehen aus den folgenden fünf militärischen Organisationsbereichen:

    ☐ a. Heer, Luftwaffe, Marine, Schnelle Eingreiftruppe, Zentraler Sanitätsdienst.

    ☐ b. Heer, Luftwaffe, Marine, Zentraler Sanitätsdienst, Streitkräftebasis.

    ☐ c. Heer, Luftwaffe, Marine, U-Bootgeschwader, Zentraler Sanitätsdienst.

11. Die Bundeswehr zählt zu den größten deutschen Arbeitgebern. Die Zahl der militärischen und zivilen Mitarbeiterinnen und Mitarbeiter beträgt

    ☐ a. fast 200 000.

    ☐ b. gut 250 000.

    ☐ c. an die 320 000.

12. Worum geht es bei dem Konzept der „Inneren Führung"?

    ☐ a. Um die Gewährleistung des unbedingten Gehorsams der Soldatin beziehungsweise des Soldaten.

    ☐ b. Um dem Humanismus verpflichtete Streitkräfte.

    ☐ c. Um die Minderung der Spannungen, die sich aus den individuellen Rechten des freien Bürgers und den militärischen Pflichten des Soldaten ergeben.

13. Worum geht es bei dem Leitbild „Staatsbürger in Uniform"?

    ☐ a. Soldaten sollen das Prinzip „Befehl und Gehorsam" verstehen.

    ☐ b. Soldaten sollen gute Staatsbürger, vollwertige Soldaten und freie Menschen zugleich sein.

    ☐ c. Soldaten sollen in ihrer Kritikfähigkeit gegenüber militärischen Befehlen gestärkt werden.

14. Die soldatische Pflicht zum Gehorsam bezieht sich auf

    ☐ a. rechtmäßige militärische Befehle.

    ☐ b. das, was militärische Vorgesetzte anordnen.

    ☐ c. die reine Dienstzeit.

15. Die Berufsbilder und Tätigkeitsbereiche der Bundeswehr sind äußerst vielfältig. Ihrer militärischen Kernausrichtung folgend hat die Bundeswehr zunächst einmal eine

   ☐   a. organisatorische Orientierung.

   ☐   b. taktische Orientierung.

   ☐   c. technische Orientierung.

16. Es gibt bei der Bundeswehr grundsätzlich vier Karrierewege – nämlich die Laufbahnen

   ☐   a. der Fachunteroffiziere, der Feldwebel, der Sanitäter und der Offiziere.

   ☐   b. der Mannschaften, der Fachunteroffiziere, der Feldwebel und der Offiziere.

   ☐   c. der Mannschaften, der Fachunteroffiziere, der Feldwebel, der Techniker und der Offiziere.

17. Je nach Schuldbildung, Eignung und Neigung sowie nach Bedarf der Bundeswehr haben die Soldatinnen und Soldaten grundsätzlich die Möglichkeit,

   ☐   a. eine berufliche Ausbildung und/oder eine Weiterqualifizierung bis zur Meisterebene, ein Fachhochschul- oder ein Hochschulstudium zu absolvieren.

   ☐   b. nach einer entsprechenden Prüfung eine berufliche Ausbildung oder ein Fachhochschul- oder ein Hochschulstudium zu absolvieren.

   ☐   c. bei hervorragenden militärischen Leistungen eine berufliche Ausbildung und/oder eine Weiterqualifizierung bis zur Meisterebene, ein Fachhochschul- oder ein Hochschulstudium zu absolvieren.

18. Der Generalinspekteur der Bundeswehr ist

   ☐   a. der Wehrbeauftragte des Parlaments.

   ☐   b. der Chef des Führungsstabs.

   ☐   c. der ranghöchste Soldat der Truppe und militärischer Berater der Bundeswehr.

19. Wofür steht „Isaf"?

☐ a. Intern Safety Application Force.

☐ b. International Security Assistance Force.

☐ c. Internationale Sicherheitskonferenz für Afghanistan.

20. Was wird im Anforderungskatalog der persönlichen Stärken von Bewerbern für die Bundeswehr als Erstes angeführt?

☐ a. Teamfähigkeit.

☐ b. Anpassungsbereitschaft.

☐ c. Selbstlosigkeit.

Lösung

1. c	2. b	3. b	4. c	5. a	6. a	7. a
8. b	9. c	10. b	11. c	12. c	13. b	14. a
15. c	16. b	17. a	18. c	19. b	20. a	

Empfehlung

Bei weniger als zehn Punkten schauen Sie sich bitte die folgenden Erläuterungen besonders genau an. Die Motivation für einen bestimmten Berufsweg zeigt sich in einer gründlichen Vorbereitung beziehungsweise im Wissen über den zukünftigen Arbeitgeber.

Wichtige Informationen zur Bundeswehr

Zu 1.

Die Bundeswehr wurde am 12.11.1955 gegründet, dem 200. Geburtstag von Gerhard Johann David von Scharnhorst. Wer war von Scharnhorst? Ein preußischer Militärreformer, der das Söldnerheer in ein Volksheer umwandelte und damit die Befreiung Deutschlands von der Herrschaft Napoleons ermöglichte.

Neben Gneisenau war Scharnhorst der geniale Organisator der preußischen Heeresreform, der als Erster die gesellschaftlichen Veränderungen jener Zeit erkannte und in die Reform einfließen ließ. Dies ermöglichte die Siege über Napoleon in der Völkerschlacht von Leipzig (1912/13) und Waterloo (1815).

Zu 2.

„Krieg ist die Fortsetzung der Politik mit anderen Mitteln." Von wem stammt diese berühmte Definition? Carl von Clausewitz.

Von Clausewitz wurde durch sein Werk „Vom Kriege" bekannt. Seine Theorien über Strategie und Taktik hatten großen Einfluss auf die Entwicklung des Kriegswesens in allen westlichen Ländern und werden noch heute an Militärakademien gelehrt. Von Clausewitz hat das Primat der Politik theoretisch begründet. Lesetipp: Carl von Clausewitz: „Vom Kriege".

Zu 3.

Woher stammt das Wort „Soldat"? Von „Sold", also Bezahlung.

Die Besoldung (!) der Berufs- und Zeitsoldaten ist mit der allgemeinen Beamtenbesoldung der Bundesrepublik Deutschland zu vergleichen. Söldner – gleiche etymologische Herkunft – sind keine Angehörigen regulärer Armeen.

Zu 4.

Die Bundeswehr ist in die westliche Staaten- und Wertegemeinschaft eingebettet. Das bedeutet, dass Verteidigung immer als Verteidigung im Bündnis im Sinne einer erweiterten Landesverteidigung zu verstehen ist.

Damit trägt die Bundeswehr zur Wahrung der Interessen Deutschlands im europäischen und transatlantischen Zusammenhang bei.

Zu 5.

Wie sieht das Hoheitszeichen der Bundeswehr aus? Schwarzes Kreuz mit weißer Umrandung.

Bereits der Deutsche Orden benutzte bei seiner Gründung im Jahr 1190 ein schwarzes Kreuz („Tatzenkreuz") auf weißem Hintergrund, um sich von anderen Ritterorden zu unterscheiden. Das Hoheitszeichengesetz regelt übrigens die Gestaltung von Hoheitzeichen und den Umgang mit ihnen.

Zu 6.

Wann fand der erste Einsatz der Bundeswehr statt? 1960 als Katastrophenhilfe bei einem Erdbeben in Marokko (Agadir).

1962 setzte der damalige Innensenator und spätere Verteidigungsminister und Bundeskanzler Helmut Schmidt gegen geltendes Recht die Bundeswehr zur Katastrophenhilfe bei der Sturmflut in Hamburg ein und rettet so über 1000 Menschen das Leben. Damals schlug die Stimmung im Land zugunsten der noch jungen Streitkräfte um.

Und das stimmt ebenfalls: Die Bundeswehr beteiligte sich an den NATO-Luftschlägen gegen Jugoslawien im Jahr 1991, um die planmäßige Vertreibung der Kosovaren zu unterbinden.

Zu 7.

Zum Traditionsverständnis der Bundeswehr gehört das Andenken an die Männer des 20.7.1944.

Es handelt sich um den wichtigsten Umsturzversuch des militärischen Widerstands gegen die nationalsozialistische Gewaltherrschaft. Die von Claus Schenk Graf von Stauffenberg platzierte Bombe tötete Hitler bekanntlich nicht. In der Folge wurden neben Stauffenberg hingerichtet: Generalfeldmarschall Erwin von Witzleben, 19 Generäle, 26 Oberste und etliche Diplomaten, Staatssekretäre, Regierungs- und Polizeipräsidenten.

Zu 8.

Wofür steht die Buchstabenkombination NATO? North Atlantic Treaty Organization.

Die NATO wurde 1949 als westliches Verteidigungsbündnis gegründet. 1955 trat die Bundesrepublik Deutschland ihr bei. In diesem Jahr schloss sich der „Ostblock" als Gegengewicht zur NATO im „Warschauer Pakt" zusammen. 1991 wurde der „Warschauer Pakt" als Folge der erfolgreichen Freiheitsbewegungen in Osteuropa aufgelöst.

Das NATO-Hauptquartier (politische Führung) befindet sich in Brüssel. NATO-Generalsekretär ist der Däne Anders Fogh Rasmussen (seit 2009).

Zu 9.

Was ist das NATO-Alphabet? Eine Buchstabiertafel.

A	ALFA	B	BRAVO	C	CHARLIE	D	DELTA
E	ECHO	F	FOXTROT	G	GOLF	H	HOTEL
I	INDIA	J	JULIETT	K	KILO	L	LIMA
M	MIKE	N	NOVEMBER	O	OSCAR	P	PAPA
Q	QUEBEC	R	ROMEO	S	SIERRA	T	TANGO
U	UNIFORM	V	VICTOR	W	WHISKEY	X	XRAY
Y	YANKEE	Z	ZULU				

Zu 10.

Die Streitkräfte bestehen aus den folgenden fünf militärischen Organisationsbereichen: Heer, Luftwaffe, Marine, Zentraler Sanitätsdienst, Streitkräftebasis.

Die Streitkräftebasis (SKB) ist der zentrale Unterstützungs- und Dienstleistungsbereich der Streitkräfte für den Einsatz und den täglichen Dienst. Sie nimmt unter anderem Aufgaben im Bereich der Logistik, der Führungsunterstützung, der Ausbildung und des Nachrichtenwesens wahr. Dadurch können sich die militärischen Organisationsbereiche auf ihre Kernaufgaben konzentrieren.

Zu 11.

Die Bundeswehr zählt zu den größten deutschen Arbeitgebern. Die Zahl der militärischen und zivilen Mitarbeiterinnen und Mitarbeiter beträgt an die 320 000.

Klar, dass eine solch große Organisation ständig junge Menschen braucht, die sich für den Soldatenberuf entscheiden, und dass sie ihnen gute Entwicklungsmöglichkeiten bieten kann.

Zu 12.

Worum geht es bei dem Konzept der „Inneren Führung"? Um die Minderung der Spannungen, die sich aus den individuellen Rechten des freien Bürgers und den militärischen Pflichten des Soldaten ergeben.

Hintergrund für die Konzeption der „Inneren Führung" für die Bundeswehr sind die Erfahrungen in der Vergangenheit. Die neuen Streitkräfte sollten demokratietauglich sein und einer strikten parlamentarischen Kontrolle unterliegen. Es sollte sich niemals wieder – wie bei der Reichswehr – ein „Staat im Staate" bilden, noch sollten die Streitkräfte – wie im Kaiserreich – einen gesellschaftlichen Sonderstatus einnehmen.

Zu 13.

Worum geht es bei dem Leitbild „Staatsbürger in Uniform"? Soldaten sollen gute Staatsbürger, vollwertige Soldaten und freie Menschen zugleich sein.

Die Erfahrungen der Wehrmacht hatten gezeigt, dass man als Soldat nicht den blinden Befehlsempfänger, sondern einen aus Einsicht und Überzeugung handelnden Menschen braucht. Deshalb besitzen Soldaten auch das aktive und passive Wahlrecht sowie die Koalitionsfreiheit (Deutscher Bundeswehrverband). Die Einschränkung der Grundrechte wird auf das militärisch absolut Notwendige beschränkt.

Zu 14.

Die soldatische Pflicht zum Gehorsam bezieht sich auf rechtmäßige militärische Befehle.

Dies gehört zum Selbstverständnis der Soldatinnen und Soldaten der Bundeswehr, die ja Staatsbürger in Uniform sein sollen.

Zu 15.

Die Berufsbilder und Tätigkeitsbereiche der Bundeswehr sind äußerst vielfältig. Ihrer militärischen Kernausrichtung folgend hat die Bundeswehr zunächst einmal eine technische Orientierung.

Die Bundeswehr ist eine hochtechnisierte Truppe. Andernfalls könnte sie ihrem Auftrag nicht gerecht werden.

Zu 16.

Es gibt bei der Bundeswehr grundsätzlich vier Karrierewege – nämlich die Laufbahnen der Mannschaften, der Fachunteroffiziere, der Feldwebel und der Offiziere.

- Mannschaften arbeiten in allen militärischen Organisationsbereichen. Ein späterer Wechsel in andere Laufbahnen ist bei entsprechender Eignung und freien Stellen möglich.

- Fachunteroffiziere sind Spezialisten für bestimmte Fachtätigkeiten, aber in der Regel nicht mit militärischen Führungsaufgaben betraut. Es werden vor allem Bewerber/innen mit abgeschlossener Berufsausbildung gesucht, die auch mit höherem Dienstgrad eingestellt werden können.

- Feldwebel können einen erfolgreichen beruflichen Weg im Truppendienst, im allgemeinen Fachdienst, im Sanitätsdienst, im Militärmusikdienst oder im Geoinformationsdienst machen.

- Offiziere der Bundeswehr sind als Führungskräfte mit Managerinnen und Managern in einem Großunternehmen vergleichbar.

Zu 17.

Je nach Schuldbildung, Eignung und Neigung sowie nach Bedarf der Bundeswehr haben die Soldatinnen und Soldaten grundsätzlich die Möglichkeit, eine berufliche Ausbildung und/oder eine Weiterqualifizierung bis zur Meisterebene, ein Fachhochschul- oder ein Hochschulstudium zu absolvieren.

Im Rahmen der militärfachlichen Ausbildung können die Soldatinnen und Soldaten auf Zeit nicht nur etwas für die Zukunftsfähigkeit der Streitkräfte tun, sondern auch für sich persönlich. Die Zivilberufliche Aus- und Weiterbildung (ZAW) bietet ein attraktives Programm.

Zu 18.

Der Generalinspekteur der Bundeswehr ist der ranghöchste Soldat der Truppe und militärischer Berater der Bundeswehr.

Der Generalinspekteur wird vom Bundespräsidenten auf Vorschlag des Bundesverteidigungsministers ernannt, seine Amtszeit ist jedoch nicht von der des Bundesministers der Verteidigung abhängig. Er hat seinen Dienstsitz beim Bundesverteidigungsministerium in Berlin.

Zu 19.

Wofür steht „Isaf"? International Security Assistance Force.

Die Grundlagen für die Aufstellung der Nato-geführten Schutztruppe ISAF wurden im Rahmen der Afghanistan-Konferenz im Jahr 2001 („Petersberger Konferenz") geschaffen. Das Ziel dieser Internationalen Sicherheitsbeistandstruppe ist der „Wiederaufbau dauerhafter Regierungsinstitutionen" (Bonner Vereinbarung). Beschlossen wurde die Aufstellung vom Weltsicherheitsrat. Die Mitwirkung der Bundeswehr erfolgt auf der Grundlage eines vom Parlament erteilten ISAF-Mandats.

Zu 20.

Was wird im Anforderungskatalog der persönlichen Stärken von Bewerbern als Erstes angeführt? Teamfähigkeit.

Der Begriff „Teamfähigkeit" ist der Renner, wenn es um die beruflichen Anforderungen unserer Zeit geht. Was heißt eigentlich „TEAM"? Im Deutschen wird dieses Wort oft etwas zynisch mit „Toll, ein anderer macht's!" übersetzt. Die Amerikaner sagen „Together everybody achieves more!" Das ist es. Gemeinsam erreichen wir mehr! Diese Haltung ist in jeder Organisation gefragt, die erfolgreich sein will.

Experteninterview mit Ingolf Schirmer, Oberst der Reserve und stellvertretender Brigadekommandeur

Müller-Thurau: Sie haben Rechtswissenschaften studiert, eine bemerkenswerte Karriere bei einem renommierten Unternehmen der Automobilindustrie vorzuweisen und es vom Wehrpflichtigen in den 1970er Jahren als Reserveoffizier bis zum Oberst der Reserve und stellvertretenden Brigadekommandeur gebracht. Was hat Sie motiviert, sich neben Ihrem zivilen Beruf bei der Bundeswehr zu engagieren?

Ingolf Schirmer: Für mich stand bis zum Abitur die Bundeswehr gar nicht auf der Agenda. Ich bekam irgendwann das Schreiben zur Musterung und dann die Einberufung und habe die Bundeswehr einfach einmal auf mich wirken lassen. Schon im Verlauf der Grundausbildung merkte ich, dass manches, was ich vom Hörensagen von der Bundeswehr wusste, doch ganz anders war – und zwar positiv anders. Das begann bei den Stubenkameraden, mit denen ich bestens klarkam. Und wir hatten Vorgesetzte, die uns sehr vernünftig ausbildeten, die uns ernst nahmen und uns die Aufträge, die wir durchzuführen hatten, ausführlich erläuterten. Da stellte ich sehr schnell fest: Du bist mit vielen Vorurteilen zur Bundeswehr gekommen und das stellt sich jetzt völlig anders dar. Als ich am Ende meiner 15-monatigen Dienstzeit gefragt wurde, ob ich Interesse daran hätte, Reserveoffizier zu werden, habe ich dieses Angebot gern angenommen und mich dann meinem geplanten Studium der Rechtswissenschaften gewidmet. Alle Staatsbürger sind aufgerufen, für eine wehrhafte Demokratie einen Beitrag zu leisten. Mit war klar geworden, dass die Ausbildung zum Reserveoffizier ein nützlicher und sinnvoller eigener Beitrag in diesem Sinne sein könnte.

Müller-Thurau: Sie haben ja in Ihrer zivilen Position Personalverantwortung. Können Sie von den Erfahrungen als Offizier einschlägig profitieren?

Ingolf Schirmer: Auf jeden Fall. Die Führungsvorgänge in der Wirtschaft und bei der Bundeswehr sind vom Grundsatz vergleichbar. Es gibt andere Begrifflichkeiten und natürlich andere Ziele. Insofern war das für mich eine ideale Ergänzung zum Studium, praktische Führungserfahrung bei der Bundeswehr zu erwerben und Verantwortung in jungen Jahren für Menschen und das eigene Handeln zu übernehmen. Im Übrigen ist es natürlich hochinteressant für mich gewesen, eine Riesenorganisation kennenzulernen und mich dort einzubringen.

Müller-Thurau: Was unterscheidet die modernen Streitkräfte von der sogenannten früheren Schule der Nation?

Ingolf Schirmer: Der Leitsatz „Führen durch Vorbild" hat nach wie vor Gültigkeit. Man muss heute als Truppenführer für ein hohes Maß an Motivation sorgen, um die unterstellten Soldaten zu einem bestimmten Ziel zu führen. Man muss Einsichten vermitteln, wenn man nicht nur aufgrund des Dienstgrades bestehen will – was ja grundsätzlich eine schwache Basis ist.

Das bedeutet auch, die Untergebenen als Staatsbürger in Uniform mit ihren Grundrechten zu achten und sie auf die Verantwortung ihres Handelns nach Recht und Gesetz und vor ihrem Gewissen hinzuweisen. Weiterhin ist der Vorgesetzte gut beraten, Expertise und Rat zur Beurteilung der Lage einzuholen, bevor er einen Entschluss fasst. Befehl und Gehorsam sind nach wie vor aber eine wesentliche Stütze. Wir reden hier also nicht über Mitbestimmung oder von Endlosdiskussionen in entscheidenden Situationen. Es gibt einen, der die Verantwortung trägt – wer das ist, ist klar geregelt –, und zwar mit allen Konsequenzen.

Müller-Thurau: Dafür muss man ja eine bestimmte Persönlichkeitsstruktur haben. Man denke nur an den tragischen Vorfall in Afghanistan – die Bombardierung der Tanklaster. Welche Eigenschaften wünschen Sie sich denn als Oberst bei jungen Frauen und Männern, die den beruflichen Weg bei der Bundeswehr gehen möchten?

Ingolf Schirmer: Es müssen in sich gefestigte Persönlichkeiten mit gesellschaftlichem Verantwortungsbewusstsein und politischem Horizont sein, die sich zu unserer freiheitlich demokratischen Grundordnung bekennen und die bereit und in der Lage sind, konkrete Verantwortung für andere Menschen zu übernehmen. Wer andere führt, muss erst einmal sich selbst führen können. Mentale und körperliche Fitness sind Grundvoraussetzungen, ebenso Selbstvertrauen, Entscheidungsfreudigkeit und eine lebensbejahende Einstellung.

Müller-Thurau: Gibt es noch typisch soldatische Tugenden? Wenn ja, welche sind das?

Ingolf Schirmer: Dazu gehören Disziplin, die Übernahme von Verantwortung und Kameradschaft – ganz wichtig – im Sinne von „für andere da sein und für andere dastehen". Auch wenn dem etwas Altbackenes anhaftet, hat es durchaus nichts von seiner Aktualität verloren. Aber nehmen wir auch das Thema Pünktlichkeit, das ja bei manchen leider in Vergessenheit geraten ist. Das ist für den soldatischen Alltag ganz wichtig –

manchmal lebenswichtig. Oder Zuverlässigkeit, was ja in dieselbe Richtung zielt.

Müller-Thurau: Was macht den Soldatenberuf für junge Frauen und Männer sinnvoll beziehungsweise attraktiv?

Ingolf Schirmer: Lassen Sie mich bitte erst einmal sagen, wen wir nicht gebrauchen können. Wir können niemanden gebrauchen, der die Bundeswehr dazu benutzen möchte – wie es heute heißt –, sich selbst zu verwirklichen. Abenteurer sind völlig fehl am Platz, aber auch jene, die Land und Leute im Auslandseinsatz einmal auf eine eher ungewöhnliche Weise kennenlernen wollen. Das ist es nicht, was wir bei der Bundeswehr wollen. Aber manche wissen eben nicht, was im Beruf des Offiziers auf sie zukommt.

Attraktiv macht die Bundeswehr das vielfältige Berufsbild mit gründlicher Ausbildung, zum Beispiel ein Studium, und einem eigenen Karriereweg sowie die Möglichkeit, in sehr jungen Jahren Führungsverantwortung zu übernehmen. Hervorheben möchte ich die große Verwendungsbreite auch in internationalen Bereichen, die unter anderem Politik und Diplomatie einschließen.

Müller-Thurau: Es heißt, der Beruf des Offiziers sei eine Lebenseinstellung ...

Ingolf Schirmer: Das ist so. Der Offiziersberuf – das ist ein Schmelztiegel vieler Berufsbilder. Der Offizier ist militärischer Führer, Ausbilder, Erzieher, Psychologe, Pastor, Techniker, Manager, Diplomat – heute mehr denn je gefragt – und das ist noch unvollständig, was ich hier aufgezählt habe.

Wir benötigen heute Offiziere, die all dies vor allem bei Auslandseinsätzen einbringen, denn das ist ja fast die Regel geworden. Früher sprach man vom Ernstfall, der Gott sei Dank nie eingetreten ist – heute ist der Ernstfall der Auslandseinsatz. Es muss also den Frauen und Männern, die sich für die Offizierslaufbahn entscheiden, klar sein, dass der Auslandseinsatz und damit der Ernstfall die Regel geworden ist. Dies bedeutet häufig konkrete Gefahr für Leib und Leben bis hin zur Traumatisierung durch kriegsähnliche Einwirkungen, die auch das Töten des Gegners einschließen können.

Natürlich sind auch Einschränkungen in der privaten Lebensführung durch die monatelange Trennung von Familie, Lebenspartnern und Freunden damit verbunden.

Müller-Thurau: Und was ist auf der Habenseite zu verbuchen?

Ingolf Schirmer: Die persönliche Erfüllung, Herausforderungen vielfältiger Art zu meistern. Dazu gehören – wie es fachlich heißt – auch die sich häufig ändernden Verwendungen. Man muss sich immer wieder in neue Gebiete einarbeiten und das macht den Beruf des Offiziers eben sehr abwechslungsreich. Und man bekommt – wenn man geeignet ist – bereits in jungen Jahren große Verantwortung für Menschen und Material. Zweifellos auf der Habenseite zu verbuchen ist auch, einen Beitrag zur Sicherheit und Wehrhaftigkeit der Bundesrepublik Deutschland zu leisten.

Das Eignungsauswahlverfahren: So bereiten Sie sich vor

Am Anfang steht der computergestützte Eignungstest, der mit allen Bewerberinnen und Bewerbern durchgeführt wird. (Ausnahme: Sie haben den Test bereits bei der Musterung gemacht.) Die Untersuchung zielt auf die sprachlichen und mathematischen Fähigkeiten ab, prüft logisches Denken und Konzentrationsfähigkeit sowie das technische Verständnis. Zum Eignungsauswahlverfahren gehört außerdem ein Vorstellungsgespräch mit einem Offizier und einem Psychologen oder einer Psychologin. Dabei haben Interessenten die Gelegenheit, ihre Qualifikation für den Beruf des Soldaten/Offiziers aufzuzeigen.

Im Gruppensituationsgespräch gilt es, mit vier weiteren Bewerberinnen und Bewerbern eine Gruppendiskussion zu führen. In der Regel wird eine Aufgabe gestellt, die gemeinsam zu lösen ist. Bewerberinnen und Bewerber für die Offizierslaufbahn müssen in diesem Prüfungsabschnitt selbstständig einen Kurzvortrag vorbereiten und diesen anderen Bewerbern und Bewerberinnen vortragen.

Über das Inhalts- und das Stichwortverzeichnis finden Sie alles, was Sie für eine gute Vorbereitung brauchen.

 LESEN SIE ZEITUNG

Bei der Bundeswehr werden Nachwuchskräfte gebraucht, die eine solide Allgemeinbildung mitbringen und das Tagesgeschehen interessiert verfolgen. Lesen Sie daher regelmäßig eine Tageszeitung oder gehen Sie auf die entsprechenden Online-Seiten.

- Im Auswahlverfahren der Bundeswehr könnten Sie zum Beispiel gebeten werden, einen Aufsatz zu einem aktuellen Thema zu schreiben.

- Bei den Gruppenverfahren (zum Beispiel im Rahmen eines Assessment-Centers) werden aktuelle Fragen/Debatten thematisiert.

- Natürlich müssen Sie die wichtigsten handelnden Personen aus Politik und Gesellschaft kennen – und auf die stoßen Sie regelmäßig in der Zeitung und im Internet.

- Auch im Vorstellungsgespräch müssen Sie zeigen, dass Sie auf dem Laufenden sind. Wer als Bewerber/in mit dem Stichwort „Kundus" nichts anfangen kann, hat schlechte Karten. Wenn Sie bei Google die Begriffe „Kundus" und „Bundeswehr" eingeben, erhalten Sie immerhin mehr als 1 000 000 Einträge.

Ihr Berufseinstieg beim Zoll

Mit ihren gut 35000 Mitarbeiterinnen und Mitarbeitern könnte die deutsche Zollverwaltung an den Grenzen der Bundesrepublik Deutschland alle 50 Meter einen Zöllner postieren. In Wirklichkeit ist dies natürlich nicht der Fall, weil seit der Öffnung des europäischen Binnenmarktes im Jahr 1993 der deutsche Zoll nur noch die See- und Freihafengrenzen und den Übergang zur Schweiz überwacht. Die Kosten dieser starken Personaldecke belaufen sich für Staat und Steuerzahler auf 1,8 Milliarden Euro. Wo ist der Gegenwert? Nun, der Zoll hat neben der Grenzüberwachung noch ganz andere und recht vielfältige Aufgaben. Hier die wichtigsten zusätzlichen Funktionen:

- Kampf gegen (internationale) kriminelle Organisationen wie Drogenmafia, Waffenhändler etc.

- Unterbindung der Produktpiraterie

- Kampf gegen Schwarzarbeit beziehungsweise illegale Beschäftigung

- Arten-, Umwelt- und Verbraucherschutz (Kampf gegen illegalen Handel)

- Überwachung der Einhaltung von Mindestlöhnen etc.

Aus der Zuordnung der Zollverwaltung zum Bundesministerium für Finanzen ergibt sich, dass der Zoll zuallererst als Steuereintreiber tätig ist. Die Gelder, die beispielsweise im Jahr 2008 zusammenkamen, sind erklecklich: 63 Milliarden Euro an Verbrauchsteuern und 45 Milliarden Euro an Einfuhrumsatzsteuer. Nicht zuletzt fielen noch vier Milliarden Euro für Zölle an.

Am Rande sei angemerkt, dass die Zöllner 2008 gut 180000 Schuss Munition und 170 Kilo Sprengstoff sicherstellten. Damit ist die Frage nach dem Nutzen der Zollverwaltung beantwortet. Zugleich dürfte deutlich werden, dass es sich hier um einen interessanten Arbeitgeber handelt, der Nachwuchskräften vielversprechende Berufsperspektiven zu bieten hat.

„WIR SICHERN ARBEITSPLÄTZE"

„Zöllnerinnen und Zöllner stehen schon lange nicht mehr nur an der Grenze, sondern sind die Wirtschaftsverwaltung des Bundes. Wir sorgen dafür, dass die internationale Lieferkette in Deutschland schnell, sicher und reibungslos läuft. Damit garantieren wir einen wichtigen Standortfaktor für die Wirtschaft."

Ina Wegner von der Bundesfinanzdirektion Nord

Und nun testen Sie sich einmal selbst. Was wissen Sie bereits über den Zoll und wo gibt es Lücken? Schlecht informierte Bewerberinnen und Bewerber haben geringe Chancen. Je mehr Hintergrundwissen Sie haben, umso sicherer und überzeugender werden Sie im Vorstellungsinterview, in Präsentationen und Gruppendiskussionen agieren. Fragen wie „Warum wollen Sie zum Zoll?" oder „Was wissen Sie über den Zoll?" können Sie dann eher überzeugend beantworten.

Test: Was wissen Sie über den Zoll?

Was ist richtig oder welche ist die beste Antwort? (Bitte jeweils nur ein Kreuzchen.)

1. Zölle sind
   - ☐ a. Subventionen für die heimische Wirtschaft.
   - ☐ b. Gebühren im Sinne der allgemeinen Gebührenordnung.
   - ☐ c. Steuern im Sinne der Abgabenordnung.

2. Zölle haben den Vorteil, dass
   - ☐ a. sie dem Staat viel Geld in die Kassen spülen.
   - ☐ b. die ökonomischen Auswirkungen relativ einfach zu bemessen sind.
   - ☐ c. sich keiner diesen Abgaben entziehen kann.

3. Die oberste Bundesbehörde der deutschen Zollverwaltung ist

☐ a. das Bundesministerium der Finanzen.

☐ b. das Bundesinnenministerium.

☐ c. das Bundesaußenministerium.

4. Der Zoll sorgt als Einnahmeverwaltung des Bundes dafür, dass der Staat handlungs- und leistungsfähig bleibt. Wie heißen zwei wichtige Einnahmen des Zolls?

☐ a. Zölle und Schenkungsteuer.

☐ b. Verbrauchsteuern und Zölle.

☐ c. Zölle und Gewerbesteuern.

5. Wie viele Euro nimmt der Zoll jährlich an Steuern und Zöllen ein? Was schätzen Sie?

☐ a. Rund 20 Milliarden Euro.

☐ b. Rund 50 Milliarden Euro.

☐ c. Über 100 Milliarden Euro.

6. Welche Aussage passt am besten? Der Zoll bekämpft unter anderem

☐ a. die Zigaretten- und Drogenmafia, Waffenhändler und internationale Banden, die Schwarzarbeit und illegale Beschäftigung organisieren.

☐ b. die Zigaretten- und Drogenmafia.

☐ c. die Zigaretten- und Drogenmafia und Schwarzarbeit.

7. Der Zoll bekämpft die Flut gefälschter Markenartikel (Plagiate). Warum?

☐ a. Um zusätzliche Einnahmen zu erwirtschaften.

☐ b. Um Arbeitsplätze in Deutschland und Europa zu sichern.

☐ c. Weil es nun einmal seine Aufgabe ist.

8. Der Zoll trägt vor dem Hintergrund internationaler Beschlüsse mit dazu bei, dass Rüstungsgüter

☐ a. nicht über die Grenzen kommen.

☐ b. der deutschen Wirtschaft wettbewerbsfähig bleiben.

☐ c. nicht in Krisengebiete gelangen.

9. Was ist korrekt? Auf der Grundlage des Washingtoner Artenschutzabkommens verhindert der Zoll

    ☐ a. die Einfuhr geschützter Tiere und Pflanzen als Urlaubssouvenir.

    ☐ b. den Handel mit Pelzen.

    ☐ c. die Verbreitung der Maul- und Klauenseuche.

10. Welche Kennzeichnung tragen Lkw, die ein Land nur passieren, ohne etwas in dieses Land zu importieren oder zu exportieren?

    ☐ a. M.I.R.

    ☐ b. T.I.R.

    ☐ c. S.I.R.

11. Was ist ein „Freihafen"?

    ☐ a. Ein Teilgebiet eines Hafens innerhalb eines Landes, in dem Zölle und Einfuhrumsatzsteuern nicht erhoben werden.

    ☐ b. Ein Teilgebiet eines Hafens innerhalb eines Landes, in dem man besonders günstig einkaufen kann.

    ☐ c. Ein Teilgebiet eines Hafens innerhalb eines Landes, in dem ein freier Warenverkehr begünstigt wird.

12. Was ist das GATT?

    ☐ a. Das Allgemeine Zoll- und Handelsabkommen.

    ☐ b. Eine Zollunion.

    ☐ c. Das Meistbegünstigungsprinzip.

13. Einem Zeitungsbericht zufolge hat der Kölner Zoll gegen eine Firma ermittelt, die 1,50 Euro Stundenlohn zahlte. Kann das sein?

    ☐ a. Stundenlöhne gehen den Zoll nichts an.

    ☐ b. Niemand arbeitet für einen Stundenlohn von 1,50 Euro.

    ☐ c. Es gehört zu den Aufgaben des Zoll, Razzien gegen Lohndumping durchzuführen.

14. Aktuell gibt es in der deutschen Zollverwaltung ca. 550 Diensthunde, die entweder zu Schutz- oder Spürhunden und manchmal zu beidem gleich gut ausgebildet sind. Was passiert mit den Hunden nach ihrer „Pensionierung"?

   ☐ a. Sie kommen in ein gutes Tierheim.

   ☐ b. Sie werden schmerzfrei eingeschläfert.

   ☐ c. Sie bleiben als Familienhund bei ihrem Hundeführer.

15. Zollanwärter brauchen an Einsatzorten wie Grenzposten, internationalen Flughäfen und Seehäfen vor allem

   ☐ a. viel Gelassenheit.

   ☐ b. eine gute Beobachtungsgabe.

   ☐ c. einen ausgeprägten Ordnungssinn.

16. Eine Waffe

   ☐ a. müssen alle Zollbeamten tragen.

   ☐ b. kann man auf Wunsch zu seiner eigenen Sicherheit tragen.

   ☐ c. müssen nach der Ausbildung beispielsweise jene Zollbeamte tragen, die sich für eine Tätigkeit an der Grenze oder in mobilen Kontrollgruppen entscheiden.

17. Zollbeamte und -beamtinnen sind

   ☐ a. aufgrund der Vielfalt der Aufgaben meist sowohl Generalisten als auch Spezialisten.

   ☐ b. Generalisten. Deshalb haben sie überall in der Wirtschaft gute Chancen.

   ☐ c. Finanzexperten. Deshalb haben sie auch Chancen im Finanz- und Rechnungswesen vieler Betriebe.

18. Beim Zoll

   ☐ a. wird über den Bedarf hinaus ausgebildet, damit die jungen Menschen von der Straße kommen.

   ☐ b. wird nach Bedarf ausgebildet. Wer sich für den Zoll entscheidet, hat deshalb eine gesicherte Perspektive.

   ☐ c. gibt es aufgrund des Wegfalls der Grenzen immer weniger zu tun.

19. Diese Eigenschaften sollte ein Bewerber für den Zolldienst generell mitbringen:

☐   a. Kritikfähigkeit, Führungsfähigkeit und Kreativität.

☐   b. Kommunikationsfähigkeit, Organisationstalent und Risikofreude.

☐   c. Mobilität, Flexibilität und Teamorientierung.

20. Wie viele Zöllnerinnen und Zöllner arbeiten bundesweit an den verschiedensten Dienststellen und nehmen ganz unterschiedliche Aufgaben wahr?

☐   a. Fast 15 000

☐   b. Gut 25 000

☐   c. Über 35 000

Lösung

1. c	2. b	3. a	4. b	5. c	6. a	7. b
8. c	9. a	10. b	11. a	12. a	13. c	14. c
15. b	16. c	17. a	18. b	19. c	20. c	

Empfehlung

Wenn Ihre Trefferzahl unter zehn Punkten liegt, haben Sie noch erheblichen Informationsbedarf, um im Vorstellungsgespräch gut anzukommen. Lesen Sie zunächst einmal gründlich die folgenden Erläuterungen zu den Testfragen.

Wichtige Informationen zum Zoll

Zu 1.

Zölle sind Steuern im Sinne der Abgabenordnung.

Der Zoll ist ein Instrument der Außenhandelspolitik und ist nicht mit der Einfuhrumsatzsteuer zu verwechseln.

Zu 2.

Zölle haben den Vorteil, dass die ökonomischen Auswirkungen relativ einfach zu bemessen sind.

Nach dem „Meistbegünstigungsprinzip" müssen alle Vorteile, Vergünstigungen oder Befreiungen, die ein Staat für eine Ware gewährt, bedingungslos für alle gleichartigen Waren aus allen Ländern gewährt werden. Bei der Festlegung der Höhe der Zölle darf also nicht zwischen den Handelspartnern unterschieden werden, sondern nur zwischen den Waren. Ausnahmen sind allerdings möglich, zum Beispiel bei Entwicklungsländern.

Zu 3.

Die oberste Bundesbehörde der deutschen Zollverwaltung ist das Bundesministerium der Finanzen.

Der Zoll untersteht dem Bundesfinanzministerium, obwohl dessen Angehörige polizeiliche und strafverfolgende Aufgaben wahrnehmen. Zur Erinnerung: Die Länderpolizeien sind den zuständigen Landesinnenministerien unterstellt, die Bundespolizei dem Bundesinnenministerium und die Bundeswehr dem Verteidigungsministerium.

Zu 4.

Der Zoll sorgt als Einnahmeverwaltung des Bundes dafür, dass der Staat handlungs- und leistungsfähig bleibt. Wie heißen zwei wichtige Einnahmen des Zolls? Verbrauchsteuern und Zölle.

Schutzzölle verhindern die Einfuhr von Waren zu Dumpingpreisen, denn diese gefährden die deutsche/europäische Wettbewerbsfähigkeit auf den Weltmärkten. Zu den vom Zoll bei den Unternehmen erhobenen Verbrauchsteuern gehören beispielsweise die Energiesteuer, die Tabaksteuer und die Stromsteuer. Die Verbrauchsteuern sind die wichtigste Einnahmequelle der Zollverwaltung.

Zu 5.

Wie viele Euro nimmt der Zoll jährlich an Steuern und Zöllen ein? Über 100 Milliarden Euro.

Bei der Überwachung der Außengrenzen der EU arbeitet der Zoll eng mit allen EU-Mitgliedstaaten zusammen und gibt einen Teil der eingenommenen Zölle an die Europäische Union zur Finanzierung des EU-Haushaltes weiter. Die deutsche Zollverwaltung meldete für 2008 Einnahmen in Höhe von 113 Milliarden Euro.

Zu 6.

Welche Aussage passt am besten? Der Zoll bekämpft unter anderem die Zigaretten- und Drogenmafia, Waffenhändler und internationale Banden, die Schwarzarbeit und illegale Beschäftigung organisieren.

Der Zoll sucht beispielsweise auf Baustellen und Restaurants nach Schwarzarbeitern, um für die Betriebe einen fairen Wettbewerb zu gewährleisten. Der Wasserzoll kämpft gegen Umweltverschmutzung.

Zu 7.

Der Zoll bekämpft die Flut gefälschter Markenartikel (Plagiate). Warum? Um Arbeitsplätze in Deutschland und Europa zu sichern.

44 % der gefälschten Waren sind CDs und DVDs, 23 % Zigaretten und 10 % Kleidung und Accessoires. Über die Hälfte der Fälscherware kam in der jüngsten Vergangenheit aus China.

Zu 8.

Der Zoll trägt vor dem Hintergrund internationaler Beschlüsse mit dazu bei, dass Rüstungsgüter nicht in Krisengebiete gelangen.

Ein wichtiger Beitrag, um Kriege und Konflikte nicht weiter anzufeuern.

Zu 9.

Was ist korrekt? Auf der Grundlage des Washingtoner Artenschutzabkommens verhindert der Zoll die Einfuhr geschützter Tiere und Pflanzen als Urlaubssouvenir.

Das ist ein wichtiger Einsatz gegen den Raubbau an der Natur und die Ausrottung von Arten.

Zu 10.

Welche Kennzeichnung tragen Lkw, die ein Land nur passieren, ohne etwas in dieses Land zu importieren oder zu exportieren? T.I.R.

Diese Kennzeichnung sieht man an plombierten Fahrzeugen. Sie steht für „Transports Internationaux Routiers". Die in der deutschen Geschichte lange Zeit üblichen „Durchfuhrzölle" sind unzulässig.

Zu 11.

Was ist ein „Freihafen"? Ein Teilgebiet eines Hafens innerhalb eines Landes, in dem Zölle und Einfuhrumsatzsteuern nicht erhoben werden.

Bei der Weiterverarbeitung, Veredelung und dem Import von Waren mit anschließendem Export aus der EU hinaus haben Freihäfen die zentrale Funktion. Zu den bekanntesten Freihäfen gehört Hamburg (seit 1888).

Zu 12.

Was ist das GATT? Das Allgemeine Zoll- und Handelsabkommen.

Es handelt sich um eine internationale Vereinbarung über den Welthandel. Bis 1994 wurden in vielen Verhandlungsrunden Zölle und Handelshemmnisse Schritt für Schritt abgebaut. Mit dem GATT ist der Grundstein für die Gründung der Welthandelsorganisation WTO im Jahr 1995 gelegt worden, in die es heute noch eingegliedert ist.

Zu 13.

Einem Zeitungsbericht zufolge hat der Kölner Zoll gegen eine Firma ermittelt, die 1,50 Euro Stundenlohn zahlte. Kann das sein? Es gehört zu den Aufgaben des Zoll, Razzien gegen Lohndumping durchzuführen.

Zu den Aufgaben der Zollverwaltung gehört unter anderem der Kampf gegen Schwarzarbeit, illegale Beschäftigung und Verstöße gegen Mindestlöhne. Der Zoll führt zu diesem Zweck regelmäßig Razzien durch.

Zu 14.

Aktuell gibt es in der deutschen Zollverwaltung circa 550 Diensthunde, die entweder zu Schutz- oder Spürhunden und manchmal zu beidem gleich gut ausgebildet sind. Was passiert mit den Hunden nach ihrer „Pensionierung"? Sie bleiben als Familienhund bei ihrem Hundeführer.

Ein Diensthund muss folgende Eigenschaften aufweisen, um in eine entsprechende Ausbildung aufgenommen zu werden:

- Spiel- und Beutetrieb

- Lern- und Konzentrationsvermögen

- Gutes Sozialverhalten

- Begehungssicherheit

- Ausdauer, Belastbarkeit, Härte

- Absolute Gesundheit

Zu 15.

Zollanwärter brauchen an Einsatzorten wie Grenzposten, internationalen Flughäfen und Seehäfen vor allem eine gute Beobachtungsgabe.

Sie müssen eine Nase für verdächtige Hinweise und Handlungen haben, da ja keine Kontrolle lückenlos sein kann.

Zu 16.

Eine Waffe müssen nach der Ausbildung beispielsweise jene Zollbeamten tragen, die sich für eine Tätigkeit an der Grenze oder in mobilen Kontrollgruppen entscheiden.

Bei diesen Aufgaben hat man es bisweilen leider auch mit skrupellosen Verbrechern oder Banden (Drogen- und Waffenschmuggler, Schleuser etc.) zu tun.

Zu 17.

Zollbeamte und -beamtinnen sind aufgrund der Vielfalt der Aufgaben meist sowohl Generalisten als auch Spezialisten.

„Im Lauf ihres zöllnerischen Lebens werden sie auf den verschiedensten Dienstposten eingesetzt, wobei sie sich immer wieder den neuen Aufgaben stellen müssen. Dabei entwickelt sich der eine oder die andere zum Spezialisten in einem ‚Fachgebiet'." (Ina Wegner von der Bundesfinanzdirektion Nord).

Und auch dies ist möglich: Man kann im Rahmen der Ausbildung für den gehobenen Dienst ein Studium an einer Fachhochschule in Münster mit Abschluss Diplomfinanzwirt absolvieren.

Zu 18.

Beim Zoll wird nach Bedarf ausgebildet. Wer sich für den Zoll entscheidet, hat deshalb eine gesicherte Perspektive.

Es gibt zwar keinen Rechtsanspruch, nach bestandener Prüfung übernommen zu werden, aber das ist die Regel.

Zu 19.

Diese Eigenschaften sollte ein Bewerber für den Zolldienst generell mitbringen: Mobilität, Flexibilität und Teamorientierung.

Zollbeamte sind europaweit tätig (Mobilität), werden mit vielfältigen und immer wieder neuen Aufgaben und Anforderungen konfrontiert (Flexibilität) und können diese oft nur in einem reibungslos funktionierenden Team erfolgreich erledigen.

Zu 20.

Wie viele Zöllnerinnen und Zöllner arbeiten bundesweit an den verschiedensten Dienststellen und nehmen ganz unterschiedliche Aufgaben wahr? Über 35 000.

Damit gehört der Zoll zu den großen Arbeitgebern der Bundesrepublik Deutschland.

DAS DEUTSCHE ZOLLMUSEUM

Das Deutsche Zollmuseum wurde 1992 in einem 1900 errichteten ehemaligen Zollamt in Hamburgs historischer Speicherstadt eröffnet. Es trat damit die Nachfolge des im Zweiten Weltkrieg zerstörten Reichszollmuseums Berlin an. Sie finden dort viele sehenswerte Exponate, die die Geschichte des Zolls seit dem Mittelalter veranschaulichen. Weitere Zollmuseen gibt es hier:

- Aachen
  (Zollmuseum Friedrichs)

- Habkirchen
  (Saarpfalz/Mandelbachtal)

- Wegscheid
  (südlicher Bayerischer Wald)

Sollte sich eines dieser Museen in Ihrer Nähe befinden, nutzen Sie als Bewerber/in die Gelegenheit, sich auf diese originelle Weise über die nationale Geschichte des Zoll- und Abgabenwesens, der zöllnerischen Tätigkeiten und die Bekämpfung des Schmuggels zu informieren.

Experteninterview mit Ina Wegner, Stabsstelle Öffentlichkeitsarbeit/Bundesfinanzdirektion Nord (Zoll)

Müller-Thurau: Der Zoll beschaut an den Grenzübergängen Waren, prüft Frachtpapiere und erhebt Abgaben. Inzwischen sind jedoch viele Grenzen weggefallen und es werden weitere dazukommen. Wofür braucht der Zoll Nachwuchskräfte?

Ina Wegner: Zöllnerinnen und Zöllner stehen schon lange nicht mehr nur an der Grenze, sondern sind die Wirtschaftsverwaltung des Bundes. Wir sorgen dafür, dass die internationale Lieferkette in Deutschland schnell, sicher und reibungslos funktioniert. Damit garantieren wir einen wichtigen Standortfaktor für die Wirtschaft.

Wir nehmen Zölle und Verbrauchsteuern ein, zum Beispiel Energiesteuer, Tabaksteuer, Mineralölsteuer und Stromsteuer. Mit diesem Geld leisten wir einen großen Beitrag, damit der Staat handlungs- und leistungsfähig bleibt.

Des Weiteren gehen wir zielstrebig und entschlossen gegen kriminelle Organisationen vor und versuchen, diese zu zerschlagen. Vor uns müssen sich vor allem die Zigaretten- und die Drogenmafia in Acht nehmen, aber auch Waffenhändler und international tätige Banden. Die Wettbewerbsfähigkeit unserer Unternehmen stärken wir durch Bekämpfung von Schwarzarbeit und illegaler Beschäftigung. Damit erhalten wir Arbeitsplätze und verringern die finanziellen Einbußen für das Gemeinwesen. Außerdem stemmen wir uns in enger Zusammenarbeit mit den Herstellern gegen die Flut gefälschter Markenartikel und verhindern durch die Erhebung von Schutzzöllen die Einfuhr von Produkten zu Dumpingpreisen. So sichern wir Arbeitsplätze und festigen die Wettbewerbsfähigkeit der europäischen Industrie auf dem Weltmarkt.

Zöllnerinnen und Zöllner stellen sicher, dass die Ein- und Ausfuhrverbote für Betäubungsmittel, gesundheitsschädliche Substanzen, Waffen und Munition eingehalten werden. Zudem stehen wir für Arten-, Umwelt- und Verbraucherschutz, das heißt, wir bekämpfen den illegalen Handel mit geschützten Tieren und Pflanzen und verhindern deren Einfuhr. Damit sich Pflanzen- oder Tierseuchen, zum Beispiel Vogelgrippe, Maul- und Klauenseuche, innerhalb der EU nicht verbreiten können, kontrollieren wir an den Grenzen. Auch verhindern wir die illegale Ein- und Ausfuhr von umweltgefährdenden Stoffen wie Abfälle und Chemikalien.

Wir gewährleisten außerdem, dass Gelder der Europäischen Union (EU), die zur Unterstützung der Landwirtschaft bestimmt sind, zweckgerecht verwendet werden. Bei der Überwachung der Außengrenzen der EU arbeiten wir sehr eng mit allen EU-Mitgliedstaaten zusammen und geben einen Teil der eingenommenen Zölle an die EU weiter. Das sichert die Finanzierung des EU-Haushaltes.

Und für all diese vielfältigen Aufgaben werden unsere Nachwuchskräfte gebraucht.

Müller-Thurau: Welche persönlichen Eigenschaften sind bei Zollbeamtinnen und Zollbeamten unverzichtbar?

Ina Wegner: Zöllnerinnen und Zöllner sollten eine hohe Anforderung an ihre eigene Leistung stellen und Eigeninitiative zeigen. Erforderlich ist zudem, dass sie nicht nur kontakt- und kommunikationsfähig, sondern auch Neuerungen gegenüber aufgeschlossen sind und sich auf veränderte Situationen einstellen können. Des Weiteren werden Durchsetzungsfähigkeit und emotionale Stabilität erwartet, das heißt, Zöllnerinnen und Zöllner verfolgen gesetzte Ziele und lösen Konflikte der Situation angemessen. Sie überwinden Rückschläge und Misserfolge rasch und zeigen ausgeglichene Reaktionen; auch außergewöhnlichen Belastungen müssen sie standhalten. Eine weitere wichtige persönliche Eigenschaft ist die Teamfähigkeit, sie unterstützen Teamprozesse und bringen sich aktiv dabei ein.

Müller-Thurau: Welche beruflichen Perspektiven und Entwicklungsmöglichkeiten bietet der Zoll gut geeigneten Nachwuchskräften?

Ina Wegner: Nach bestandener Laufbahnprüfung werden die Nachwuchskräfte nach Bedarf in den verschiedensten Bereichen der Zollverwaltung eingesetzt. Das heißt, sie arbeiten in den Zolldienststellen vor Ort und sorgen dafür, dass die Vorgaben des Bundesfinanzministeriums auf regionaler Ebene umgesetzt werden. Oder sie stellen im Rahmen der Betriebsprüfung bei Unternehmen, die im Im- oder Export tätig sind beziehungsweise mit verbrauchsteuerpflichtigen Waren handeln, fest, ob die gesetzlichen Bestimmungen eingehalten werden.

Ferner überprüfen sie in den Kontrolleinheiten bundesweit Fahrzeuge und Personen auf Schmuggelware und gehen aktiv gegen Schwarzarbeit und illegale Beschäftigung vor. Sie verfolgen zudem Straftaten und Ordnungswidrigkeiten und bekämpfen dabei auch die organisierte Kriminalität. Im Zollfahndungsdienst arbeiten sie eng mit der Polizei und grenzüberschreitend mit den Strafverfolgungsbehörden in anderen Mitgliedstaaten der EU zusammen. Nachwuchskräfte, die spezielle fachliche Qualifikationen mitbringen, sind mit ihren Zollbooten Teil der Küstenwache der Bundesrepublik Deutschland. Sie nehmen gemeinsam mit anderen Behörden die Grenzaufsicht an der Seeküste wahr. Zu ihren Aufgaben gehören auch der Umweltschutz auf See und die Rettung Schiffbrüchiger.

Müller-Thurau: Sind Zollbeamte eher Generalisten oder eher Spezialisten?

Ina Wegner: Aufgrund der Vielfalt der Aufgaben sind Zollbeamtinnen und Zollbeamte sowohl Generalisten als auch Spezialisten. Im Lauf ihres zöllnerischen Lebens werden sie auf den verschiedensten Dienstposten eingesetzt, wobei sie sich immer wieder den neuen Aufgaben stellen müssen. Dabei entwickelt sich der eine oder die andere zum Spezialisten in einem bestimmten Fachgebiet.

Müller-Thurau: Warum tragen manche Zollbeamte eine Waffe?

Ina Wegner: Zollbeamtinnen und Zollbeamte, die im Vollzugsdienst, zum Beispiel in den Kontrolleinheiten, im Zollfahndungs- oder Wasserzolldienst, eingesetzt sind, tragen eine Waffe. Sie müssen körperlich fit und gesundheitlich geeignet sein, schon bei der Einstellung erklären sie ihre grundsätzliche Bereitschaft, eine Waffe und Dienstkleidung zu tragen sowie Schichtdienst zu leisten.

Müller-Thurau: Bewerber und Bewerberinnen müssen ein professionelles Auswahlverfahren absolvieren. Woran scheitern die meisten Aspiranten?

Ina Wegner: Das Auswahlverfahren besteht aus einem schriftlichen und einem mündlichen Teil sowie einem Sporttest für die Laufbahn des mittleren Dienstes. Dabei wird überprüft, ob die Bewerberin oder der Bewerber aufgrund der Fähigkeiten, Kenntnisse und Persönlichkeit für die Ausbildung beim Zoll geeignet ist. In den letzten Jahren scheiterte ein Großteil der Kandidaten am schriftlichen Teil, viele hatten aber auch ihre Schwierigkeiten im Rahmen des Sporttests.

Müller-Thurau: Was empfehlen Sie Bewerberinnen und Bewerbern in Sachen Vorbereitung auf das Auswahlverfahren?

Ina Wegner: Bewerberinnen und Bewerber, die in die engere Wahl genommen wurden, sollten sich auf jeden Fall erst einmal auf das schriftliche Auswahlverfahren vorbereiten. Hinweise zum Auswahlverfahren finden sich im Internet unter www.zoll.de; dort ist ein Auswahlverfahren aus den vergangenen Jahren eingestellt. Für Bewerberinnen und Bewerber der Laufbahn des mittleren Zolldienstes wäre es von Vorteil, sich auch den Sporttest anzusehen, um eventuell einzelne Übungen zu trainieren. Informationen hierzu sind ebenfalls im Internet zu finden.

Zur Vorbereitung auf den mündlichen Teil des Auswahlverfahrens ist es unerlässlich, auf Fragen zu den Aufgaben und Tätigkeiten von Zollbeamten antworten zu können. Ferner werden unter anderem Teamverhalten, Kommunikationsfähigkeit, Konfliktverhalten und Belastbarkeit durch verschiedenste Module getestet.

Mein Tipp an die Bewerberinnen und Bewerber: Kommen Sie mit der dem Anlass entsprechenden Kleidung zum Auswahlverfahren und treten Sie authentisch auf, alles andere wird dem geschulten Auge der Auswahlkommission nicht entgehen!

Das Eignungsauswahlverfahren: So bereiten Sie sich vor

Das Auswahlverfahren für den mittleren Dienst (mD)

Das Auswahlverfahren besteht aus einem mündlichen und einem schriftlichen Teil und einem Sporttest. Im schriftlichen Teil geht es um Folgendes:

- Zahlenverständnis

- Sprachverständnis

- Schreiben einer Erörterung

- Wissenstest (Allgemeinbildung)

- Postkorb

Sie brauchen 50 von 100 Wertungspunkten, um zu bestehen, müssen aber in Sachen Zahlen- und Sprachverständnis eine Mindestpunktzahl erlangen. Und dies sind die Anforderungen zum „Zahlenverständnis":

- Mathematische Grundregeln

- Dreisatzrechnung

- Prozentrechnen

- Zinsberechnungen

(Sie dürfen einen Taschenrechner verwenden.) Im Teil „Sprachverständnis" geht es dann um

- sprachliche Grundfähigkeiten (Rechtschreibung und Zeichensetzung),

- Textverständnis und

- die Fähigkeit, Rechtsvorschriften anzuwenden.

In der Erörterung müssen Sie sich kompetent und überzeugend zu einem Thema oder Problem äußern. Bewertet werden

- die Fähigkeit, ein Thema gedanklich zu durchdringen,

- die Fähigkeit, logisch zu argumentieren,

- die Fähigkeit, sich gewandt auszudrücken sowie

- Rechtschreibung, Grammatik und Zeichensetzung.

Hier zwei Themenbeispiele, die unter www.zoll.de zu finden sind:

1 Erörtern Sie ausführlich folgendes Thema: Welche Vor- und Nachteile bringt die Ausrichtung eines sportlichen Großereignisses für das gastgebende Land?

2 Sollte Ihrer Meinung nach für Schülerinnen und Schüler eine einheitliche Kleidung an Schulen eingeführt werden? Erörtern Sie ausführlich die Vor- und Nachteile von Schuluniformen.

Empfehlungen für die Struktur und Gestaltung einer „Erörterung" finden Sie in diesem Buch.

In der „Postkorb-Übung" sollen Sie zeigen, dass Sie sich vernünftig strukturieren können, Zusammenhänge verschiedenster Vorgänge erkennen, das Wichtige vom Unwichtigen zu unterscheiden vermögen und das Zeug dazu haben, sachlich fundierte Entscheidungen zu treffen. Auch hierzu gibt es in diesem Buch eine hilfreiche Anleitung.

Die einschlägigen Tests und Übungen finden Sie über das Inhaltsverzeichnis oder das Stichwortregister.

Das Auswahlverfahren für den gehobenen Dienst (gD)

In diesem Auswahlverfahren wird geklärt, ob Bewerberinnen und Bewerber für das Studium am Fachbereich Finanzen der Fachhochschule des Bundes und für den Vorbereitungsdienst geeignet sind. Zunächst gilt es, ein schriftliches Verfahren zu bestehen, um später zu einem mündlichen Teil eingeladen zu werden. In dem schriftlichen Verfahren geht es um

- Zahlenverständnis,

- Sprachverständnis und

- Wissen (Allgemeinbildung).

Außerdem ist ein „Postkorb" abzuarbeiten und eine Erörterung zu verfassen. Auch hier sind mindestens 50 von 100 Wertungspunkten und eine Mindestpunktzahl in den Bereichen Zahlenverständnis und Sprachverständnis zu erzielen. Die Anforderungen beim Zahlenverständnis:

- Mathematische Grundregeln

- Dreisatz

- Prozentrechnen

- Zinsberechnungen

- Lineare Funktionen

(Sie dürfen einen Taschenrechner verwenden.)

Im Teil „Sprachverständnis" geht es um

- sprachliche Grundfähigkeiten,

- Textverständnis und

- die Fähigkeit, Rechtsvorschriften anzuwenden.

Für den „Postkorb" und die Erörterung gilt, was im vorangehenden Kapitel zum Auswahlverfahren „mittlerer Dienst" angemerkt ist. Die entsprechenden Tests, Tipps und Empfehlungen finden Sie über das Inhaltsverzeichnis oder Stichwortregister.

LESEN SIE ZEITUNG

Beim Zoll werden Nachwuchskräfte gebraucht, die eine solide Allgemeinbildung mitbringen und das Tagesgeschehen interessiert verfolgen. Lesen Sie also regelmäßig eine Tageszeitung beziehungsweise gehen Sie auf die entsprechenden Online-Seiten.

- Im Auswahlverfahren könnten Sie zum Beispiel gebeten werden, einen Aufsatz zu einem aktuellen Thema zu schreiben.

- Bei den Gruppenverfahren (zum Beispiel im Rahmen eines Assessment-Centers) werden aktuelle Fragen/Debatten thematisiert.

- Natürlich müssen Sie die wichtigsten handelnden Personen in Politik und Gesellschaft kennen – und auf die stoßen Sie regelmäßig in der Zeitung.

- Auch im Vorstellungsgespräch müssen Sie zeigen, dass Sie auf dem Laufenden sind. Wer als Bewerber/in mit Stichworten wie „Markenpiraterie" oder „Lohndumping" nichts anfangen kann, ist schlecht vorbereitet.

Testtraining: Intelligenz, Können und Wissen

In Artikel 33 Abs. 2 des Grundgesetzes heißt es: „Jeder Deutsche hat nach seiner Eignung, Befähigung und fachlichen Leistung gleichen Zugang zu jedem öffentlichen Amte." Dieser als „Bestenauslese" bezeichnete Grundsatz ist verbindlich für sämtliche Eignungsauswahlverfahren im öffentlichen Dienst. Im Beamtenrecht (Bundesbeamtengesetz und den Landesbeamtengesetzen) heißt es ergänzend, dass die Auslese der Bewerber/innen nach Eignung, Befähigung und fachlicher Leistung ohne Rücksicht auf Geschlecht, Abstammung, Rasse, Glauben, religiöse oder politische Anschauungen, Herkunft oder Beziehungen vorzunehmen ist.

Die Bestenauslese verbietet im öffentlichen Dienst sowohl bei Tarifangestellten als auch bei Beamten Ämterpatronage, Regionalproporz und Parteibuchkarrieren. Im Klartext heißt das: Niemand darf aufgrund persönlicher Beziehungen, seiner landsmannschaftlichen Zugehörigkeit oder einer bestimmten Parteimitgliedschaft bevorzugt werden. Die Bestenauslese ist auch bei der Beförderung, der Übertragung höherwertiger Aufgaben und dem Aufstieg in eine höherwertige Laufbahngruppe zu beachten.

BEWERBERRECHTE

Aus Artikel 33 Abs. 2 GG folgt der Anspruch eines Bewerbers auf eine ermessens- und beurteilungsfehlerfreie Entscheidung über seine Bewerbung.

- Da „Eignung", „Befähigung" und „Leistung" nicht eindeutig zu definieren und nie völlig objektiv zu bewerten sind, steht dem zuständigen Vorgesetzten bei der Entscheidung über die Eignung ein Beurteilungsspielraum zu.

- Eine ordnungsgemäße Bestenauslese setzt ein transparentes, faires und gut dokumentiertes Bewerbungsverfahren voraus.

- Unterlegene Bewerber können ihre Rechte im Rahmen des Anspruchs auf ein faires und ermessensfehlerfreies Bewerbungsverfahren geltend machen (Bewerbungsverfahrensanspruch).

Was Sie über Tests wissen sollten

Test! Für viele Jobaspiranten ist das ein Schreckenswort. Und so sind sie auch gestimmt, wenn sie zur Eignungsuntersuchung erscheinen. Sie treten auf wie Delinquenten, die eine schmerzhafte Prozedur erleiden sollen. Nun gilt hier wie überall, dass, wenn man schon nicht Herr des Verfahrens sein kann, zumindest klar sein sollte, was passieren wird. Auf diese Weise bringt man sich psychologisch in eine bessere Ausgangsposition.

Wie gesagt: Wissen macht souverän. Bevor Sie mit dem eigentlichen Testtraining beginnen, sollten Sie wissen, dass oft auch da mit Wasser gekocht wird, wo man es gar nicht vermutet. Die folgenden Kriterien müssen psychologische Testverfahren wenigstens halbwegs erfüllen, damit die Ergebnisse überhaupt brauchbar sind.

Tests müssen objektiv sein

Nehmen wir ein Maßband, mit dem man die Kragenweite ermitteln kann. Dieses Maßband erfüllt das Kriterium der Objektivität, wenn verschiedene Schneider damit bei einem bestimmten Kunden Maß nehmen und jeweils derselbe Wert herauskommt. Objektivität heißt, dass das Messergebnis unabhängig von der Person ist, die eine Messung durchführt.

Das ist nicht selbstverständlich. Man denke an die Beurteilung von Deutschaufsätzen in der Schule. Auch hier wird ja „Maß" genommen und eine Note ermittelt. Diverse Untersuchungen habe gezeigt, dass es da manchmal sehr subjektiv zugeht und ein und derselbe Aufsatz – je nach beurteilendem Lehrer – Noten von eins bis sechs erzielen kann.

In Sachen Objektivität haben psychologische Tests zweifellos ihre Stärke. Durchführung und Auswertung – oft computergestützt – sind standardisiert und so vom Diagnostiker weitgehend unabhängig. Der „Nasenfaktor" (Sympathie oder Antipathie), der im Vorstellungsinterview gewiss manchmal den Ausschlag gibt, spielt bei psychologischen Testverfahren keine Rolle.

Tests müssen zuverlässig sein

Auch dieses Gütekriterium ist unverzichtbar, wenn ein Messinstrument brauchbar sein soll. Wenn man mit einem Zollstock die Größe eines Menschen ermittelt und die Messung am nächsten Tag zur gleichen Zeit wiederholt, muss der gleiche Wert dabei herauskommen. Auch das ist nicht selbstverständlich, wenn man etwa an schriftliche oder mündliche Prüfungen denkt. Untersuchungen haben ergeben, dass Prüflinge nach der Bewährungssituation – wenn der Stress weg ist – mehr wissen als vorher. Das Messresultat, also das Prüfungsergebnis, hängt manchmal sicher auch davon ab, wie man in der Nacht zuvor geschlafen hat.

Psychotests können folglich niemals so zuverlässig (reliabel) wie ein Zollstock oder eine Waage sein. Bei vielen Verfahren zeigt sich bei einer Testwiederholung ein mehr oder weniger abweichendes Resultat. So liegt es beispielsweise auf der Hand, dass das Ergebnis von Intelligenz- oder Konzentrationstests durch die Tagesform beeinflusst wird. Der Proband mit dem besten Ergebnis muss also nicht zwingend der beste sein – vielleicht hat er im Vergleich zu seinen Mitbewerbern nur einen besonders guten Tag erwischt – oder das Gemüt eines Schlachterhundes.

Tests müssen gültig sein

Wer sich auf eine Waage stellt und 70 Kilogramm abliest, kann sicher sein, dass es sich um eine Aussage über das Merkmal Körpergewicht handelt. Die meisten Messgeräte, die wir im Alltag verwenden – vom Thermometer über das Tachometer bis zum Barometer – sind gültig (valide). Wir können sicher sein, dass sie das messen, was sie zu messen beanspruchen.

Aber wird mit einer Frage wie „Schlafen Sie schnell ein, wenn Sie zu Bett gehen?" tatsächlich eine Persönlichkeitseigenschaft gemessen, zum Beispiel die emotionale Belastbarkeit? Und selbst wenn das der Fall wäre: Antworten hier alle Testpersonen ehrlich? Wer als Bewerber offen seine Einschlafprobleme zugibt, verdient doch in Wirklichkeit einen Punkt für Naivität. Ob die Testantwort also etwas mit emotionaler Stabilität zu tun hat, bleibt offen. Wer schnell einschläft, könnte eventuell auch nur ein gleichgültiger Mensch sein.

Auf Tests muss man sich vorbereiten

„Blätter" verhält sich zu „Laub" wie „Gras" zu ...? Was ist richtig? „Blumen", „Heu" oder „Unkraut"? Natürlich wissen Sie die Antwort, aber die Aufgaben werden zunehmend schwieriger. Da kann einem schnell die

Zeit davonlaufen. Deshalb sollten Sie Leistungs- beziehungsweise Intelligenztests üben. Schon aus dem einfachen Grund, weil Ihre Mitbewerber es in der Regel ja auch tun. Und dabei spielt es keine Rolle, ob Sie nun die Originalaufgaben kennen oder nicht. Entscheidend ist, die Konstruktionsprinzipien von Tests zu durchschauen und am Beispiel zu üben. Übrigens: Eine ganz wichtige Schlüsselqualifikation unserer Zeit ist die Bereitschaft und Fähigkeit, sich auf Bewährungssituationen angemessen vorzubereiten.

Der folgende Teil des Buches stellt eine Fülle von Übungsmaterial zu Tests und Leistungsproben zur Verfügung, in denen Sie als Bewerber/in bei Polizei, Bundeswehr und Zoll fit sein müssen. Konzentrieren Sie sich auf jene Verfahren, die für Sie besonders wichtig sind, also bei Ihrem zukünftigen Arbeitgeber im Eignungsauswahlverfahren vorkommen werden.

Wie werden die Leistungsmerkmale geprüft?

In der Psychologie spricht man von „Leistungstests", mit denen Merkmale wie Intelligenz, Flexibilität im Denken, Zahlenverständnis, Rechenfertigkeiten, Sprach- und Rechtschreibkompetenz, Konzentrationsfähigkeit, Merkfähigkeit oder Kreativität geprüft werden sollen. Typisch für diese Verfahren ist, dass

- es ein Zeitlimit gibt,

- die Aufgaben innerhalb der vorgegebenen Zeit nicht einmal von Überfliegern alle richtig zu lösen sind und

- der Schwierigkeitsgrad der Aufgaben bei den meisten Tests steigt.

Insbesondere bei den Länderpolizeien (etwa NRW) geht es am ersten Tag mit einem gut dreistündigen PC-Test los – andere Institutionen bevorzugen einen Papier-und-Bleistift-Test. Eine individuelle Pausengestaltung ist möglich und Sie können auch Ihr Arbeitstempo bestimmen, so lange Sie innerhalb der Maximalzeiten bleiben. Ermittelt werden im Hinblick auf das jeweilige Anforderungsprofil des angestrebten Berufs beziehungsweise der gewünschten Verwendung unter anderem folgende Fähigkeiten:

- Logisch-analytisches Denken

- Praktisches Urteilsvermögen

- Sprachkompetenz (Deutschleistung)

- Zahlenverständnis (Rechenleistung)

- Gedächtnisleistung/Lernfähigkeit

- Kreativität

- Soziale/persönliche Kompetenzen

Auf den letzten Punkt wird in einem gesonderten Kapitel eingegangen, da es sich um Persönlichkeitstests beziehungsweise „Psychotests" im engeren Sinne handelt.

Für alle, die hierbei einen bestimmten Punktwert nicht erreichen, ist das Auswahlverfahren schon vorbei. Wer durchgekommen ist, muss anschließend noch den „Wiener Test" bestehen. Mit diesem berühmt-berüchtigten Auswahlverfahren werden folgende Aspekte erfasst:

- Reaktionsgeschwindigkeit

- Aufmerksamkeit

- Konzentrationsfähigkeit

Der „Wiener Test" ist ein PC-Test, bei dem man einen Kopfhörer trägt und als Reaktion auf Fragen beziehungsweise Anforderungen jeweils Pedale und Tasten bedienen muss. Typische Aufgaben/Anforderungen sind unter anderem:

- Bilder in schnellen Abläufen beurteilen und sich Details einprägen

- Sachverhalte (zum Beispiel eine Verkehrssituation) beurteilen

- Linien verfolgen

- Aufgaben rechnen

- Tatsachen von Meinungen unterscheiden

- Polizeiliche Situationen beurteilen

- Personeninformationen Steckbriefen zuordnen

- Statistiken beurteilen

- Inhalte von Texten merken

- Fehlerhafte Texte korrigieren (neue Rechtschreibung!)

Klar, dass bei solch einem Test das Tempo eine große Rolle spielt – Sie müssen daher schnell und fehlerfrei arbeiten. Teilen Sie sich die Zeit also klug ein. Hier ein paar Tipps dazu:

- Wer sich an einer Stelle festbeißt, riskiert wertvolle Punkte. Wenn Sie mit einer Aufgabe Probleme haben, gehen Sie zur nächsten. Bei einem Papier-und-Bleistift-Test können Sie sich ein kleines Zeichen machen und später noch einmal auf die Aufgabe zurückkommen.

- Arbeiten Sie möglichst nach dem Ausschlussprinzip. Sortieren Sie also erst einmal jene Alternativen aus, bei denen Sie sicher sind, dass diese nicht stimmen können.

- Nicht nervös werden, wenn Sie nicht alles schaffen! Die neun Tests des Intelligenz-Struktur-Tests (I-S-T) nach Rudolf Amthauer bestehen beispielsweise jeweils aus 20 Aufgaben, die niemand in der vorgegebenen Zeit richtig lösen kann. Das ist ein Konstruktionsprinzip derartiger Verfahren, denn wenn Probanden bei einem Test alle Aufgaben schaffen, kann man ihr tatsächliches intellektuelles Potenzial ja nicht erfassen.

Man stelle sich eine Waage vor, deren Skala nur bis 60 Kilo reicht. Für alle, die schwerer sind, ist dieses Messinstrument unbrauchbar.

- Wenn Sie nach der Hälfte der Testitems häufiger hängenbleiben, dann haben Sie keine Blockade im Kopf, sondern der Schwierigkeitsgrad der Aufgaben ist nach und nach gestiegen. Kein Grund zur Panik! Arbeiten Sie ruhig weiter.

Also: üben, üben, üben! Wer sich nicht gründlich vorbereitet, ist bei aller Intelligenz dumm.

Sie lernen jetzt die wichtigsten Leistungstests kennen, die bei Polizei, Bundeswehr und Zoll bei den Auswahlverfahren eingesetzt werden. Und Sie erhalten die Chance, diese Aufgaben zu trainieren.

Zahlenreihen

Dieser Test gehört zu den Rennern bei den Auswahlverfahren in Deutschland. Wer die Grundrechenarten beherrscht, logisch denken kann und im Kopf beweglich ist, schneidet gut ab – auch wenn er/sie in Rechtschreibung nicht so gut ist.

Beispiel

3   4   6   9   13   18   24   ?

Wie geht es weiter?

☐ a. 30   ☐ b. 31   ☐ c. 32

Diese Zahlenreihe ist nach einer bestimmten Gesetzmäßigkeit aufgebaut. Welche Zahl gehört logischerweise an die Stelle des Fragezeichens? Alles klar? Auf die 24 folgt die 31. Die Regel lautet: + 1, + 2, + 3, + 4, + 5, + 6, + 7 etc.

Und so geht das in diesem Test munter weiter. Da wird addiert, subtrahiert, multipliziert und dividiert – es können also alle Grundrechenarten für die Konstruktion einer Zahlenreihe verwandt worden sein. Sie werden staunen, wie schnell Sie nach der entsprechenden Übung in diesem Test fit sind.

Sie haben für die folgenden 20 Aufgaben zehn Minuten Zeit.

1.   2   3   5   8   12   17   23   ?
    ☐ a. 30   ☐ b. 31   ☐ c. 32

2.   20   22   20   23   20   24   20   ?
    ☐ a. 24   ☐ b. 25   ☐ c. 26

3.   60   59   57   54   50   45   39   ?
    ☐ a. 32   ☐ b. 33   ☐ c. 34

4.   56   55   53   50   46   41   35   ?
    ☐ a. 21   ☐ b. 22   ☐ c. 28

5.   44   42   45   41   46   40   47   ?
    ☐ a. 39   ☐ b. 40   ☐ c. 41

6.   3   6   4   8   6   12   10   ?
    ☐ a. 20   ☐ b. 30   ☐ c. 40

7.   1   4   8   13   19   26   34   ?
    ☐ a. 40   ☐ b. 41   ☐ c. 43

8.   2   4   6   12   14   28   30   ?
    ☐ a. 58   ☐ b. 59   ☐ c. 60

9.   4   6   12   6   8   16   8   ?
    ☐ a. 8   ☐ b. 10   ☐ c. 12

10. 8   16   14   7   14   12   6   ?
    ☐ a. 12   ☐ b. 14   ☐ c. 16

11. 12   6   12   14   7   14   16   ?
    ☐ a. 7   ☐ b. 8   ☐ c. 9

12. 14   13   15   12   16   11   17   ?
    □ a. 5   □ b. 8   □ c. 10

13. 20   23   27   32   38   45   53   ?
    □ a. 62   □ b. 63   □ c. 64

14. 12   13   15   30   31   33   66   ?
    □ a. 66   □ b. 67   □ c. 68

15. 22   24   23   46   48   47   94   ?
    □ a. 96   □ b. 98   □ c. 100

16. 89   80   72   65   59   54   50   ?
    □ a. 40   □ b. 47   □ c. 57

17. 7   8   10   13   17   16   14   ?
    □ a. 10   □ b. 11   □ c. 12

18. 4   5   8   13   20   29   40   ?
    □ a. 50   □ b. 51   □ c. 53

19. 2   4   7   14   16   19   38   ?
    □ a. 39   □ b. 40   □ c. 42

20. 2   4   8   11   33   37   148   ?
    □ a. 149   □ b. 151   □ c. 153

Lösung

1. a 30   (+ 1 + 2 + 3 + 4 + 5 ...)
2. b 25   (+ 2 − 2 + 3 − 3 + 4 − 4 + 5 ...)
3. a 32   (− 1 − 2 − 3 − 4 − 5 − 6 − 7 ...)
4. c 28   (− 1 − 2 − 3 − 4 − 5 − 6 − 7 ...)
5. a 39   (− 2 + 3 − 4 + 5 − 6 + 7 − 8 ...)
6. a 20   (x 2 − 2 x 2 − 2 x 2 − 2 ...)
7. c 43   (+ 3 + 4 + 5 + 6 + 7 + 8 ...)
8. c 60   (x 2 + 2 x 2 + 2 x 2 + 2 x 2 ...)

9. b 10   (+ 2 x 2 : 2 + 2 x 2 : 2 ...)

10. a 12   (x 2 – 2 : 2 x 2 – 2 : 2 x 2 ...)

11. b 8   (: 2 x 2 + 2 : 2 x 2 + 2 : 2 ...)

12. c 10   (– 1 + 2 – 3 + 4 – 5 + 6 ...)

13. a 62   (+ 3 + 4 + 5 + 6 + 7 ...)

14. b 67   (+ 1 + 2 x 2 + 1 + 2 x 2 ...)

15. a 96   (+ 2 – 1 x 2 + 2 – 1 x 2 ...)

16. b 47   (– 9 – 8 – 7 – 6 – 5 – 4 ...)

17. b 11   (+ 1 + 2 + 3 + 4 – 1 – 2 – 3 ...)

18. c 53   (+ 1 + 3 + 5 + 7 + 9 + 11 ...)

19. b 40   (+ 2 + 3 x 2 + 2 + 3 x 2 + 2 ...)

20. c 153   (+ 2 x 2 +3 x 3 + 4 x 4 +5 ...)

Symbole ordnen

Hier handelt es sich um ein sprach- und zahlenfreies Verfahren, das vorrangig die kognitive Leistungsfähigkeit in Form des logisch-schlussfolgernden Denkens und der Geschwindigkeit der Informationsverarbeitung erfasst.

Beispiel

Welches Zeichen muss jetzt logischerweise folgen?
Natürlich ◁.

Lösen Sie nun die folgenden 20 Aufgaben in zehn Minuten. Welche der unter a bis d angebotenen Figuren passt von der Logik her an die Stelle des Fragezeichens?

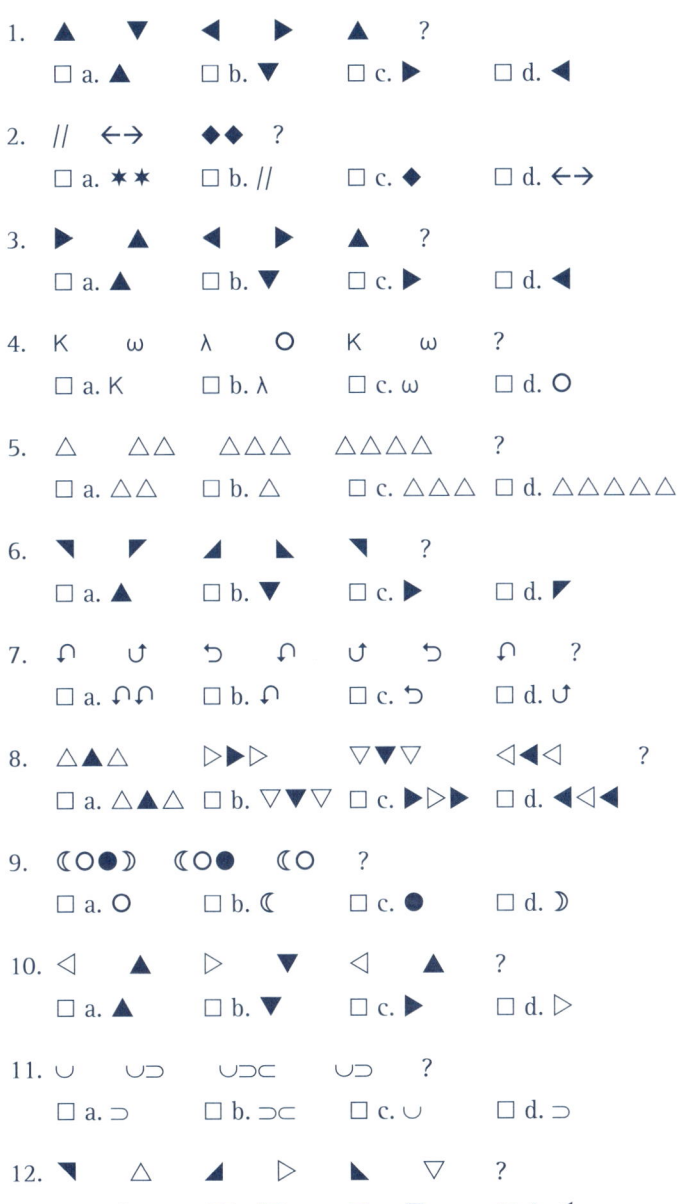

1. ▲　　▼　　　◀　　▶　　　▲　　?
　　□ a. ▲　　　□ b. ▼　　　□ c. ▶　　　□ d. ◀

2. //　←→　　◆◆　?
　　□ a. ✱✱　　□ b. //　　　□ c. ◆　　　□ d. ←→

3. ▶　　▲　　　◀　　▶　　　▲　　?
　　□ a. ▲　　　□ b. ▼　　　□ c. ▶　　　□ d. ◀

4. K　　ω　　λ　　O　　K　　ω　　?
　　□ a. K　　　□ b. λ　　　□ c. ω　　　□ d. O

5. △　　△△　　△△△　　△△△△　　?
　　□ a. △△　　□ b. △　　　□ c. △△△　　□ d. △△△△△

6. ◤　　◥　　　◢　　◣　　　◤　　?
　　□ a. ▲　　　□ b. ▼　　　□ c. ▶　　　□ d. ◥

7. ∩　∪　↻　∩　∪　↻　∩　?
　　□ a. ∩∩　　□ b. ∩　　　□ c. ↻　　　□ d. ∪

8. △▲△　　　▷▶▷　　　▽▼▽　　　◁◀◁　　　?
　　□ a. △▲△　　□ b. ▽▼▽　□ c. ▶▷▶　□ d. ◀◁◀

9. ⟪O●⟫　⟪O●　⟪O　?
　　□ a. O　　　□ b. ⟪　　　□ c. ●　　　□ d. ⟫

10. ◁　　▲　　▷　　▼　　◁　　▲　　?
　　□ a. ▲　　　□ b. ▼　　　□ c. ▶　　　□ d. ▷

11. ∪　　∪⊃　　∪⊃⊂　　∪⊃　?
　　□ a. ⊃　　　□ b. ⊃⊂　　□ c. ∪　　　□ d. ⊃

12. ◤　　△　　◢　　▷　　◣　　▽　　?
　　□ a. ▲　　　□ b. ▼　　　□ c. ◤　　　□ d. ◀

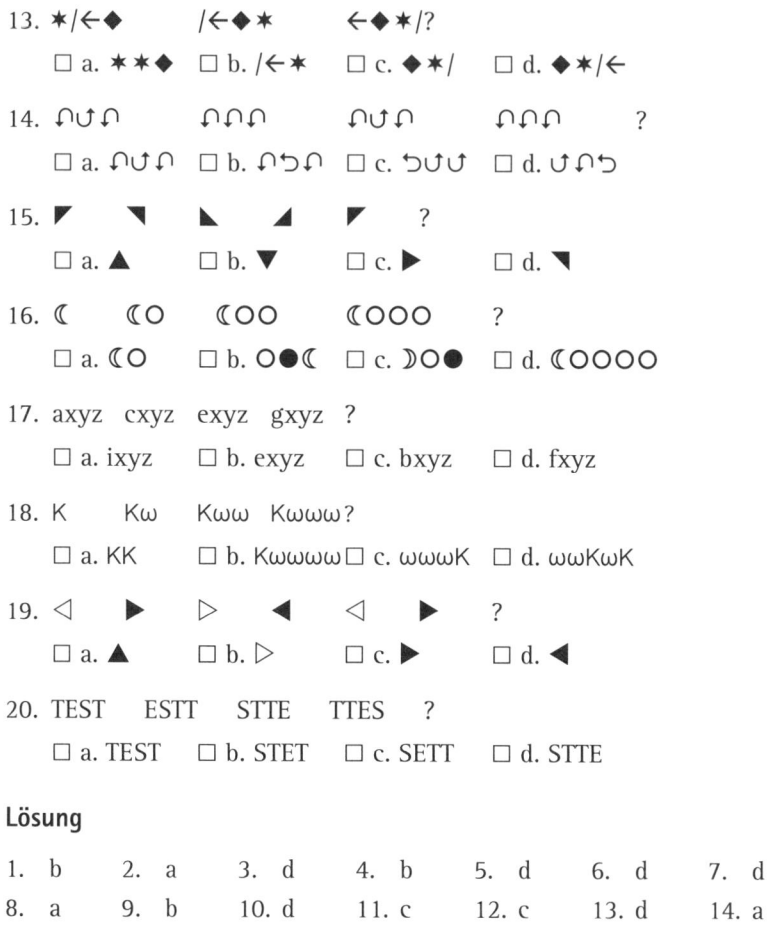

13. $*/\leftarrow\blacklozenge$ $/\leftarrow\blacklozenge*$ $\leftarrow\blacklozenge*/?$

    ☐ a. $*\,*\blacklozenge$ ☐ b. $/\leftarrow*$ ☐ c. $\blacklozenge*/$ ☐ d. $\blacklozenge*/\leftarrow$

14. ∩℧∩   ∩∩∩   ∩℧∩   ∩∩∩   ?

    ☐ a. ∩℧∩   ☐ b. ∩᠑∩   ☐ c. ᠑℧℧   ☐ d. ℧∩᠑

15. ▰   ◣   ◣   ◢   ▰   ?

    ☐ a. ▲   ☐ b. ▼   ☐ c. ▶   ☐ d. ◤

16. ☾   ☾O   ☾OO   ☾OOO   ?

    ☐ a. ☾O   ☐ b. O●☾   ☐ c. ☽O●   ☐ d. ☾OOOO

17. axyz   cxyz   exyz   gxyz   ?

    ☐ a. ixyz   ☐ b. exyz   ☐ c. bxyz   ☐ d. fxyz

18. K   Kω   Kωω   Kωωω?

    ☐ a. KK   ☐ b. Kωωωω ☐ c. ωωωK   ☐ d. ωωKωK

19. ◁   ▶   ▷   ◀   ◁   ▶   ?

    ☐ a. ▲   ☐ b. ▷   ☐ c. ▶   ☐ d. ◀

20. TEST   ESTT   STTE   TTES   ?

    ☐ a. TEST   ☐ b. STET   ☐ c. SETT   ☐ d. STTE

Lösung

1. b	2. a	3. d	4. b	5. d	6. d	7. d
8. a	9. b	10. d	11. c	12. c	13. d	14. a
15. d	16. d	17. a	18. b	19. b	20. a	

Spiegelbilder erkennen

Testen Sie Ihre Vorstellungsfähigkeit und Beweglichkeit im Kopf. Die nun folgenden Aufgaben bestehen jeweils aus fünf Figuren, von denen eine spiegelverkehrt ist – sich also nicht durch Drehen in der Fläche mit den anderen deckungsgleich bringen lässt.

Beispiel

Kreuzen Sie die spiegelverkehrte Alternative an. Hier ist unschwer zu erkennen, dass Figur b nicht „passt".

Lösen Sie die folgenden zehn Aufgaben in fünf Minuten.

4.

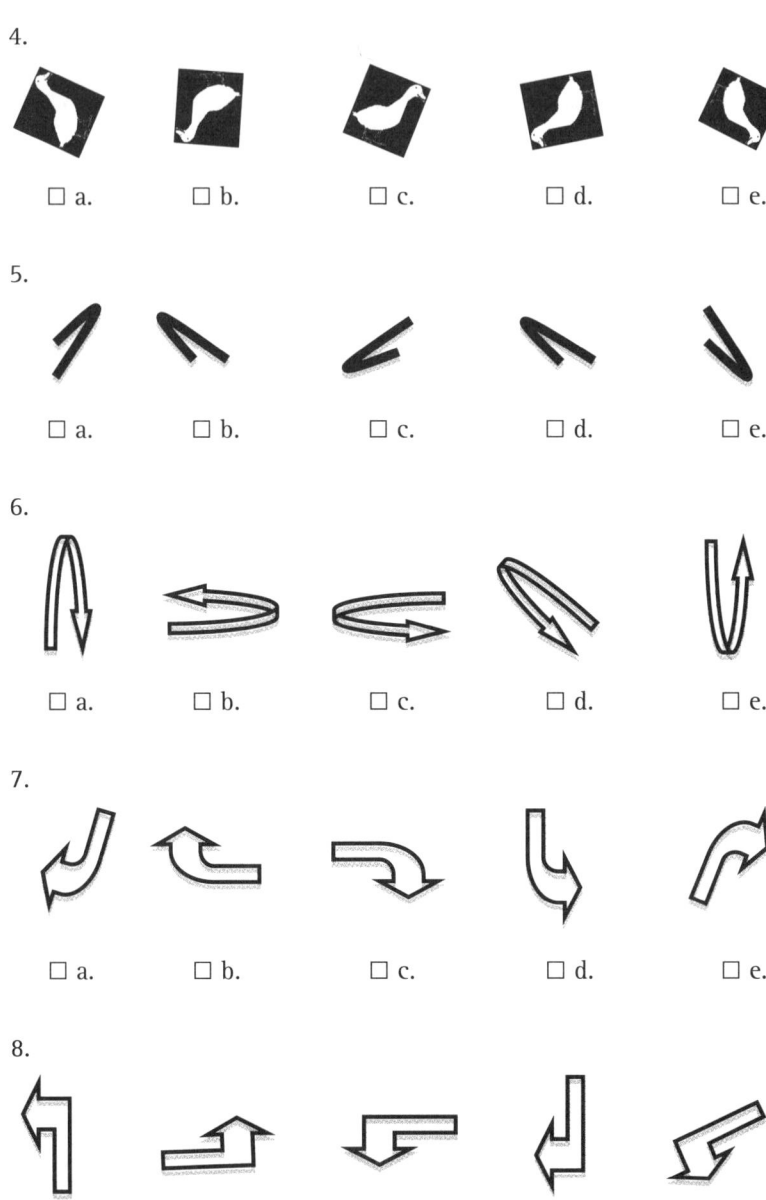

☐ a.   ☐ b.   ☐ c.   ☐ d.   ☐ e.

5.

☐ a.   ☐ b.   ☐ c.   ☐ d.   ☐ e.

6.

☐ a.   ☐ b.   ☐ c.   ☐ d.   ☐ e.

7.

☐ a.   ☐ b.   ☐ c.   ☐ d.   ☐ e.

8.

☐ a.   ☐ b.   ☐ c.   ☐ d.   ☐ e.

9.

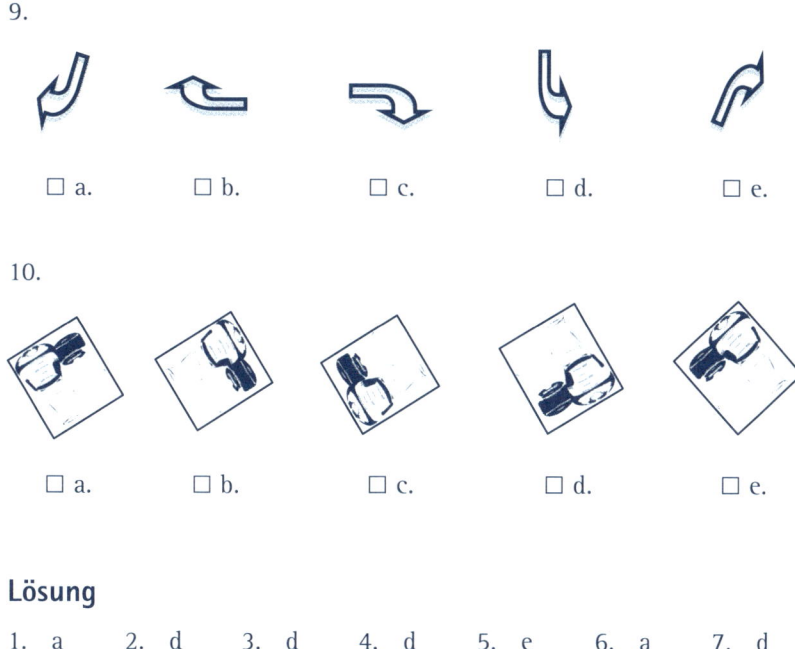

☐ a.　　☐ b.　　☐ c.　　☐ d.　　☐ e.

10.

☐ a.　　☐ b.　　☐ c.　　☐ d.　　☐ e.

Lösung

1. a　2. d　3. d　4. d　5. e　6. a　7. d

8　d　9. d　10. e

Allgemeine Rechenfertigkeiten

Bei diesen Tests wird es für viele Bewerber unangenehm. Horrorfach Mathematik! Aber in vielen Jobs bei Polizei, Bundeswehr und vor allem beim Zoll spielen Rechenkünste und Zahlenverständnis eine große Rolle. Sie haben damit Probleme? Das geht anderen auch so. Nach einer Umfrage des Deutschen Industrie- und Handelskammertags aus dem Jahr 2009 sehen über 50% der befragten Unternehmen bei Schulabgängern Mängel bei den elementaren Rechenfertigkeiten.

Zum „Warmlaufen" geht es nun mit einem allgemeinen Rechentest los. Hier sollen Sie addieren, subtrahieren, multiplizieren und dividieren. Es wird also die Beherrschung der Grundrechenarten geprüft. Mit zehn richtig gelösten Aufgaben liegen Sie bereits leicht über dem Durchschnitt.

 MATHEMATIK-KOMPETENZ IST UNVERZICHTBAR

Das Problem ist bekannt: Mathematisches Know-how baut aufeinander auf – wer einmal den Anschluss verpasst hat, ist oft für den Rest seiner Schulzeit abgehängt. Finden Sie bei Bedarf mit den folgenden Übungen wieder den Anschluss. Mathematische Kompetenz ist für eine erfolgreiche Lebensführung wichtig.

Für die folgenden 20 Rechenaufgaben haben Sie zwölf Minuten Zeit.

1. Sie haben 73 Euro in der Tasche und geben 11,50 Euro aus. Wie viel Geld haben Sie noch?

    ☐ a. 60,50   ☐ b. 61,50   ☐ c. 62,50

2. 33 Euro sind unter drei Geschwistern gerecht aufzuteilen. Wie viele Euro bekommt jeder?

    ☐ a. 10   ☐ b. 11   ☐ c. 12

3. Ein Kegelverein hat 15 Mitglieder, von denen jeder einen Monatsbeitrag von 5 Euro entrichtet. Wie viel Geld macht dies pro Jahr aus?

    ☐ a. 880   ☐ b. 890   ☐ c. 900

4. Wie viele Flaschen Olivenöl der gleichen Marke erhält man für 72 Euro, wenn 3 Flaschen 36 Euro kosten?

    ☐ a. 6   ☐ b. 7   ☐ c. 8

5. Ein trainierter Radfahrer fährt in der Stunde 15 Kilometer. Wie viele Kilometer schafft er in 3,5 Stunden?

    ☐ a. 52,5   ☐ b. 53,5   ☐ c. 54

6. Zwölf Mitarbeiter verdienen 180 Euro. Wie viel Geld verdienen unter gleichen Bedingungen 22 Mitarbeiter?

    ☐ a. 320   ☐ b. 330   ☐ c. 340

7. Zu einem Spiel gehören rote und weiße Kugeln. Ein Drittel davon ist rot, 12 sind weiß. Wie viele Kugeln sind es insgesamt?

   ☐ a. 18   ☐ b. 21   ☐ c. 24

8. 8 Mechatroniker reparieren im Durchschnitt 24 Autos am Tag. Wie viele Mechatroniker braucht man für die Reparatur von 90 Autos pro Tag?

   ☐ a. 20   ☐ b. 30   ☐ c. 40

9. Sie laufen mit einer Durchschnittsgeschwindigkeit von 4 km/h und erreichen Ihr Ziel in 6 Stunden. Wie schnell müssen Sie laufen, um Ihr Ziel in 4 Stunden zu erreichen?

   ☐ a. 5 km/h   ☐ b. 6 km/h   ☐ c. 8 km/h

10. Zwei Züge begegnen sich um 12:00 Uhr. Wie viele Kilometer sind sie um 13:00 Uhr voneinander entfernt, wenn der eine Zug 80 km/h und der andere 100 km/h fährt?

    ☐ a. 180   ☐ b. 190   ☐ c. 200

11. Die Seitenlängen eines Rechtecks sind 9 und 12 cm. Wie groß ist der Flächeninhalt in cm^2?

    ☐ a. 108 cm^2 ☐ b. 118 cm^2 ☐ c. 120 cm^2

12. In einem Dreieck bilden zwei Winkel zusammen 160 Grad. Wie groß ist der dritte Winkel in Grad?

    ☐ a. 10   ☐ b. 20   ☐ c. 30

13. Ziehen Sie die Quadratwurzel aus der Zahl 169. Das Ergebnis lautet

    ☐ a. 12   ☐ b. 13   ☐ c. 14

14. Welche Winkelsumme hat ein Rechteck?

    ☐ a. 350   ☐ b. 360   ☐ c. 380

15. Von 120 Bewerbern schaffen 5% den Standweitsprung nicht. Wie viele Bewerber sind das?

    ☐ a. 6   ☐ b. 8   ☐ c. 10

16. Dividiert man eine Zahl durch 2 und addiert 3, erhält man als Resultat 9. Wie heißt diese Zahl?

☐ a. 6   ☐ b. 8   ☐ c. 12

17. Der Wasservorrat für eine Wüstenexpedition reicht 14 Tage für 12 Personen. Wie viele Tage reicht der Vorrat für 6 Personen?

☐ a. 17   ☐ b. 28   ☐ c. 39

18. Zwei Brüder, die sich im Alter um 6 Jahre unterscheiden, sind zusammen 32 Jahre alt. Wie alt ist der jüngere Bruder?

☐ a. 12   ☐ b. 13   ☐ c. 14

19. Aus Milch gewinnt man 4 % Butter. Wie viele Kilogramm Milch braucht man für 1 kg Butter?

☐ a. 25   ☐ b. 28   ☐ c. 30

20. Sie haben 2,80 Euro in der Tasche – und zwar in 20- und 10-Cent-Münzen. Das macht insgesamt 15 Geldstücke aus. Wie viele davon sind 10-Cent-Münzen?

☐ a. 1   ☐ b. 2   ☐ c. 3

Lösung

1. b   61,50 Euro

Lösungsweg: 73 – 11,50 = 61,50

2. b   11 Euro

Lösungsweg: 33 : 3 = 11

3. c   900 Euro

Lösungsweg: 15 x 5 x 12 = 900

4. a   6 Euro

Lösungsweg: 1 Flasche = 36 : 3 = 12; 72 : 12 = 6

5. a   52,5 km

Lösungsweg: 15 x 3,5 = 52,5

6. b   330 Euro

Lösungsweg: 180 : 12 = 15; 22 x 15 = 330

7. a 18

Lösungsweg: 2/3 = 12; 1/3 = 6; Summe = 18

8. b 30

Lösungsweg: 24 : 8 = 3; 90 : 3 = 30

9. b 6 km/h

Lösungsweg: 24 km = 6 Std. = 4 km/h; 24 km = 4 Std. = 6 km/h

10. a 180

Lösungsweg: 80 + 10 = 180

11. a 108 cm^2

Lösungsweg: 9 x 12 = 108

12. b 20 Grad

Lösungsweg: 180 – 160 = 20

13. b 13

Lösungsweg: 169 : 13 = 13

14. b 360 Grad

Lösungsweg: 4 x 90 = 360

15. a 6

Lösungsweg: 1 = 1,2; 5 % = 5 x 1,2 = 6

16. c 12

Lösungsweg: ½ X + 3 = 9

17. b 28

Lösungsweg: 12 : 14 = 6 : X; X = 84 : 12 = 7

18. b 13

Lösungsweg: (16 – 3) + (16 + 3) = 32

19. a 25

Lösungsweg: 1000 g Milch = 40 g Butter, 1000 : 40 = 25

20. b 2

Lösungsweg: 280 Cent à 10 Cent = 28; 280 Cent à 20 Cent = 14; also: 13 + 2 = 15; 13 Geldstücke à 20 Cent (2,60 Euro) und 2 Geldstücke à 10 Cent (0,2 Euro) ergeben die Summe 2,80 Euro.

Dreisatzaufgaben

Dreisatzaufgaben gehören zu den wichtigsten Rechenoperationen. Bei Dreisatzrechnungen sind von vier Werten drei gegeben – einer wird also gesucht.

 SO LÖSEN SIE DREISATZAUFGABEN

Um den gesuchten Wert zu finden, ist es wichtig, die gegebenen Werte wie folgt aufzuschreiben:

$$\frac{a}{b} \qquad \frac{c}{d}$$

12 Eier kosten 2,40 Euro. 14 Eier kosten X Euro. Die Verhältnisse stellen sich so dar:

$$\frac{12}{2,40} \qquad \frac{14}{X}$$

Die Lösungsmethode funktioniert wie folgt:

$$X = \frac{\text{links unten x rechts oben}}{\text{links oben}}$$

Die Lösung ist 2,80 Euro.

Wenn Sie sich das Schema im Beispiel einprägen, können Sie alle „direkt proportionalen" Dreisätze lösen. Leider gibt es noch die „indirekt proportionalen" Dreisätze und die werden anders gelöst.

Worin besteht der Unterschied? Er hängt vom jeweils realen Sachverhalt ab. Bei dem direkt proportionalen Dreisatz ergibt sich aus der Veränderung einer Größe die direkt proportionale Veränderung einer anderen Größe. Ein Mehr bewirkt ein Mehr und ein Weniger bewirkt ein Weniger. Beispiel: Wenn 1 Kilo Birnen 2 Euro kosten, dass muss man für 2 Kilo Birnen 4 Euro bezahlen. Oder: Wenn 4 Kilo Birnen 8 Euro kosten, dann muss man für 2 Kilo nur 4 Euro zahlen. (Es sei den, es gibt einen Mengenrabatt). Das ist mit „direkt proportional" gemeint.

Nun gibt es aber Sachverhalte, bei denen ein Mehr einer Größe ein Weniger der anderen Größe bewirkt (beziehungsweise ein Weniger ein Mehr) – und da hat man es mit einem „indirekt proportionalen" Dreisatz zu tun.

SO LÖSEN SIE INDIREKT PROPORTIONALE DREISATZAUFGABEN

2 Mechatroniker reparieren im Durchschnitt ein Auto in 60 Minuten. Wie viel Minuten brauchen 3 Mechatroniker im Durchschnitt für ein Auto? Klar, hier bedeutet ein Mehr auf der einen Seite ein Weniger auf der anderen Seite.

Zunächst die Darstellung:

$$\frac{2}{60} \quad \frac{3}{X}$$

Hier das Rechenschema:

$$X = \frac{\text{links oben x links unten}}{\text{rechts oben}}$$

Lösung: 3 Mechatroniker brauchen nur 40 Minuten.

Prüfen Sie also bei jeder Dreisatzaufgabe genau, ob die Verhältnisse direkt proportional oder indirekt proportional sind. Hierfür gibt es keine Methode, logisches Denken ist gefragt.

Und nun lösen Sie bitte die folgenden zehn Aufgaben.

1. In 3 Stunden fördert eine Pumpe 600 Liter Wasser. Wie viel Wasser fördert sie in 5 Stunden?

   ☐ a. 1000   ☐ b. 1100   ☐ c. 1150

2. 20 Meter Tuch kosten 120 Euro. Wie viel Euro kosten 35 Meter von diesem Tuch?

   □ a. 206   □ b. 208   □ c. 210

3. 24 Flaschen Mineralwasser kosten 18 Euro. Wie viel kosten 6 Flaschen?

   □ a. 3,80   □ b. 4,50   □ c. 6,20

4. 1000 Gramm Äpfel kosten 1,90 Euro. Wie teuer sind 1200 Gramm der gleichen Sorte?

   □ a. 2,28   □ b. 2,30   □ c. 2,45

5. Der Pkw A fährt 60 km/h und braucht für eine bestimmte Strecke 40 Minuten. Der Pkw B fährt 80 km/h. Wie viel Zeit in Minuten braucht er für dieselbe Strecke?

   □ a. 38   □ b. 32   □ c. 30

6. 8 Glühbirnen verbrauchen 600 Watt Strom. Wie viel Watt verbrauchen 12 Glühbirnen mit der gleichen Leistung?

   □ a. 800   □ b. 900   □ c. 1000

7. 12 Arbeitkräfte bauen in 7 Tagen 2 km Straße. Wie viele km schaffen 18 Arbeitskräfte in 7 Tagen?

   □ a. 3   □ b. 3,5   □ c. 4

8. Ein Metallstück mit einem Volumen von 40 cm^3 wiegt 380 Gramm. Wie viel wiegt dieses Metallstück, wenn es ein Volumen von 70 cm^3 hat?

   □ a. 665   □ b. 666   □ c. 670

9. Ein Sportverein plant mit 18 Mitgliedern Urlaub in einem Zeltlager und hat für 12 Tage Proviant eingekauft. Nun melden sich noch 6 weitere Mitglieder an. Wie lange reicht der Vorrat?

   □ a. 8   □ b. 9   □ c. 10

10 8 Frauen und Männer planen einen Segeltörn und haben für 12 Tage Wasser geladen. 2 Teilnehmer sagen ab. Wie lange reicht der Wasservorrat jetzt?

   □ a. 16   □ b. 17   □ c. 18

Lösung

1. a   1000 Liter

Lösungsweg: $X = \dfrac{600 \times 5}{3} = 1000$

2. c   210 Euro

Lösungsweg: $X = \dfrac{120 \times 35}{20} = 210$

3. b   4,50 Euro

Lösungsweg: $\dfrac{18 \times 6}{24} = 4,5$

4. a   2,28 Euro

Lösungsweg: $\dfrac{1,90 \times 1200}{1000} = 2,28$

5. c   30 Minuten

Lösungsweg: $\dfrac{60 \times 40}{80} = 30$ (indirekt proportional!)

6. b   900 Watt

Lösungsweg: $\dfrac{600 \times 12}{8} = 900$

7. a   3 km

Lösungsweg: $\dfrac{2 \times 18}{12} = 3$

8. a   665 Gramm

Lösungsweg: $\dfrac{380 \times 70}{40} = 665$

9. b   9 Tage

Lösungsweg: $\dfrac{18 \times 12}{24} = 9$ (indirekt proportional)

10. a   16 Tage

Lösungsweg: $= \dfrac{8 \times 12}{6} = 16$ (indirekt proportional)

Mit Prozenten rechnen

Eine kleine Erinnerung an die Schulzeit: Ein Prozent ist ein Hundertstel. Wenn man also wissen möchte, wie viel 1% von einer Zahl ist, muss man diese durch 100 teilen. Möchte man X% haben, so muss man die Zahl durch 100 teilen und mit X multiplizieren.

 GRUNDWERT, PROZENTSATZ UND PROZENTWERT

Aufgabe: Von 120 Kandidaten bestehen 60% einen Test. Wie viele Kandidaten kommen durch?

Zunächst muss man drei Begriffe kennen, um mit dem Prozentrechnen klarzukommen: Grundwert (G), Prozentwert (W) und Prozentsatz (p).

Der Grundwert ist die Zahl, die am Anfang gegeben ist, in diesem Beispiel die Zahl 120.

Der Prozentsatz ist die Zahl, die vor dem Prozentzeichen steht, hier die 60.

Der Prozentwert ist das Ergebnis der Prozentrechnung, nämlich 72.

Lösungsweg: 120 / 100 x 60 = 72

1% wären 1,2 Testsieger und damit sind 60% insgesamt 72, die es schaffen.

Und hier die Formeln zur Lösung der folgenden Testaufgaben:

W = G x p / 100

p = W / G x 100

G = W / p x 100

Prozente berechnen

1. Sie wollen sich ein Auto kaufen. Der Preis: 6.100 Euro. Der Händler bietet Ihnen einen Rabatt von 5% an. Wie viele Euro sparen Sie?

    ☐ a. 290   ☐ b. 300   ☐ c. 305

2. Beim Kauf einer Eigentumswohnung werden 20% angezahlt. Das sind 29.200 Euro. Wie hoch ist der Kaufpreis?

    ☐ a. 146.000   ☐ b. 147.000   ☐ c. 148.000

3. Ein Fußballverein hat 65 Mitglieder. 20% sind Jugendliche. Wie viele Jungendliche sind Mitglied im Verein?

    ☐ a. 11   ☐ b. 13   ☐ c. 15

4. Ein Hotel vermietet am Wochenende 72 Zimmer. Das sind 60% aller Zimmer. Über wie viele Zimmer verfügt das Hotel?

    ☐ a. 95   ☐ b. 110   ☐ c. 120

5. Ein Gemüsehändler verlangt für 2 Kilo Tomaten so viel, wie er für 5 Kilo bezahlt hat. Wie hoch ist sein Gewinn in %?

    ☐ a. 250   ☐ b. 280   ☐ c. 300

6. Von 40 Teilnehmern bestehen 25% diesen Test fehlerfrei. Wie viele Teilnehmer sind das?

    ☐ a. 10   ☐ b. 12   ☐ c. 14

7. Nach einer Mieterhöhung von 2% muss ein Mieter nun monatlich 489,60 Euro zahlen. Wie hoch war die Miete vor der Erhöhung?

    ☐ a. 470   ☐ b. 480   ☐ c. 510

8. Nach einer Preissenkung von 15% kostet ein Laserdrucker nur noch 153,00 Euro. Wie teuer war er vor der Preissenkung?

    ☐ a. 180   ☐ b. 185   ☐ c. 190

9. Ein Autohändler verlangt für 2 Autos, was er für 3 bezahlt hat. Wie viel Prozent Gewinn macht er pro Fahrzeug?

    ☐ a. fast 55   ☐ b. gut 60   ☐ c. gut 66

10. Eine Partei steigert bei einer Wahl ihren Stimmenanteil von 8 auf 16%. Wie viel Prozentpunkte macht das aus?

    ☐ a. 8   ☐ b. 100   ☐ c. 50

Lösung

1. c 305

Lösungsweg: W = 6.100 x 5 / 100 = 305

2. a 146.000

Lösungsweg: G = 29.200 / 20 x 100 = 146.00

3. b 13

Lösungsweg: W = 65 x 20 / 100

4. c 120

Lösungsweg: G = 72 / 60 x 100

5. a 250

Lösungsweg: P = 5000 / 2000 x 100 = 250

6. a 10

Lösungsweg: W = 40 x 25 / 100

7. b 480

Lösungsweg: G = 489,60 / 102 x 100 = 480 (neue Miete 102 % von G)

8. a 180

Lösungsweg: G = 153 / 85 x 100 = 180 (neuer Preis 85 % von G)

9. c 66,66

Lösungsweg: p = 2 / 3 x 100 = 66,6

10. a 8

Lösungsweg: Die Steigerung um 100 % macht 8 Prozentpunkte aus.

Grundlagen der Zinsrechnung

Es ist generell nicht von Nachteil, wenn man in der Lage ist, Zinsen zu berechnen. Andernfalls kann man schlecht beurteilen, ob zum Beispiel eine bestimmte Geldanlage vorteilhaft ist oder nicht. Als Bewerber/in beim Zoll (mD und gD) müssen Sie auf jeden Fall die Grundlagen der Zinsrechnung beherrschen. Die Zinsrechnung ist eine Anwendung der Prozentrechnung. Wer also von Prozentrechnung keine Ahnung hat, sollte sich erst einmal die einschlägigen Test- und Übungsbeispiele in diesem Buch ansehen. Zur Erinnerung: In der Prozentrechnung spielen die Begriffe Grundwert, Prozentsatz und Prozentwert eine entscheidende Rolle. In der Zinsrechnung wird mit den folgenden Begriffen gearbeitet:

- Grundwert (Prozentrechnung)　　= Kapital (Zinsrechnung)

- Prozentsatz (Prozentrechnung)　　= Zinssatz (Zinsrechnung)

- Prozentwert (Prozentrechnung)　　= Zinsen (Zinsrechnung)

Anmerkung: Deutsche Banken beziehen das Jahr mit 360 Tagen und den Monat mit 30 Tagen in Rechnungen ein.

SO BERECHNEN SIE JAHRESZINSEN

Ihre Bank verzinst Ihnen Ihr Guthaben von 2.600 Euro für einen Zeitraum von einem Jahr mit 3 %. Wie viel Zinsen erhalten Sie nach Ablauf des Jahres?

Formel

$$Z = \frac{K \times p}{100}$$

(Z = Zinsen, K = Kapital, p = Zinssatz)

Lösung

$$Z = \frac{2.600 \text{ Euro} \times 3}{100} = 78 \text{ Euro}$$

Manchmal möchte man sein Geld nur kurzfristig anlegen und dann muss man die Monatszinsen berechnen. Das geht wie folgt:

 SO BERECHNEN SIE MONATSZINSEN

Ihre Bank verzinst Ihnen Ihr Guthaben von 2.600 Euro mit 3 %. Wie viel Zinsen erhalten Sie nach 7 Monaten?

Formel

$$Z = \frac{K \times p \times m}{100 \times 12}$$

(Z = Zinsen, K = Kapital, p = Zinssatz, m = Zahl der Monate)

Lösung

$$Z = \frac{2.600 \text{ Euro} \times 3 \times 7}{100 \times 12} = 45,50 \text{ Euro}$$

Das ist noch nicht alles, denn es gibt ebenso Tagesgeldanbieter. Und da möchte man ja auch wissen, welches Angebot sich am besten rechnet.

 SO BERECHNEN SIE TAGESZINSEN

Ein Guthaben von 3.800 Euro wird für 70 Tage zu einem Zinssatz von 5 % festgelegt. Wie viel Zinsen fallen für diesen Zeitraum an?

Formel

$$Z = \frac{K \times p \times m}{100 \times 360}$$

(Z = Zinsen, K = Kapital, p = Zinssatz, t = Zahl der Tage)

Lösung

$$Z = \frac{3.800 \text{ Euro} \times 5 \times 70}{100 \times 360} = 36,94 \text{ Euro}$$

Zur Erinnerung: In Deutschland rechnen die Banken mit 360 Tagen für ein Jahr.

So, nun können Sie Zinsen berechnen. Manchmal möchte man aber auch den Zinssatz errechnen. Schauen Sie sich deshalb noch einmal die Formeln und die entsprechenden Beispiele für die Errechnung des Zinssatzes für ein Jahr, für Monate und für Tage an.

SO BERECHNEN SIE ZINSSÄTZE

Zinssatz für ein Jahr

$$p = \frac{Z \times 100}{K}$$

(p = Zinssatz, Z = Zinsen, K = Kapital)

Zinssatz für Monate

$$p = \frac{Z \times 1200}{K \times m}$$

(m = Monate)

Zinssatz für Tage

$$p = \frac{Z \times 36000}{K \times t}$$

(t = Tage)

Die bereits bekannten Formeln werden also nur umgestellt.

Sie haben 2.600 Euro für ein Jahr angelegt und 78 Euro Zinsen dafür erhalten. Wie hoch ist der Zinssatz?

$$p = \frac{78 \text{ Euro} \times 100}{2.600 \text{ Euro}} = 3$$

Und nun schauen Sie sich noch einmal an, wie man aus den Zinsen und dem bekannten Zinssatz das eingesetzte Kapital berechnen kann.

SO BERECHNEN SIE DAS KAPITAL

Formel für das Kapital/Jahr

$$K = \frac{Z \times 100}{p}$$

Formel für Kapital/Monat

$$K = \frac{Z \times 1200}{p \times m}$$

Formel für Kapital/Tag(e)

$$K = \frac{Z \times 36000}{p \times t}$$

Sie haben bei einem Zinssatz von 3 % für ein Jahr 78 Euro erhalten. Wie hoch war Ihr Kapitaleinsatz?

$$K = \frac{78 \text{ Euro} \times 100}{3} = 2.600 \text{ Euro}$$

Nachdem Sie dies alles verstanden haben, können Sie bei gegebenem Kapital, Zinsbetrag und Zinssatz auch den Zeitraum ausrechnen, für den jemand sein Geld angelegt haben muss.

 SO BERECHNEN SIE DEN ZEITRAUM DER GELDANLAGE

Formel Zeit/Monate

$$m = \frac{Z \times 1200}{K \times p}$$

Formel Zeit/Tage

$$t = \frac{Z \times 36000}{K \times p}$$

Ein Anleger hat für die Festlegung von 2.600 Euro bei einem Zinssatz von 3% 45,50 Euro Zinsen erzielt. Für wie viele Monate hat er sein Kapital angelegt?

$$M = \frac{45,50 \text{ Euro x } 1200}{2.600 \text{ Euro x } 3} = 7 \text{ Monate}$$

Anmerkung: Für die Berechnung der Jahreszinsen entfällt die Prozedur natürlich, da diese Formel nicht nach der Zeit umgestellt werden kann (siehe oben).

Zinsen berechnen

1. Ein Kapital von 18.500 Euro wird zu einem Zinssatz von 5,5% angelegt. Wie hoch ist der Zins nach 8 Monaten?

   ☐ a. 678,33 Euro   ☐ b. 778,33 Euro   ☐ c. 878,33 Euro

2. Ein Kapital von 180.000 Euro wird zu einem Zinssatz von 7% angelegt. Wie hoch ist der Zins nach 60 Tagen?

   ☐ a. 2.000 Euro   ☐ b. 2.100 Euro   ☐ c. 2.200 Euro

3. Das Haus der Familie Bachmann ist mit einer Hypothek belastet. Die Familie zahlt bei einem Zinssatz von 7,5% monatlich 630 Euro. Wie hoch ist die Hypothek?

   ☐ a. 10.800 Euro   ☐ b. 90.800 Euro   ☐ c. 100.800

4. Ein Sparer erhält für sein Kapital von 22.500 Euro bei einem Zinssatz von 5,5% insgesamt 825 Euro ausgezahlt. Wie lange war das Kapital angelegt?

   ☐ a. 8 Monate   ☐ b. 9 Monate   ☐ c. 1 Jahr

5. Herr Schmidt kauft ein Auto zum Preis von 12.700 Euro und lässt diese Summe vom Autohändler für ein Jahr finanzieren. Insgesamt hat er 13.081 Euro gezahlt. Wie hoch war der Zinssatz?

   ☐ a. 2%   ☐ b. 3%   ☐ c. 3,5%

6. Herr Bartel hat ein Kapital auf 2 Jahre zu 5% festgelegt. Wie hoch war das Kapital, wenn Herrn Bartel nach 2 Jahren 52.920 Euro ausgezahlt wurden?

   ☐ a. 32.000 Euro   ☐ b. 47.000 Euro   ☐ c. 48.000 Euro

7. Herr Bartel hat ein Kapital in Höhe von 8.500 Euro auf 4 Jahre zu 4%
   festgelegt. Wie viel Geld bekommt er nach 4 Jahren ausgezahlt?

   ☐ a. 9.943,79 Euro   ☐ b. 9.977,90 Euro   ☐ c. 10.088,33 Euro

8. Ein Kapital von 80.000 Euro wird zu einem Zinssatz von 6% angelegt.
   Wie hoch ist der Zins nach 18 Monaten?

   ☐ a. 7.100 Euro   ☐ b. 7.200 Euro   ☐ c. 7.300 Euro

9. Für einen Kredit in Höhe von 20.000 Euro mussten bei einem Zinssatz
   von 7% insgesamt 311,11 Euro an Zinsen gezahlt werden. Wie lang
   war die Laufzeit des Kredits?

   ☐ a. 60 Tage   ☐ b. 70 Tage   ☐ c. 80 Tage

10. Für ein Darlehen von 30.000 Euro müssen im Jahr 2.550 Euro an Zinsen gezahlt werden. Wie hoch ist der Zinssatz?

    ☐ a. 8,5%   ☐ b. 9%   ☐ c. 9,5%

Lösung

1. a   2. b   3. c   4. a   5. b   6. c   7. a
8. b.   9. c   10. a

Maße umrechnen

Beispiel

12 cm sind wie viele m?
☐ a. 0,12   ☐ b. 0,012   ☐ c. 0,0012

Als Bewerber/in beim Zoll müssen Sie Maßeinheiten umwandeln können.
Mit dem folgenden Test frischen Sie Ihre Kenntnisse auf.

1. 5,5 h sind wie viele min?

   ☐ a. 330   ☐ b. 340   ☐ c. 350

2. 8,8 kg sind wie viele g?

    ☐ a. 880   ☐ b. 8800   ☐ c. 88 000

3. 12 dm entsprechen wie vielen cm?

    ☐ a. 0,12   ☐ b. 1,2   ☐ c. 120

4. 7 ha sind wie viele m^2?

    ☐ a. 70 000   ☐ b. 7000   ☐ c. 700

5. 1 Meile (mile) entspricht wie vielen m?

    ☐ a. 1609,344   ☐ b. 2609,2   ☐ c. 3709,3

6. 1 Meile (mile) entspricht wie vielen km?

    ☐ a. 1,60934   ☐ b. 16,0934   ☐ c. 3,7093

7. 1 Seemeile (nautische Meile) entspricht wie vielen km?

    ☐ a. 1,252   ☐ b. 1,453   ☐ c. 1,85201

8. 1 Fuß (foot) entspricht wie vielen m?

    ☐ a. 0,2048   ☐ b. 0,3048   ☐ c. 0,4048

9. 1 Zoll (inch) entspricht wie vielen cm?

    ☐ a. 2,54   ☐ b. 12,54   ☐ c. 125,4

10. 1 Yard entspricht wie vielen m?

    ☐ a. 9,144   ☐ b. 0,9144   ☐ c. 0,09144

Lösung

1. a   2. b   3. c   4. a   5. a   6. a   7. c
8. b   9. a   10. b

Lineare Funktionen berechnen

Was ist eine lineare Funktion? Eine Funktion ist zunächst einmal eine Zuordnung. Durch eine festgelegte Regel wird einer Zahl eine andere Zahl zugeordnet. Und das ist gar nicht so kompliziert, wie manche meinen. Die Regel sagt nämlich, wie man die zugeordnete Zahl ausrechnen kann.

 REGEL FÜR LINEARE FUNKTIONEN

Funktionen werden meist in dieser Art angegeben: $f(x) = a_1x + a_0$

- Der Name der Funktion ist f.

- Das eingeklammerte x nach dem Funktionsnamen gibt an, mit welcher Variablen die Funktionsdefinition rechts vom Gleichheitszeichen arbeitet.

- Der Funktionsgraph einer linearen Funktion stellt immer eine Gerade dar.

- Beispiel für eine lineare Funktion: $f(x) = 0{,}70x^2 - 5x + 0{,}5$

Mit solch einer Funktionsgleichung können Sie berechnen, welche Zahlen einander zugeordnet werden. Setzen Sie eine Zahl für die Variable ein, und zwar überall dort, wo die Variable im Funktionsterm vorkommt. Dann berechnen Sie den Term, der jetzt nur noch aus Zahlen besteht, und erhalten so die zugeordnete Zahl, also den Funktionswert der eingesetzten Zahl. Der Funktionswert von x = 4 sei zum Beispiel:

$$0{,}70 \cdot 4^2 - 5 \cdot 4 + 0{,}5 = 0{,}70 \cdot 16 - 20 + 0{,}5 = 11{,}2 - 20 + 0{,}5 = -8{,}3$$

Man schreibt auch f(4) = –8,3. Der 4 wird durch die Funktion f der Funktionswert –8,3 zugeordnet. So kann man (bei dieser Funktion) für jede beliebige Zahl einen Funktionswert berechnen.

So entstehen Wertepaare zwischen eingesetzter und ausgerechneter Zahl. Mit diesen können Sie eine Wertetabelle erstellen und den Graphen der Funktion in ein Koordinatensystem zeichnen. Die eingesetzten Werte entsprechen der horizontalen Koordinate (Abszisse) und die ausgerechneten Funktionswerte der vertikalen Koordinate (Ordinate), also dem jeweiligen Abstand zur x-Achse. Jedem Wertepaar entspricht so ein Punkt im Koordinatensystem. Den oben berechneten Punkt (4/-8,3) tragen Sie ein, indem Sie vom Ursprung (Schnittpunkt der beiden Achsen) 4 Einheiten nach rechts und 8,3 Einheiten nach unten gehen.

Wenn Sie sich beim Zoll für den gehobenen Dienst (gD) bewerben, sollten Sie sich im Bedarfsfall noch etwas genauer mit den linearen Funktionen befassen. Frischen Sie Ihre Schulkenntnisse auf und es kann nichts schiefgehen.

Rechenbeispiel für lineare Funktionen

Die Telefongesellschaften A und B bieten für das gleiche Handy verschiedene Tarife an:

- Vertrag Gesellschaft A: 25 Euro monatliche Grundgebühr und jede angefangene Minute 0,05 Euro.

- Vertrag Gesellschaft B: 15 Euro Grundgebühr, dafür aber 0,11 Euro pro angefangene Minute.

Die Angebote der Gesellschaften werden in zwei mathematischen Gleichungen ausgedrückt:

A: $y = 0,05x + 25$ und B: $y = 0,11x + 15$ (x sind die abtelefonierten Minuten und y ist der zu zahlende Monatsbetrag.)

Um sich mathematische Klarheit über die Preiswürdigkeit der beiden Angebote zu verschaffen, setzt man die Gleichungen gleich. Wir nennen nun die Gleichung von A f(x) und die Gleichung von B g(x). Daraus folgt, dass f(x) = g(x) ist und so können wir die Gleichungen gleichsetzen und erhalten das Folgende:

$0,05x + 25 = 0,11x + 15$

$0,05x + 10 = 0,11x$

$10 = 0,06x$

$x = 166,66$

Anhand dieses Ergebnisses können wir y ausrechnen und nehmen dazu eine beliebige Gleichung, hier f(x):

$y = 0,05x + 25$; $y = 33,33$

Indem wir nun x und y ausgerechnet haben, wissen wir, wo sich diese zwei Geraden schneiden, nämlich im Schnittpunkt S (166,66|33,33). Dies ist aber nur hilfreich, wenn wir die Geraden zeichnen könnten. Für den nichtzeichnerischen Gebrauch sehen wir uns einfach die x- und y-Werte an: Wir wissen, dass bei beiden Anbietern 166,66 Minuten den gleichen Betrag von 33,33 Euro kosten würden. Die interessante Frage aber lautet: Wie sehen die Kosten aus, wenn man mehr oder weniger Minuten telefoniert?

1. Fall: Wir verbrauchen 200 Minuten, liegen also über 166,66.

Bei Anbieter A ergibt $y = 35$ (Euro)

Bei Anbieter B ist $y = 37$ (Euro)

Wir würden uns für Gesellschaft A entscheiden, wenn wir viel telefonieren.

2. Fall: Wir verbrauchen 100 Minuten und liegen damit unter 166,66.

Bei Anbieter A ist $y = 30$ (Euro)

Bei Anbieter B beträgt $y = 26$ (Euro)

Wer weniger telefoniert, hat bei der Gesellschaft B ein besseres Preis-Leistungs-Verhältnis.

Das ist nur ein Beispiel aus dem Alltag, wie Sie lineare Funktionen nutzen können.

Technisches Verständnis

Ohne moderne Technik sind Organisationen wie Polizei, Bundeswehr oder Zoll undenkbar und deshalb braucht man in vielen Verwendungen ein ausgeprägtes technisches Verständnis. Es folgen nun einige typische Testaufgaben, die Sie während der Eignungsprüfung mit einem Stift oder direkt am Computer lösen müssen.

Aufgabe 1

Wo würden Sie die Rolle platzieren, um die Kiste am leichtesten heben zu können?

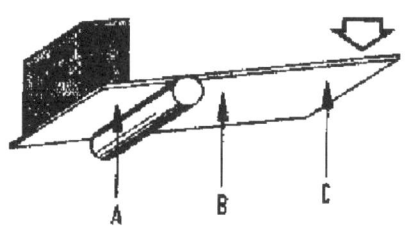

☐ a. Punkt A   ☐ b. Punkt B   ☐ c. Punkt C

Aufgabe 2

Die Waage soll im Gleichgewicht bleiben. Mit welcher Kraft muss das rechts außen angebrachte Gewicht ziehen, wenn die Gewichte von links nach rechts 5, 2 und 1 N schwer sind?

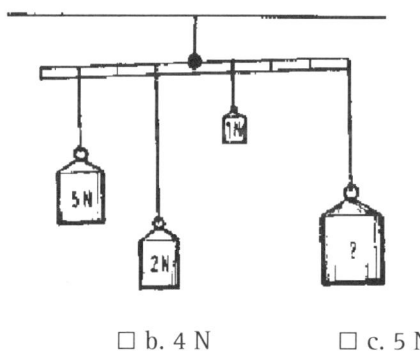

☐ a. 3 N   ☐ b. 4 N   ☐ c. 5 N

Aufgabe 3

Geben die eingezeichneten Pfeile die richtige Drehrichtung an?

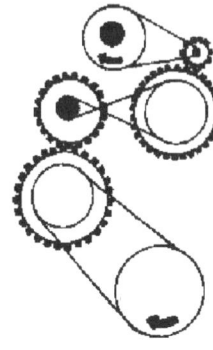

☐ a. falsch   ☐ b. richtig

Aufgabe 4

Geben die beiden eingezeichneten Pfeile in dieser Konstruktion die richtige Richtung an?

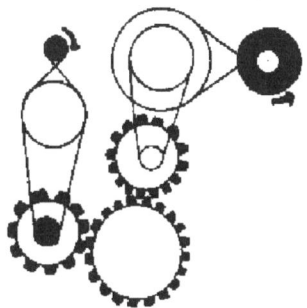

☐ a. falsch   ☐ b. richtig

Aufgabe 5

Welche Kraft muss hier auf den dritten Kolben wirken, damit alle 3 Kolben im Gleichgewicht bleiben?

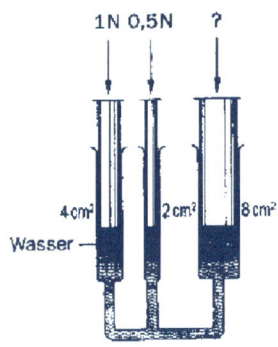

☐ a. 2 N   ☐ b. 3 N   ☐ c. 4 N

Aufgabe 6

Der abgebildete Glaskörper hat einen Bleisockel. Fällt der Körper um, wenn er nicht festgehalten wird?

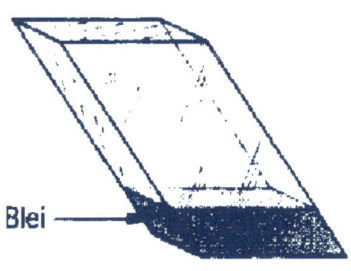

☐ a. nein   ☐ b. ja   ☐ c. hängt vom Glas ab

Aufgabe 7

Geben die eingezeichneten Pfeile die richtige Drehrichtung an?

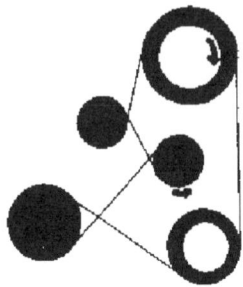

☐ a. nein   ☐ b. ja

Lösung

Aufgabe 1: a   Aufgabe 2: b   Aufgabe 3: a   Aufgabe 4: a

Aufgabe 5: a   Aufgabe 6: a   Aufgabe 7: a

Beziehungen zwischen Wörtern erkennen

Beispiel

„Schiff" verhält sich zu „Pirat" wie „Wild" zu „...". Welcher Begriff passt logischerweise am besten: „Wilderer", „Gewehr" oder „Freibeuter"?

Beim Wortbeziehungstest geht es um das Erkennen von Analogien. Erfasst werden mit diesem Verfahren die Klarheit, Folgerichtigkeit und Beweglichkeit im Denken. Wenn Sie durch Übung das Prinzip erst einmal richtig drauf haben, kann bei diesem Test nichts schiefgehen. (Bei dem obigen Beispiel ist natürlich „Wilderer" richtig.) Hier weitere Übungsbeispiele. Welcher Begriff gehört jeweils zum Fragezeichen?

1. Baum : Blatt
    Haus : ?
    ☐ a. Dach   ☐ b. Keller   ☐ c. Schornstein

2. Auto : Lenkrad
    Pferd : ?
    ☐ a. Hufeisen   ☐ b. Zügel   ☐ c. Sattel

3. Mehl : Brot
    Fleisch : ?
    ☐ a. Tier   ☐ b. Fett   ☐ c. Bratwurst

4. Gemüse : Erbse
    Getreide : ?
    ☐ a. Gerste   ☐ b. Hopfen   ☐ c. Mehl

5. Computer : Chip
    Mensch : ?
    ☐ a. Herz   ☐ b. Gehirn   ☐ c. Muskeln

6. leicht : schwer
    kurz : ?
    ☐ a. breit   ☐ b. hoch   ☐ c. lang

7. Jacke : Ärmel
    Schuh : ?
    ☐ a. Spann   ☐ b. Sohle   ☐ c. Schuster

8. Gold : Armband
    Zinn : ?
    ☐ a. Becher   ☐ b. Zink   ☐ c. Handwerk

9. Säugetier : Katze
    Gewürz : ?
    ☐ a. Speisen   ☐ b. Händler   ☐ c. Pfeffer

10. Musik : Jazz

    Sport : ?

    ☐ a. Training   ☐ b. Fußball   ☐ c. Freizeit

11. Topf : Deckel

    Flasche : ?

    ☐ a. Korken   ☐ b. Inhalt   ☐ c. Glas

12. Papier : Zeitung

    Glas : ?

    ☐ a. Scherben   ☐ b. Fenster   ☐ c. Glaser

13. Werkzeug : Hammer

    Fahrzeug : ?

    ☐ a. Räder   ☐ b. Transport   ☐ c. Lastwagen

14. Menu : Vorspeise

    Persönlichkeit : ?

    ☐ a. Eignung   ☐ b. Fähigkeit   ☐ c. Empathie

15. Quelle : Mündung

    Anfang : ?

    ☐ a. Problem   ☐ b. Ende   ☐ c. Erfolg

16. Schule : Bildung

    Krankenhaus : ?

    ☐ a. Gesundheit   ☐ b. Operation   ☐ c. Krankheit

17. Pistole : Patrone

    Katapult : ?

    ☐ a. Mauer   ☐ b. Zerstörung   ☐ c. Stein

18. konzentriert : unkonzentriert

    wach : ?

    ☐ a. intelligent   ☐ b. müde   ☐ c. gleichgültig

19. Bewerbung : Absage

    Flirt : ?

    ☐ a. Korb   ☐ b. Kiste   ☐ c. Kanister

20. intelligent : einfältig

    fleißig :

    ☐ a. langsam   ☐ b. überlegt   ☐ c. faul

Lösung

1. a	2. b	3. c	4. a	5. b	6. c	7. b
8. a	9. c	10. b	11. a	12. b	13. c	14. c
15. b	16. a.	17. c	18. b	19. a	20. c	

Sätze ergänzen

Bei Polizei, Bundeswehr und Zoll werden Nachwuchskräfte gesucht, deren Denken und Handeln pragmatisch ausgerichtet ist. Insbesondere die Vollzugsbeamten bei Polizei und Zoll sowie Soldaten im Gefecht müssen prekäre Situationen schnell richtig beurteilen (Lagebeurteilung) und Maßnahmen treffen, die sich streng an der Wirklichkeit orientieren.

Mit dem folgenden Test wird versucht, das sprachliche Urteilsvermögen von Probanden zu erfassen und daraus Rückschlüsse auf das Verhalten in realen Situationen zu ziehen.

Beispiel

Ein guter Marathonläufer ist vor allem ...?

☐ a. intelligent   ☐ b. geschickt   ☐ c. belastbar

Entscheiden Sie sich für die Eigenschaft, die der Wirklichkeit am nächsten kommt. Natürlich können Marathonläufer intelligent, geschickt und belastbar sein, aber ein typisches Merkmal ist sicher die Belastbarkeit.

Und nun lösen Sie bitte den folgenden Test in zehn Minuten.

1. Zum 5000-Meter-Lauf braucht man vor allem

   ☐ a. Begeisterung   ☐ b. Kondition   ☐ c. Zielorientierung

2. Wer Zivilcourage zeigt, ist unter anderem

   ☐ a. abenteuerlustig ☐ b. klug   ☐ c. mutig

3. Ohne Sicherheit gibt es keine

   ☐ a. Freiheit   ☐ b. Freundschaft   ☐ c. Solidarität

4. Geschwindigkeitsbeschränkungen dienen der

   ☐ a. Kontrolle   ☐ b. Sicherheit   ☐ c. Staatskasse

5. Wer Aktien kauft, ist

   ☐ a. risikobereit   ☐ b. geldgierig   ☐ c. clever

6. Das Gegenteil von Unterdrückung ist

   ☐ a. Ermutigung   ☐ b. Erfolg   ☐ c. Freiheit

7. Gute Manieren haben immer etwas zu tun mit

   ☐ a. Regeln   ☐ b. Achtung   ☐ c. Demut

8. Zum Skifahren braucht man vor allem

   ☐ a. Mut   ☐ b. Tempo   ☐ c. Körperbeherrschung

9. Körperliche Fitness erreicht man am ehesten durch

   ☐ a. Training   ☐ b. Muskeln   ☐ c. Jogging

10. Ein See hat immer ein/e

    ☐ a. Untiefe   ☐ b. Delta   ☐ c. Ufer

11. Das Grundgesetz der Bundesrepublik Deutschland ist ein/e

    ☐ a. Regelwerk   ☐ b. Ideologie   ☐ c. Vermächtnis

12. Zu einem Bild gehört immer ein/e

    ☐ a. Farbe   ☐ b. Rahmen   ☐ c. Motiv

13. Die wichtigste Grundlage der Naturwissenschaften ist die
☐ a. Mathematik ☐ b. Biologie ☐ c. Physik

14. „Der Zweck heiligt die Mittel." Diese Aussage ist
☐ a. richtig ☐ b. fragwürdig ☐ c. realistisch

15. Nikotin ist
☐ a. tödlich ☐ b. gefährlich ☐ c. aufmunternd

16. Zum Erfolg gehört/gehören vor allem
☐ a. Glück ☐ b. Beziehungen ☐ c. Fleiß

17. Die klassische Glühbirne erzeugt vor allem
☐ a. Wärme ☐ b. Licht ☐ c. Verschleiß

18. Einen Konflikt reguliert man am besten durch
☐ a. Macht ☐ b. Geduld ☐ c. Kommunikation

19. Der Anteil der Meere und Seen an der Oberfläche der Erde beträgt
☐ a. ca. 50% ☐ b. ca. 60% ☐ c. ca. 70%

20. Pflanzen produzieren
☐ a. CO_2 ☐ b. Osmose ☐ c. Chlorophyll

Lösung

1. b	2. c	3. a	4. b	5. a	6. c	7. a
8. c	9. a	10. c	11. a	12. c	13. a	14. b
15. b	16. c	17. a	18. c	19. c	20. a	

Sprachgefühl

Aufgaben bei Polizei, Bundeswehr und Zoll erfordern eine ausgeprägte kommunikative Kompetenz. Immerhin geht es im Berufsalltag oft um Auseinandersetzungen mit „schwierigen" Personengruppen, die zunächst einmal gütlich und damit verbal gelöst werden sollen. Erst wenn das nicht hilft, ist gegebenenfalls die Anwendung von Gewalt angezeigt. Vollzugsbeamte brauchen also ein gutes Sprachgefühl, um den richtigen Ton zu treffen und nicht durch eine falsche Wortwahl die Situation zu eskalieren.

Hier nun ein Testbeispiel. Schauen Sie sich bitte die folgenden vier Wörter an. Kreuzen Sie das Wort an, das nicht zu den anderen drei Wörtern passt.

Beispiel

☐ a. Birne   ☐ b. Apfel   ☐ c. Pfirsich   ☐ d. Erdbeere

Die Lösung? Na klar, Sie kreuzen die Erdbeere an, denn die passt nicht zu den anderen Obstsorten.

Und nun geht es los. Versuchen Sie die folgenden 30 Aufgaben in 15 Minuten zu lösen.

1. ☐ a. Korb   ☐ b. Tüte   ☐ c. Netz   ☐ d. Deckel

2. ☐ a. Haus   ☐ b. Scheune   ☐ c. Silo   ☐ d. Balken

3. ☐ a. Fahrgast   ☐ b. Flugzeug   ☐ c. Schiff   ☐ d. Auto

4. ☐ a. Aal   ☐ b. Hecht   ☐ c. Dorsch   ☐ d. Angler

5. ☐ a. Kirche   ☐ b. Tempel   ☐ c. Hochhaus   ☐ d. Moschee

6. ☐ a. Lampe   ☐ b. Glühbirne   ☐ c. Strom   ☐ d. Kerze

7. ☐ a. Pfeffer   ☐ b. Thymian   ☐ c. Majoran   ☐ d. Gewürz

8. ☐ a. Tanne   ☐ b. Erle   ☐ c. Birke   ☐ d. Ginkgo

9. ☐ a. Eisen   ☐ b. Metall   ☐ c. Kupfer   ☐ d. Zink

10. ☐ a. Käse   ☐ b. Quark   ☐ c. Eier   ☐ d. Butter

11. ☐ a. Tisch   ☐ b. Hocker   ☐ c. Stuhl   ☐ d. Sessel

12. ☐ a. Kafka   ☐ b. Picasso   ☐ c. Schiller   ☐ d. Hesse

13. ☐ a. Turm   ☐ b. Brücke   ☐ c. Beton   ☐ d. Haus

14. ☐ a. Banane   ☐ b. Apfel   ☐ c. Zitrone   ☐ d. Limone

15. ☐ a. Sahara ☐ b. Europa ☐ c. Afrika ☐ d. Asien

16. ☐ a. Wien ☐ b. London ☐ c. Paris ☐ d. Großstadt

17. ☐ a. Viper ☐ b. Kobra ☐ c. Natter ☐ d. Blindschleiche

18. ☐ a. Schraube ☐ b. Zange ☐ c. Nagel ☐ d. Heftzwecke

19. ☐ a. Autor ☐ b. Zeitung ☐ c. Buch ☐ d. Zeitschrift

20. ☐ a. Tennis ☐ b. Fußball ☐ c. Reiten ☐ d. Badminton

21. ☐ a. Chemiker ☐ b. Philologe ☐ c. Physiker ☐ d. Biologe

22. ☐ a. Elbe ☐ b. Weser ☐ c. Rhein ☐ d. Donau

23. ☐ a. Tanne ☐ b. Lärche ☐ c. Kiefer ☐ d. Eibe

24. ☐ a. Angst ☐ b. Stolz ☐ c. Erfolg ☐ d. Freude

25. ☐ a. Waage ☐ b. Zollstock ☐ c. Gewicht ☐ d. Tachometer

26. ☐ a. Gold ☐ b. Euro ☐ c. Dollar ☐ d. Yen

27. ☐ a. Wetter ☐ b. Sturm ☐ c. Hagel ☐ d. Schnee

28. ☐ a. Fluss ☐ b. Bach ☐ c. See ☐ d. Strom

29. ☐ a. Hügel ☐ b. Berg ☐ c. Marsch ☐ d. Gebirge

30. ☐ a. Geige ☐ b. Gitarre ☐ c. Flöte ☐ d. Harfe

Lösung

1. d 2. d 3. a 4. d 5. c 6. c 7. d
8. a 9. b 10. c 11. a 12. b 13. c 14. b
15. a 16. d 17. d 18. b 19. a 20. c 21. b
22. d 23. b 24. c 25. c 26. a 27. a 28. c
29. c 30. c

Logisch schlussfolgern

Hier geht es um logisches Denken in seiner strengsten Form, denn Sie müssen Syllogismen beurteilen. Dabei gilt: Ist der Schlusssatz logisch richtig und sind die Vordersätze wahr, so ist auch der Schlusssatz wahr. Das hört sich ziemlich verquer an, erschließt sich aber mit dem folgenden Beispiel.

Beispiel

Ein Syllogismus ist eine „Redefigur", die wie folgt aufgebaut ist:

1. Vordersatz: „Alle Menschen sind sterblich."

2. Vordersatz: „Sokrates ist ein Mensch."

Schlusssatz: „Also ist Sokrates sterblich."

Dies ist der bekannteste Syllogismus der Menschheitsgeschichte.

Lesen Sie bitte die nachstehenden Sätze (Syllogismen) durch und kreuzen Sie an, ob die Aussagen „wahr" oder „unwahr" sind. Die Alternative „kommt drauf an" bedeutet, dass die Schlussfolgerung nicht zwingend ist.

1. Wenn alle Hunde Tiere sind

    und kein Mensch ein Tier ist,

    dann ist kein Mensch ein Hund.

    ☐ a. wahr   ☐ b. unwahr   ☐ c. kommt drauf an

2. Wenn alle Gauner Rechtsbrecher sind

    und alle Schwindler Rechtsbrecher sind,

    dann sind alle Gauner bestimmt Schwindler.

    ☐ a. wahr   ☐ b. unwahr   ☐ c. kommt drauf an

3. Wenn alle Phlegmatiker Tüftler sind

    und kein Choleriker Tüftler ist,

    dann sind einige Phlegmatiker Choleriker.

    ☐ a. wahr   ☐ b. unwahr   ☐ c. kommt drauf an

4. Wenn kein Mathematiker Geisteswissenschaftler ist,
   und alle Germanisten Geisteswissenschaftler sind,
   dann gibt es bestimmt keine Mathematiker, die Germanisten sind.
   ☐ a. wahr   ☐ b. unwahr   ☐ c. kommt drauf an

5. Wenn alle erfolgreichen Menschen belastbar sind,
   und wenn alle belastbaren Menschen gute Sportler sind,
   dann sind erfolgreiche Menschen gute Sportler.
   ☐ a. wahr   ☐ b. unwahr   ☐ c. kommt drauf an

6. Wenn Vollzugsbeamte loyal sind
   und wenn alle loyalen Menschen zuverlässig sind
   dann sind Vollzugsbeamte zuverlässig.
   ☐ a. wahr   ☐ b. unwahr   ☐ c. kommt drauf an

7. Wenn nur wenige Sportler faul sind
   aber alle Sportler diszipliniert sind
   dann gibt es keine Faulen, die diszipliniert sind.
   ☐ a. wahr   ☐ b. unwahr   ☐ c. kommt drauf an

8. Wenn kein Tätowierter eine Uniform trägt
   aber alle Polizeibeamten eine Uniform tragen
   dann ist kein Polizeibeamter tätowiert.
   ☐ a. wahr   ☐ b. unwahr   ☐ c. kommt drauf an

9. Wenn alle Soldaten eine Uniform tragen,
   und wenn alle Soldaten Beamte sind
   dann gibt es Uniformträger, die Beamte sind.
   ☐ a. wahr   ☐ b. unwahr   ☐ c. kommt drauf an

10. Wenn alle Querulanten Simulanten sind,
    aber kein Bewerber ein Simulant ist,
    dann gibt es nur wenige Bewerber, die Querulanten sind.
    ☐ a. wahr   ☐ b. unwahr   ☐ c. kommt drauf an

Lösung

1. a   2. c   3. b   4. a   5. a   6. a   7. b

8. a   9. a   10. b

Wer mit diesem Test Schwierigkeiten hatte, mag jetzt noch einmal ins Detail gehen. Andernfalls widmen Sie sich den nächsten Aufgaben.

 SYLLOGISMEN BEURTEILEN

Falls Sie in Ihrer Schulzeit mit Allmengen (alle), Teilmengen (einige, wenige, mindestens einer) und Nullmengen (kein/e/r) gequält wurden, dürften Sie mit den Syllogismen keine großen Probleme haben. Hier am Beispiel demonstriert, wie es geht:

- Wenn alle Menschen sterblich sind (Allmenge der Sterblichen) und

- Sokrates ein Mensch ist (Teilmenge der Sterblichen),

- dann ist Sokrates sterblich.

Die Schlussfolgerung ist völlig logisch und richtig. Schauen Sie sich vor diesem Hintergrund alle Syllogismen noch einmal an und stellen Sie das Ganze grafisch (mit Kreisen) dar.

Rechtschreibleistung

Sind Sie ein „vielversprechender" oder ein „viel versprechender" Bewerber? Das müssen Sie unter anderem in einem Rechtschreibtest zeigen. Dieser Test ist vielen Kandidaten ein Gräuel – oder muss es „Greuel" heißen? Die Rechtschreibreform hat den Angstmacher unter den zeitgenössischen Auswahlverfahren für viele Kandidaten noch bedrohlicher gemacht.

Aber Orthografie (Orthographie) ist nun einmal wichtig, weil die Arbeit bei Polizei, Bundeswehr und Zoll viele schriftliche Kommunikationsaufgaben umfasst – und da müssen die Repräsentanten des Staates vorbildlich und in der Aussage eindeutig sein. Eine schludrige Sprache wirkt nicht gerade vertrauenerweckend. Oder ist „ Vertrauen erweckend" richtig? Nun, es geht beides. Der „Duden" als Autorität in Sachen Rechtschreibung empfiehlt die Schreibweise „vertrauenerweckend".

NEHMEN SIE DEN NEUESTEN „DUDEN" ZUR HAND

Auch wenn es spannendere Lektüre gibt: Lesen Sie das Kapitel zur Rechtschreibung und Zeichensetzung im „Duden" und auch den Anhang „Die amtliche Regelung der deutschen Rechtschreibung". Sie finden viele Beispiele und werden sich danach bei der Beurteilung der Schreibweise vieler Wörter sicherer fühlen.

Und nun schauen Sie einmal, wo Sie in Sachen Deutschkenntnisse stehen. Bitte kreuzen Sie die richtige Schreibweise an.

1. ☐ a. Krohne ☐ b. Krone ☐ c. Kroone

2. ☐ a. Homöopathie ☐ b. Homoöpathie ☐ c. Homöopatie

3. ☐ a. ergibig ☐ b. ergiebik ☐ c. ergiebig

4. ☐ a. Elektronick ☐ b. Elektronik ☐ c. Elektronig

5. ☐ a. Elipse ☐ b. Ellipse ☐ c. Ellypse

6. ☐ a. Annalyse ☐ b. Analyse ☐ c. Analüse

7. ☐ a. Analfabet ☐ b. Analphabet ☐ c. Analpabeht

8. ☐ a. Ettikette ☐ b. Ethikette ☐ c. Etikette

9. ☐ a. Kapital ☐ b. Kappital ☐ c. Kapithal

10. ☐ a. Koge ☐ b. Kogge ☐ c. Kohge

11. ☐ a. korigieren ☐ b. korrigiren ☐ c. korrigieren

12. ☐ a. Koryphäe ☐ b. Korriphäe ☐ c. Koriphäe

13. ☐ a. karriert ☐ b. kariert ☐ c. karihrt

14. ☐ a. Längsaxe ☐ b. Längstachse ☐ c. Längsachse

15. ☐ a. Patrone ☐ b. Pattrone ☐ c. Patrohne

16. ☐ a. Redaktör ☐ b. Redakteur ☐ c. Reddakteur

17. ☐ a. Schlamassel ☐ b. Schlamaßel ☐ c. Schlammassel

18. ☐ a. Schülerlotze ☐ b. Schülerlotse ☐ c. Schülerlohtse

19. ☐ a. solide ☐ b. sollide ☐ c. soliede

20. ☐ a. Tyrrann ☐ b. Thyrann ☐ c. Tyrann

21. ☐ a. Himmbeere ☐ b. Himbehre ☐ c. Himbeere

22. ☐ a. Matratze ☐ b. Madratze ☐ c. Matradse

23. ☐ a. Haar ☐ b. Hahr ☐ c. Har

24. ☐ a. Millarde ☐ b. Milliarde ☐ c. Miliarde

25. ☐ a. Brötchen ☐ b. Brödchen ☐ c. Bröhtchen

26. ☐ a. Millieu ☐ b. Milieu ☐ c. Milieux

27. ☐ a. Niveau ☐ b. Niveaux ☐ c. Nivos

28. ☐ a. Kecks ☐ b. Keks ☐ c. Kex

29. ☐ a. Naßrasur ☐ b. nass Rasur ☐ c. Nassrasur

30. ☐ a. nasskalt ☐ b. naßkalt ☐ c. nass kalt

31. ☐ a. Pottsdam ☐ b. Potzdamm ☐ c. Potsdam

32. ☐ a. Thüringen ☐ b. Tühringen ☐ c. Thühringen

33. ☐ a. Tagsüber ☐ b. tagsüber ☐ c. tags über

34. ☐ a. zufuß gehen ☐ b. zufußgehen ☐ c. zu Fuß gehen

35. ☐ a. Geweih	☐ b. Gewei	☐ c. Gewaih
36. ☐ a. Blühte	☐ b. Blüte	☐ c. Blüthe
37. ☐ a. Darlehen	☐ b. Dahrlehn	☐ c. Dahrlehen
38. ☐ a. Kanibale	☐ b. Kannibale	☐ c. Kannibahle
39. ☐ a. Fassade	☐ b. Fasade	☐ c. Fassahde
40. ☐ a. emfehlen	☐ b. empfehlen	☐ c. empfelen
41. ☐ a. Kritik	☐ b. Kritiek	☐ c. Kritick
42. ☐ a. Reuma	☐ b. Rheuma	☐ c. Rhäuma
43. ☐ a. Allee	☐ b. Alee	☐ c. Alleh
44. ☐ a. leid tun	☐ b. leidtun	☐ c. leittun
45. ☐ a. Batterie	☐ b. Baterie	☐ c. Batteri
46. ☐ a. Gramatik	☐ b. Grammatik	☐ c. Gramatick
47. ☐ a. marschieren	☐ b. maschieren	☐ c. marschiehren
48. ☐ a. Briese	☐ b. Brise	☐ c. Brihse
49. ☐ a. Struktuhr	☐ b. Strucktur	☐ c. Struktur
50. ☐ a. Manöver	☐ b. Mannöver	☐ c. Manöwer

Lösung (aktueller „Duden", 24. Auflage)

1. b. Krone	2. a. Homöopathie	3. c. ergiebig
4. b. Elektronik	5. b. Ellipse	6. b. Analyse
7. b. Analphabet	8. c. Etikette	9. a. Kapital
10. b. Kogge	11. c. korrigieren	12. a. Koryphäe
13. b. kariert	14. c. Längsachse	15. a. Patrone
16. b. Redakteur	17. a. Schlamassel	18. b. Schülerlotse

19. a. solide	20. c. Tyrann	21. c. Himbeere
22. a. Matratze	23. a. Haar	24. b. Milliarde
25. a. Brötchen	26. b. Milieu	27. a. Niveau
28. b. Keks	29. c. Nassrasur	30. a. nasskalt
31. c. Potsdam	32. a. Thüringen	33. b. tagsüber
34. c. zu Fuß gehen	35. a. Geweih	36. b. Blüte
37. a. Darlehen	38. b. Kannibale	39. a. Fassade
40. b. empfehlen	41. a. Kritik	42. b. Rheuma
43. a. Allee	44. b. leidtun	45. a. Batterie
46. b. Grammatik	47. a. marschieren	48. b. Brise
49. c. Struktur	50. a. Manöver	

Fremdwörter verstehen

Was bedeuten die folgenden Fremdwörter? Bitte kreuzen Sie eine Alternative an.

1. priorisieren
   - ☐ a. nach Wichtigkeit anordnen
   - ☐ b. befördern
   - ☐ c. hervorheben
   - ☐ d. unterstreichen

2. sistieren
   - ☐ a. Beistand leisten
   - ☐ b. jemanden zur Feststellung der Personalien festnehmen
   - ☐ c. eine Sitzblockade organisieren
   - ☐ d. rechtskräftig verurteilen

3. konvertieren
   - ☐ a. sich angeregt unterhalten
   - ☐ b. kontrovers diskutieren
   - ☐ c. den Glauben wechseln
   - ☐ d. eine Legierung herstellen

4. generalisieren
   - ☐ a. allen zugänglich machen
   - ☐ b. vergesellschaften
   - ☐ c. vereinfachen
   - ☐ d. verallgemeinern

5. Kontext
   - ☐ a. Zusammenhang
   - ☐ b. Wechselwirkungen
   - ☐ c. Abhängigkeit
   - ☐ d. Anhang

6. Relevanz
   - ☐ a. Angeberei
   - ☐ b. Wichtigkeit
   - ☐ c. Notwendigkeit
   - ☐ d. Zwang

7. Koinzidenz
   - ☐ a. Vertraulichkeit
   - ☐ b. vertragliche Vereinbarung
   - ☐ c. Zusammentreffen von Ereignissen
   - ☐ d. Zufall

8. Kollateralschaden
   - ☐ a. nicht von der Versicherung gedeckter Schaden
   - ☐ b. Schaden durch Naturereignisse

☐ c. Bagatellschaden bei militärischen Einsätzen

☐ d. bei militärischen Einsätzen nicht beabsichtigter Schaden

9. Liaison

   ☐ a. Verbindung

   ☐ b. Intrige

   ☐ c. Insidergeschäft

   ☐ d. chemische Reaktion

10. Koalition

   ☐ a. Verband

   ☐ b. Bündnis

   ☐ c. Verein

   ☐ d. Gesellschaft

11. Identität

   ☐ a. Staatsbürger

   ☐ b. Personalnummer

   ☐ c. Unverwechselbarkeit

   ☐ d. Nationalbewusstsein

12. legal

   ☐ a. gerecht

   ☐ b. ordnungsgemäß

   ☐ c. politisch korrekt

   ☐ d. gesetzmäßig

13. Konstante

   ☐ a. stabile mathematische Größe

   ☐ b. Variable

   ☐ c. belastbare Zahl

   ☐ d. instabile Größe

14. eskalieren
    - ☐ a. beruflich aufsteigen
    - ☐ b. stufenweise steigern
    - ☐ c. jemanden befördern
    - ☐ d. eine Treppe besteigen

15. deeskalieren
    - ☐ a. beruflich absteigen
    - ☐ b. degradieren
    - ☐ c. stufenweise abschwächen
    - ☐ d. eine Treppe hinuntersteigen

16. Exekutive
    - ☐ a. Machbarkeit
    - ☐ b. Gerichtsbarkeit
    - ☐ c. gesetzgebende Gewalt
    - ☐ d. vollziehende Gewalt

17. stringent
    - ☐ a. zwingend
    - ☐ b. einfach
    - ☐ c. großartig
    - ☐ d. versöhnlich

18. Affinität
    - ☐ a. Zuneigung
    - ☐ b. Ähnlichkeit
    - ☐ c. Freundschaft
    - ☐ d. Nachbarschaft

19. Evaluation
    - ☐ a. Entwicklung
    - ☐ b. Entartung

☐ c. Bewertung

☐ d. Entwarnung

20. Berufsethik

☐ a. für einen Beruf typische Belastungen

☐ b. für einen Beruf typische Risiken

☐ c. für einen Beruf unverzichtbare Anforderungen

☐ d. für einen Beruf geltende moralische Grundsätze

21. Kombattant

☐ a. Selbstmordattentäter

☐ b. Partisan

☐ c. offizieller Kriegsteilnehmer

☐ d. mutiger Soldat

22. Zivilcourage

☐ a. mutiges Auftreten gegenüber Ordnungshütern

☐ b. mutige und uneigennützige Verteidigung sozialer Werte

☐ c. hohe Risikobereitschaft

☐ d. unverantwortliches Draufgängertum

23. legitim

☐ a. vom Rechtsempfinden her gerechtfertigt

☐ b. auf Gesetzen basierend

☐ c. durch Erbanlagen bedingt

☐ d. sich auf das Gewohnheitsrecht stützend

24. Bodymaßindex (BMI)

☐ a. der BMI setzt Körpermasse und Körpergröße in ein Verhältnis

☐ b. der BMI setzt Alter und Körpermasse in ein Verhältnis

☐ c. der BMI beschreibt die Ausprägung der Muskulatur

☐ d. der BMI gilt nur für Frauen

25. kognitiv
☐ a. die Wahrnehmung betreffend
☐ b. die Erkenntnis betreffend
☐ c. die Vorhersagen betreffend
☐ d. den Irrtum betreffend

26. Assessment
☐ a. Beförderung
☐ b. Bestrafung
☐ c. Beurteilung
☐ d. Verurteilung

27. Embargo
☐ a. Ausfuhrverbot
☐ b. Strafzoll
☐ c. Schmuggel
☐ d. Zollkontrolle

28. Subventionsbetrug
☐ a. Missbrauch öffentlicher Mittel
☐ b. Produktpiraterie
☐ c. Bestechung
☐ d. Geldwäsche

29. Plagiat
☐ a. Bilderfälschung
☐ b. Raubkopien
☐ c. Diebstahl geistigen Eigentums
☐ d. Diebstahl von beweglichen Gütern

30. reüssieren
☐ a. Erfolg haben
☐ b. Pech haben

☐ c. Unterstützung haben

☐ d. Protektion haben

Lösung

1. a	2. b	3. c	4. d	5. a	6. b	7. c
8. d	9. a	10. b	11. c	12. d	13. a	14. b
15. c	16. d	17. a	18. b	19. c	20. d	21. c
22. b	23. a	24. a	25. b	26. c	27. a	28. a
29. c	30. a					

Wörter umwandeln

Beispiele

fiel   fallen

lief   laufen

Finden Sie nun zu den folgenden zehn Wörtern das passende Präsens.

1. ging   ?

2. warf   ?

3. rief   ?

4. pfiff   ?

5. las   ?

6. griff   ?

7. nahm   ?

8. schwamm   ?

9. kroch   ?
10. roch   ?

Lösung

1.	gehen	2.	werfen	3.	rufen	4.	pfeifen
5.	lesen	6.	greifen	7.	nehmen	8.	schwimmen
9.	kriechen	10.	riechen				

Lückendiktat

Das Lückendiktat wird in der Regel am Computer durchgeführt. Sie hören einen Text und müssen in der Ihnen vorliegenden Variante (ca. eine Seite) die entsprechenden Lücken ausfüllen. Etwa so:

Mit Witzen ist nicht immer zu _____ (spaßen? spassen?). Sagt der Malermeister zu seinem Auszubildenden: „Mir ist _____ (Angst? angst?), _____ (das? dass?) wir nicht bis _____ (Dienstag Abend? Dienstagabend?) fertig werden. Streich' bitte die Fenster. Du musst jetzt _____ (schnell machen? schnellmachen?) – und gib mir _____ (bescheid? Bescheid?), wenn Du fertig bist."

Nach zwei Stunden überaus _____ (engagierter? engagirter?) Arbeit fragt der Lehrling seinen Chef, ob er die _____ (Fensterrahmen? Fensterramen?) auch noch streichen solle.

Aus diesem _____ (Vorkommnis? Vorkommniß? Vorkomniss?) lässt sich das _____ (folgende? Folgende?) ableiten: Die Sprache _____ (läd? lädt? lätd?) geradezu zu _____ (Missverständnissen? Mißverständnißen? Misverständnissen?) ein, weil sie nicht so _____ (exakt? eksakt? exackt?) wie die _____ (Matemathik? Mathematik?) sein kann. Aber es sollte der Mühe _____ (wert? Wert?) sein, so klar und _____ (korekt? korrekt?) wie möglich zu sprechen und zu schreiben. Gerade in einem Beruf, in dem Kommunikationspannen _____ (fattale? fatale? fatahle?) Konsequenzen haben können.

Lösung

Mit Witzen ist nicht immer zu **spaßen.** Sagt der Malermeister zu seinem Auszubildenden: „Mir ist **angst, dass** wir nicht bis **Dienstagabend** fertig werden. Streich' bitte die Fenster. Du musst jetzt **schnell machen** – und gib mir **Bescheid,** wenn Du fertig bist."

Nach zwei Stunden überaus **engagierter** Arbeit fragt der Lehrling seinen Chef, ob er die **Fensterrahmen** auch noch streichen solle.

Aus diesem **Vorkommnis** lässt sich das **Folgende** ableiten: Die Sprache **lädt** geradezu zu **Missverständnissen** ein, weil sie nicht so **exakt** wie die Mathematik sein kann. Aber es sollte die Mühe **wert** sein, so klar und **korrekt** wie möglich zu sprechen und zu schreiben. Gerade in einem Beruf, in dem Kommunikationspannen **fatale** Konsequenzen haben können.

Einen Text ins Reine schreiben

Mit dieser Anforderung müssen Sie rechnen, wenn Sie sich beim Zoll oder bei der Polizei bewerben.

Bitte überprüfen Sie den folgenden Text auf Rechtschreibung und Zeichensetzung und nehmen Sie die notwendigen Korrekturen vor.

Reisende, die die Grenzen der Europäischen Union (EU) überschreiten, kommen mit den Zoll in Berürung. Beim überschreiten der Grenze führen viele Reisende eine Menge Recht unterschiedlicher Waaren mit sich. Als „Waren" werden alle beweglichen Gegenstände, zum Beispiel auch Schmuck und Kleidung bezeichnet. Werden Waren beim Überschreiten der Grenze mit geführt, so liegt unabhängig vom Willen des Reisenden und die Herkunft der Ware eine grenzüberschreitende Warenbewegung vor. Die zu beachtenden zoll- und steuerrechtlichen Vorschriften hängen davon ab, ob man Bürger der EU ist und das Reiseziel ein Mitgliedstaat der EU ist, ob man Bürger der EU ist, und in ein „Drittland" einreisen möchte, ob man als Besucher aus einem „Drittland" nach Deutschland reisen möchte.

Der Text enthält 10 Fehler. Schauen Sie sich die folgende korrekte Version an:

Reisende, die die Grenzen der Europäischen Union (EU) überschreiten, kommen mit dem Zoll in Berührung. Beim Überschreiten der Grenze führen viele Reisende eine Menge recht unterschiedlicher Waren mit sich. Als „Waren" werden alle beweglichen Gegenstände, zum Beispiel auch Schmuck und Kleidung, bezeichnet. Werden Waren beim Überschreiten der Grenze mitgeführt, so liegt unabhängig vom Willen des Reisenden und der Herkunft der Ware eine grenzüberschreitende Warenbewegung vor. Die zu beachtenden zoll- und steuerrechtlichen Vorschriften hängen davon ab, ob man Bürger der EU ist und das Reiseziel ein Mitgliedstaat der EU ist, ob man Bürger der EU ist und in ein „Drittland" einreisen möchte, ob man als Besucher aus einem „Drittland" nach Deutschland reisen möchte.

Haben Sie alle Fehler gefunden? Es geht um Orthografie, Grammatik und Zeichensetzung.

Satzteile zerlegen

Als Bewerber/in beim Zoll sollten Sie die wichtigsten grammatischen Fachausdrücke kennen und Satzteile entsprechend zerlegen können. Frischen Sie nun noch einmal Ihr Wissen auf. Markieren Sie bitte eine Alternative.

1. Adjektiv (Eigenschaftswort)
   - ☐ a. klug ☐ b. laufen ☐ c. heute

2. Temporaladverb (Umstandswort)
   - ☐ a. Tag ☐ b. gestern ☐ c. mein

3. Akkusativ (4. Fall)
   - ☐ a. des (Abends) ☐ b. dem (Abend) ☐ c. den (Abend)

4. Artikel (bestimmt)
   - ☐ a. der (Vogel) ☐ b. mein (Vogel) ☐ c. dein (Vogel)

5. Artikel (unbestimmt)

   ☐ a. schwerer (Test)   ☐ b. ein (Test)   ☐ c. Tests

6. Dativ (3. Fall)

   ☐ a. der (Abend)   ☐ b. den (Abend)   ☐ c. dem (Abend)

7. Genitiv (2. Fall)

   ☐ a. des (Abends)   ☐ b. die (Abende)   ☐ c. der (Abend)

8. Konjunktion (Bindewort)

   ☐ a. manchmal   ☐ b. und   ☐ c. wahrscheinlich

9. Konjunktiv (Möglichkeitsform)

   ☐ a. will   ☐ b. möchte   ☐ c. würde

10. Lokaladverb (Umstandwort)

   ☐ a. draußen   ☐ b. regnerisch   ☐ c. duftend

11. Nomen

   ☐ a. Hauptwort   ☐ b. Zeitwort   ☐ c. Eigenschaftswort

12. Nominativ (1. Fall)

   ☐ a. die (Zusage)   ☐ b. eine (Zusage)   ☐ c. meine (Zusage)

13. Objekt

   ☐ a. Umstand   ☐ b. Ergänzung   ☐ c. Ganzsatz

14. Prädikat

   ☐ a. Satzaussage   ☐ b. Mittelwort   ☐ c. Fürwort

15. Pronomen (Fürwort)

   ☐ a. früh   ☐ b. mein   ☐ c. eifrig

16. Subjekt

   ☐ a. Ergänzung   ☐ b. Satzaussage   ☐ c. Satzgegenstand

17. Verb (Zeitwort)

   ☐ a. schreiben   ☐ b. schön   ☐ c. damals

18. Das entscheidende Tor schoss Helmut Rahn in der 84. Minute. Benennen Sie bitte das Subjekt des Satzes.

   ☐ a. Tor   ☐ b. Rahn   ☐ c. Minute

19. Das entscheidende Tor schoss Helmut Rahn in der 84. Minute. Benennen Sie bitte das Prädikat des Satzes.

   ☐ a. schoss   ☐ b. Tor   ☐ c. Helmut

20. Das entscheidende Tor schoss Helmut Rahn in der 84. Minute. Benennen Sie bitte das Objekt des Satzes.

   ☐ a. schoss   ☐ b. Rhan   ☐ c. das (...) Tor

Lösung

1. a	2. b	3. c	4. a	5. b	6. c	7. a
8. b	9. c	10. a	11. a	12. a	13. b	14. a
15. b	16. c	17. a	18. b	19. a	20. c	

Kognitiver Leistungstest: Tatsache oder Meinung?

In seriösen Zeitungen gibt es Berichte und Kommentare, die meist als solche gekennzeichnet sind. Es ist einfach wichtig, zwischen Fakten und Meinungen, die nicht unbedingt durch Tatsachen abgesichert sein müssen, zu unterscheiden. Man stelle sich vor, ein Vollzugsbeamter greift in die Freiheitsrechte von Bürgern ein, weil dies seiner Meinung nach notwendig sei! Nein, polizeiliche Maßnahmen müssen natürlich durch die entsprechenden Fakten abgesichert sein.

Dieser Test ist also durchaus sinnvoll und für Einstellungsverfahren bei der Polizei typisch. Tatsache oder Meinung? Entscheiden Sie bitte richtig.

1. Basketballspieler sind meist sehr groß.

   ☐ Tatsache   ☐ Meinung

2. Am 9.11.1989 fiel die Berliner Mauer.

   ☐ Tatsache   ☐ Meinung

3. Die Todesstrafe senkt die Kriminalitätsrate.

   ☐ Tatsache   ☐ Meinung

4. Der 30-jährige Krieg von 1618 bis 1648 hat in Deutschland die größten materiellen Schäden angerichtet.

   ☐ Tatsache   ☐ Meinung

5. Intelligenz ist nur eine Frage der Vererbung.

   ☐ Tatsache   ☐ Meinung

6. Atomkraftwerke sind völlig überflüssig.

   ☐ Tatsache   ☐ Meinung

7. Das wichtigste Persönlichkeitsmerkmal ist Zuverlässigkeit.

   ☐ Tatsache   ☐ Meinung

8. Die Bundesrepublik Deutschland ist ein Rechtsstaat.

   ☐ Tatsache   ☐ Meinung

9. Das Kopftuch ist ein Symbol für Intoleranz.

   ☐ Tatsache   ☐ Meinung

10. Luftangriffe gegen Tanklastwagen – wie 2009 in Afghanistan – sind illegal.

    ☐ Tatsache   ☐ Meinung

11. Australien heißt auch der „fünfte Kontinent".

    ☐ Tatsache   ☐ Meinung

12. Die meisten Menschen suchen heute einen Beruf, der ihnen Sicherheit bietet.

    ☐ Tatsache   ☐ Meinung

13. „Soldaten sind Mörder."

    ☐ Tatsache   ☐ Meinung

14. Aus China kamen 2009 die meisten Plagiate.

    ☐ Tatsache   ☐ Meinung

15. Deutschland hat eine im Vergleich zu den 1960er Jahren niedrige Geburtenrate.

    ☐ Tatsache   ☐ Meinung

16. Politiker sind nur an ihrer Wiederwahl interessiert.

    ☐ Tatsache   ☐ Meinung

17. Mit der Zahl der Krippenplätze steigt die Geburtenrate.

    ☐ Tatsache   ☐ Meinung

18. Deutschland hat 1990 die Fußballweltmeisterschaft gewonnen.

    ☐ Tatsache   ☐ Meinung

19. Schwarzarbeit ist illegal.

    ☐ Tatsache   ☐ Meinung

20. In Afghanistan gab es 2009 kein staatliches Gewaltmonopol, das sich über das gesamte Staatsgebiet erstreckt.

    ☐ Tatsache   ☐ Meinung

Lösung

1. Tatsache	2. Tatsache	3. Meinung	4. Tatsache
5. Meinung	6. Meinung	7. Meinung	8. Tatsache
9. Meinung	10. Meinung	11. Tatsache	12. Meinung
13. Meinung	14. Tatsache	15. Tatsache	16. Meinung
17. Meinung	18. Tatsache	19. Tatsache	20. Tatsache

Einen Bericht verfassen

Das ist das tägliche Brot vieler Polizeibeamter – aufschreiben, was passiert ist. Als Bewerber/in sollen Sie zeigen, dass Sie grundsätzlich das Zeug dazu haben, belastbare Berichte zu verfassen. Solche Berichte sind von großer Bedeutung, wenn man etwa an kriminaltaktische Maßnahmen oder an die möglichen rechtlichen Folgen eines Polizeieinsatzes denkt. In diesem Zusammenhang kann es sein, dass Ihnen im Auswahlverfahren ein Polizei- oder Gerichtsbericht aus der Tageszeitung vorgelegt wird und Sie den Inhalt zu rekapitulieren haben. Üben Sie schon einmal am folgenden Beispiel.

 BERICHT

„Vor dem Eingang passten die Jugendlichen den 46-jährigen Kunden ab. Nachdem dieser den Laden verlassen hatte und zu seinem Fahrzeug gegangen war, liefen ihm die vier Jungen und ein Mädchen hinterher und beleidigten ihn weiter. Um die Situation zu beruhigen, entschuldigte sich der Bedrängte. Einer der Burschen spuckte ihm schließlich ins Gesicht. Ein anderer versuchte, dem Angestellten mit der Faust ins Gesicht zu schlagen, traf ihn jedoch nicht. Schließlich trat er gegen den Kotflügel des geparkten Audi A4 des Angestellten. Dadurch entstand ein Sachschaden in Höhe von 1.000 Euro. Daraufhin sagte einer der Gruppenmitglieder, dass sie den Angestellten in Ruhe lassen werden, wenn er ihnen zehn Euro geben würde.

Als die Situation weiter zu eskalieren drohte, mischte sich glücklicherweise ein 20-jähriger Augenzeuge in die Situation ein. Als dieser per Handy die Polizei informierte, flüchtete die Gruppe mitsamt eines Hundes in eine nahegelegene Wohnanlage."

(„Münchener Wochenend Zeitung" vom 26.11.2009)

Die Herausforderung ist, einen solchen Text inhaltlich auf die Reihe zu bekommen, vernünftig zu strukturieren, gefällig zu formulieren und zudem die neue deutsche Rechtschreibung zu beherrschen. Probieren Sie sich einmal aus. Und denken Sie daran, dass die wichtigste Waffe das Wort ist. Wenn Sie das erkannt und selbst erfahren haben, kann Sie kein Thema überraschen.

Eine Erörterung schreiben: Pro und Contra

Meist geht es um die Erörterung aktueller gesellschaftspolitischer Kontroversen oder das Für und Wider von Berufen. Gehen Sie dabei systematisch vor und erstellen Sie zuerst eine Liste der Vor- und Nachteile eines Sachverhalts.

+ VORTEIL	PRO UND CONTRA WEHRPFLICHT	− NACHTEIL
Eine Wehrpflichtarmee ist besser in die Gesellschaft integriert.	Die Aufgaben der Bundeswehr erfordern eine immer höhere Professionalität, die mit Wehrpflichtigen nicht zu haben ist.
Junge Männer übernehmen als Staatsbürger in Uniform Verantwortung für ihren Staat.	Der Umgang mit hochkomplexen Waffensystemen kann innerhalb der Wehrdienstzeit nicht erlernt werden.
Die Wehrpflichtigen erlernen soziale Kompetenzen wie Teamfähigkeit und Verantwortungsbewusstsein.	Die Wehrpflicht ist längst überholt. Nur noch eine Minderheit der NATO-Staaten hält an ihr fest.
Der Zivildienst ist ohne Wehrpflicht hinfällig, damit entfiele eine wichtige Stütze vieler sozialer Dienste in unserem Land.	Die wachsende Wehrungerechtigkeit führt zu einer zunehmenden Spaltung unter den jungen Männer: Die einen müssen gar nicht dienen, die anderen leisten Zivildienst und der Rest geht zum Bund.

Gliederung einer Erörterung: die klassische Dreiteilung

A Einleitung

Zunächst muss das Thema umrissen und die Fragestellung formuliert werden. Diese ist normalerweise mit der Überschrift identisch. Beispiele: „Pro und Contra Berufsarmee", „Das Spannungsfeld zwischen Datenschutz und Verbrechensvorbeugung" oder „Pro und Contra Nacktscanner".

B Hauptteil (Pro oder Contra)

Wenn Sie in Ihrer Erörterung einen Standpunkt beziehen (sollen), beginnen Sie mit jenen Argumenten, die gegen Ihre Auffassung sprechen. Beispiel: Wenn Sie für die Beibehaltung der Wehrpflicht sind, beginnen Sie mit den Gegenargumenten.

- Argument 1: Belege (eventuell Beispiele)

- Argument 2: Belege (eventuell Beispiele)

- Argument 3: Belege (eventuell Beispiele) etc.

Jetzt führen Sie Ihre Pro-Argumente an.

- Argument 1: Belege (eventuell Beispiele)

- Argument 2: Belege (eventuell Beispiele)

- Argument 3: Belege (eventuell Beispiele) etc.

C Schluss

Am Ende werden die Argumente noch einmal gegeneinander abgewogen und bewertet. Als Fazit formulieren Sie dann Ihre persönliche Meinung, einen Ausblick, einen Kompromiss oder eine Empfehlung.

 RANGORDNUNG DER ARGUMENTE

Bei der Antithese (Argumente, die gegen Ihren Standpunkt sprechen) beginnen Sie mit den starken Argumenten und hören mit den schwachen auf. Wenn es um die Stützung Ihrer Auffassung geht, verfahren Sie umgekehrt. Die besonders überzeugenden Argumente kommen zum Schluss.

Wenn Sie sich bei der Abfassung einer Erörterung (in der Schule hieß das früher „Besinnungsaufsatz") noch unsicher fühlen, dann üben Sie an folgenden Beispielen.

- Der Polizeiberuf: Pro und Contra

- Soll ich Zöllner werden? Pro und Contra

- Was spricht für und was spricht gegen den Offiziersberuf?

Verfassen Sie zu diesen Themen jeweils eine Erörterung nach der Ihnen bereits bekannten Struktur.

Textverständnis beweisen

Mit dieser Anforderung werden Sie ziemlich sicher im Auswahlverfahren bei der Bundespolizei und beim Zoll konfrontiert. Aber auch bei Polizei und Bundeswehr bekommt man als Bewerber/in Probleme, wenn man den Kern inhaltlicher Aussagen nicht erkennt.

Übungsaufgabe

„Polizeigesetz des Landes Nordrhein-Westfalen (PolG NRW); Bekanntmachung der Neufassung vom 25. Juli 2003

§ 1
Aufgaben der Polizei

(1) Die Polizei hat die Aufgabe, Gefahren für die öffentliche Sicherheit abzuwehren (Gefahrenabwehr). Sie hat im Rahmen dieser Aufgabe Straftaten zu verhüten sowie für die Verfolgung künftiger Straftaten vorzusorgen (vorbeugende Bekämpfung von Straftaten) und die erforderlichen Vorbereitungen für die Hilfeleistung und das Handeln in Gefahrenfällen zu treffen. Sind außer in den Fällen des Satzes 2 neben der Polizei andere Behörden für die Gefahrenabwehr zuständig, hat die Polizei in eigener Zuständigkeit tätig zu werden, soweit ein Handeln der anderen Behörden nicht oder nicht rechtzeitig möglich erscheint. Die Polizei hat die zuständigen Behörden, insbesondere die Ordnungsbehörden, unverzüglich von allen Vorgängen zu unterrichten, die deren Eingreifen erfordern.

(2) Der Schutz privater Rechte obliegt der Polizei nach diesem Gesetz nur dann, wenn gerichtlicher Schutz nicht rechtzeitig zu erlangen ist und wenn ohne polizeiliche Hilfe die Verwirklichung des Rechts vereitelt oder wesentlich erschwert werden würde.

(3) Die Polizei leistet anderen Behörden Vollzugshilfe (§§ 47 bis 49).

(4) Die Polizei hat ferner die Aufgaben zu erfüllen, die ihr durch andere Rechtsvorschriften übertragen sind.

(5) Maßnahmen, die in Rechte einer Person eingreifen, darf die Polizei nur treffen, wenn dies auf Grund dieses Gesetzes oder anderer Rechtsvorschriften zulässig ist. Soweit die Polizei gemäß Absatz 1 Satz 2 für die Verfolgung künftiger Straftaten vorsorgt oder die erforderlichen Vorbereitungen für die Hilfeleistung und das Handeln in Gefahrenfällen trifft, sind Maßnahmen nur nach dem Zweiten Unterabschnitt ‚Datenverarbeitung' des Zweiten Abschnittes dieses Gesetzes zulässig."

Fragen

1   Was ist die Kernaufgabe der Polizei?

2   Wann ist die Polizei für den Schutz privater Rechte zuständig?

3   Welche Art von Hilfe leistet die Polizei anderen Behörden?

4   Wann darf die Polizei Maßnahmen treffen, die in die Rechte einer Person eingreifen?

Als Vollzugsbeamtin/-beamter braucht man sehr gute Rechtskenntnisse. Die kann aber nur erwerben, wer auch komplizierte Texte versteht. Deshalb ist dieser Test wichtig.

Konzentrationstest: Buchstaben durchstreichen

Bitte streichen Sie die Buchstaben „m" und „v" durch – das „v" allerdings nicht, wenn es vor einem „b" steht. Sie haben 90 Sekunden Zeit!

 EIN TYPISCHER KONZENTRATIONSTEST

bdnmvwmnwvvwnmwvmnbdvbmndnmvdbmwbdmvdbwbdvvmvbdw

bdnmvwmbdwwmwvmnbdvbmndnmvdbmwbdmvdbwbdvvmvbdwmv

bdnmvbwmnwvvwnmwvbnbdvbndnmvdbmwbdmvdbbwbdvvmvbdwm

Auswertung

Bitte werten Sie den Test jetzt selbst aus. Wie oft haben Sie den Buchstaben „m" durchgestrichen und wie oft den Buchstaben „v", für den die Bedingung lautete, ihn nicht durchzustreichen, wenn er vor einem „b" steht? Zählen Sie sicherheitshalber zweimal und notieren Sie sich das Ergebnis.

Lösung

Mit 27 durchgestrichenen „m" und 21 „v" haben Sie die Höchstpunktzahl erreicht.

TEILEN SIE SICH DIE ZEIT GUT EIN

Ein gutes Resultat erzielen Sie, wenn Sie nicht durch die Zeilen hetzen, sondern ruhig arbeiten. Sie haben gar nichts davon, vor der Zeit fertig zu werden, denn die verbleibenden Sekunden reichen nicht, um das Ganze noch einmal zu überprüfen. Das Erfolgsrezept ist also eine kluge Zeiteinteilung – wie im richtigen Leben.

Konzentrationstest: Informationen abgleichen

In diesem Test stehen links und rechts jeweils dieselben Informationen. Aber nicht immer, denn manchmal hat sich ein Fehler eingeschlichen – und den sollen Sie finden. Kreuzen Sie also „richtig" an, wenn beide Informationen identisch sind und „falsch", wenn Sie einen Unterschied bemerkt haben.

1. Thomas Wassermann   Thomas Wassermann
   Birkenweg 8   Birkenweg 8
   22786 Dingenskirchen   22786 Dingenskirchen
   ☐ richtig   ☐ falsch

2. Burghardt Maier   Burghard Maier
   Tel 040 246898   Tel 040 246898
   ☐ richtig   ☐ falsch

3. Bayrische Landesbank   Bayerische Landesbank
   87908 München   87908 München
   ☐ richtig   ☐ falsch

4. 25596996 Quadratmeter   25596996 Quadratmeter
   ☐ richtig   ☐ falsch

5. Matthias Krawczyk   Matthias Krawczyk
   matthias.krawczyk@web.de   matthias.krawczyk@wep.de
   ☐ richtig   ☐ falsch

6. MDXXXLIV   MDXXXLIV
   ☐ richtig   ☐ falsch

7. Ulmmluulmmlu   Ulmmlulmmlu
   ☐ richtig   ☐ falsch

8. Rhythmusgefühl   Rhythmusgefühl
   ☐ richtig   ☐ falsch

9. Dudeldadeldododeldadeldu   Dudeldadeldododeldadeldu
   ☐ richtig   ☐ falsch

10. A1308988704D-470427-106   A1308988704D-470427-106
    ☐ richtig   ☐ falsch

11. HH-QP 987   HH-QP 897
    ☐ richtig   ☐ falsch

12. Desoxyribonukleinsäure   Desoxyribonukleinsäure
    ☐ richtig   ☐ falsch

13. Vieraugensehenmehralszwei   Vieraugensehenmehralsalszwei
    ☐ richtig   ☐ falsch

14. Z123321123321123321   Z123321123321123321
    ☐ richtig   ☐ falsch

15. pqbdqpbbddppqpbbd   pqbdqpbbddppqpbbd
    ☐ richtig   ☐ falsch

16. ######+######+######   ######+######+######
    ☐ richtig   ☐ falsch

17. BlaukrautbleibtBlaukraut   Blaukrautbleibtblaukraut
    ☐ richtig   ☐ falsch

18. BrautkleidbleibtBrautkleid   BrautkleidbleibtBrautkleid
    ☐ richtig   ☐ falsch

19. Aujourd'hiut il fait beau!   Aujoud'hiut il fait beau!
    ☐ richtig   ☐ falsch

20. Two heads are better than one!   Two heads are better then one!
    ☐ richtig   ☐ falsch

Lösung

1. richtig	2. falsch	3. falsch	4. richtig
5. falsch	6. richtig	7. falsch	8. richtig
9. richtig	10. richtig	11. falsch	12. richtig
13. falsch	14. richtig	15. richtig	16. richtig
17. falsch	18. richtig	19. falsch	20. falsch

Gedächtnis

In vielen Berufen braucht man ein gutes Gedächtnis – Beamte und Beamtinnen im Vollzugsdienst oder bei der Kriminalpolizei müssen über ein besonders gutes Erinnerungsvermögen verfügen. Halt, da war doch etwas?! Solche Momente sind oftmals die Initialzündung für die Lösung schwieriger Kriminalfälle.

Machen Sie den nun folgenden typischen Gedächtnistest mit. Ihnen werden 20 Wörter vorgegeben, die Sie sich innerhalb von drei Minuten einprägen sollen. Nach der Lernphase werden Sie gefragt, was Sie behalten haben. Hier ist das Lernpensum:

Volleyball	Dresden	Finnland	Tulpe
Kohl	Mechatroniker	Belastbarkeit	Sanssouci
Lessing	Zuse	Raffael	Roller
Hefeweizen	Quitte	Brandenburg	Helium
Bundestag	Mozart	Nil	Sicherheit

Haben Sie sich alles eingeprägt? Dann überprüfen Sie jetzt Ihre Gedächtnisleistung. Was war dabei?

1. Sportarten

□ a. Volleyball   □ b. Basketball   □ c. Rudern

2. Städte

□ a. Berlin   □ b. Dresden   □ c. München

3. Länder

□ a. Dänemark   □ b. Norwegen   □ c. Finnland

4. Blumen

□ a. Tulpe   □ b. Rose   □ c. Narzisse

5. Gemüse

□ a. Kohl   □ b. Zwiebel   □ c. Spargel

6. Berufe

□ a. Mechatroniker   □ b. Ingenieur   □ c. Lehrer

7. Eigenschaften

□ a. Zuverlässigkeit   □ b. Belastbarkeit   □ c. Flexibilität

8. Bauwerke
   ☐ a. Porta Nigra   ☐ b. Sanssouci   ☐ c. Zwinger

9. Schriftsteller
   ☐ a. Heine   ☐ b. Lessing   ☐ c. Mann

10. Erfinder
    ☐ a. Edison   ☐ b. Daimler   ☐ c. Zuse

11. Maler
    ☐ a. Macke   ☐ b. Liebermann   ☐ c. Raffael

12. Fahrzeuge
    ☐ a. Schiff   ☐ b. Draisine   ☐ c. Roller

13. Getränke
    ☐ a. Hefeweizen   ☐ b. Wasser   ☐ c. Tee

14. Obst
    ☐ a. Birne   ☐ b. Quitte   ☐ c. Pfirsich

15. Bundesländer
    ☐ a. Thüringen   ☐ b. Sachsen   ☐ c. Brandenburg

16. Elemente
    ☐ a. Kupfer   ☐ b. Eisen   ☐ c. Helium

17. Verfassungsorgane
    ☐ a. Bundestag   ☐ b. Bundesrat   ☐ c. Gericht

18. Komponisten
    ☐ a. Mozart   ☐ b. Beethoven   ☐ c. Händel

19. Flüsse
    ☐ a. Don   ☐ b. Nil   ☐ c. Niger

20. Werte
    ☐ a. Gesundheit   ☐ b. Sicherheit   ☐ c. Freiheit

Lösung

1. a	2. b	3. c	4. a	5. a	6. a	7. b
8. b	9. b	10. c	11. c	12. c	13. a	14. b
15. c	16. c	17. a	18. a	19. b	20. b	

Fallstudie Merkfähigkeit: „Einsatz mit Sonderrechten"

Es kann auch sein, dass Ihnen ein Bericht vorgelegt wird, der viele Einzelheiten enthält, die Sie sich merken müssen.

Beispiel

„Mit Blaulicht geht es um 18:10 Uhr zum Tatort Fruchtallee 110. Kaum sind Sie mit Ihrer Kollegin da, kommt eine Frau auf Sie zu und zeigt einen Raub an. Ihr teures Notebook sei ihr vor einer Viertelstunde gewaltsam entrissen worden und der Täter sei dann in das Haus Nr. 110 geflüchtet. Das Opfer beschreibt den Tatverdächtigen wie folgt: ca. 1,80 Meter groß, kurze Haare, eher blond, zwischen 20 und 25 Jahre alt. Er trägt blaue Jeans, ein schwarzes Hemd und Turnschuhe mit einem Firmenlogo. Außerdem war dem Opfer die ungewöhnlich hohe Stimme aufgefallen.

Sie finden den Tatverdächtigen – die Beschreibung passt gut – im Treppenhaus der vierten Etage. Auf die Frage, warum er sich hier aufhalte, antwortet er, dass er seinen Freund Mathias suche. Den Nachnamen kenne er nicht, da man sich ja duze.

Ein Notebook hat der Tatverdächtige nicht bei sich und den Verdacht des Diebstahls weist er weit von sich. Er habe selbst einen Computer und müsse deshalb keinen stehlen. Da er sich nicht ausweisen kann, nehmen Sie ihn mit auf die Wache.

Natürlich haben Sie auch die Personalien des Opfers aufgenommen: Lisa Dingenskirchen, geboren am 5.5.1988 in Dreieich. Anschrift: Meisenstieg 7 in 54321 Nordkirchen."

Soweit dieser Fall.

Aufgabe

Lesen Sie den Ablauf noch einmal gründlich durch und versuchen Sie sich alle Details gut einzuprägen. Dann setzen Sie sich bitte an Ihren Computer und schreiben alles aus dem Gedächtnis auf (ein Blatt Papier tut es natürlich auch). Vergleichen Sie dann den Text im Buch mit Ihren Aufzeichnungen.

Gesichter und Lebensläufe einprägen

Bei diesem Test werden Ihnen die Biografien von fünf Personen vorgelegt. Bitte prägen Sie sich die Details daraus und die zugehörigen Gesichter gut ein.

Lebenslauf 1

Persönliche Angaben

Waldemar Waldmann

Birkenweg 1

22678 Hamburg

Tel.: 040 123456

E-Mail: waldemar.waldmann@gmx.de

Geb. am 2.2.1980 in Dingenskirchen

Schule

1986–1990	Grundschule Taubnesselweg
1990–1999	Gymnasium Meisenstieg

Ausbildung

1999–2001	Kaufmann im Groß- und Außenhandel Fa Menck KG

Berufserfahrung

01/01–12/05   Sachbearbeiter Vertriebsinnendienst Fa Menck KG

seit 01/06   Sachgebietsleiter Exportabteilung Fa Sietas GmbH

Sprachkenntnisse

Englisch gut in Wort und Schrift

EDV-Kenntnisse

MS-Office-Paket / Internet

Zusatzqualifikation

Führerschein Klasse B

Hobbys

Judo

Lebenslauf 2

Persönliche Angaben

Mathias Meister

Hohe Straße 99

21335 Lüneburg

Tel.: 04131 12345

E-Mail: mathias.meister@t-online.de

Geb. am 11.11.1981 in Lüneburg

Schule

1987–2000   Schulbesuch mit Abschluss Abitur

Studium

10/00–10/06   Studium der Geschichte/Abschluss MA

Berufliche Erfahrungen

Seit 03/07   Redaktionsassistent Echo GmbH

Praktika

11/06–02/07   Redaktion Echo GmbH

Sprachkenntnisse

Englisch sehr gut in Wort und Schrift

Großes Latinum

EDV-Kenntnisse

MS-Office-Paket/QuarkXpress

Weiterbildung

InDesign CS4

Freizeit

Archäologie

Lebenslauf 3

Persönliche Angaben

Katharina Klar

Oststraße 99

79098 Freiburg

Tel.: 0761 12345

E-Mail: katharina.klar@hotmail.com

Geb. am 29.2.1988 in Emmendingen

Schule

1994–2007   Schulbesuch mit Abschluss Abitur

Berufsausbildung

08/07–08/09   Bankkauffrau Freiburger Sparkasse

Beruflicher Werdegang

Seit 09/09   Sparkassenangestellte Kreditabteilung

Sprachkenntnisse

Englisch und Spanisch

EDV-Kenntnisse

Word, Exel, PowerPoint

Weiterbildung

Seminar „Umgang mit Reklamationen"

Hobbys

Formationstanz

Lebenslauf 4

Persönliche Angaben

Lars Larsen

Stauffenbergstraße 7

18001 Rostock

Tel.: 0381 12345

E-Mail: lars.larsen@t-online.de

Geb. am 31.12.1955 in Ribnitz-Dammgarten

Schule

1961–1967   Grundschule Lübeck

1967–1971   Gymnasium Travemünde

Abschluss Mittlere Reife

Berufsausbildung

08/71–08/74   Ausbildung zum Schifffahrtskaufmann
Reederei Wulf & Co.

Beruflicher Werdegang

09/74–12/85   Sachbearbeiter Ladungsbuchung/Abwicklung
der Verladung

01/86–06/98   Gruppenleiter Einsatzplanung von Schiffen in Singapur

07/98–06/99   Sabbatjahr

Seit 07/99   Abteilungsleiter Schiffsmakler Knaak & Co. KG

Sprachkenntnisse

Englisch verhandlungssicher

Malaiisch gute mündliche Sprachkenntnisse

EDV-Kenntnisse

MS Word, Excel, PowerPoint, SAP R/3

Weiterbildung

Seminar „Internationales Marketing in Asien"

Hobbys

Kochen (asiatische Küche)

Lebenslauf 5

Persönliche Angaben

Karsten Karmann

Bahnhofstraße 33

85737 Ismaning

Tel.: 089 12345

E-Mail: karsten.karmann@gmx.de

Geb. 25.12.1985 in Borna

Schule

1991–2001   Grund- und Realschule

               Abschluss Fachoberschulreife

Berufsausbildung

08/01–08/04   Ausbildung zum Mechatroniker Autohaus Ganz

Beruflicher Werdegang

Seit 09/04   Mechatroniker PKW im Ausbildungsbetrieb

EDV-Kenntnisse

    MS Word

Weiterbildung

    Seminare „Fehlerdiagnose"

Hobbys

    Gitarre

Gesichter und Lebensläufe

Nun beantworten Sie bitte zu den Lebensläufen die folgenden Fragen.

1. Wer ist Waldemar Waldmann?

 ☐ a.   ☐ b.   ☐ c.

2. Welchen Beruf hat Waldemar Waldmann erlernt?

    ☐ a. Mechatroniker   ☐ b. Kaufmann   ☐ c. Maler

3. Welches Hobby gibt Waldemar Waldmann an?

    ☐ a. Gitarre   ☐ b. Computer   ☐ c. Judo

4. Wann hat Waldemar Waldmann Geburtstag?

    ☐ a. 1.1.   ☐ b. 2.2.   ☐ c. 3.3.

5. Wer ist Mathias Meister?

☐ a.   ☐ b.   ☐ c.

6. Wann hat Mathias Meister Geburtstag?

    ☐ a. 10.10.   ☐ b. 11.11.   ☐ c. 12.12.

7. Was hat Mathias Meister studiert?

   ☐ a. Geografie   ☐ b. Romanistik   ☐ c. Geschichte

8. Welches Hobby führt Mathias Meister in seinem Lebenslauf an?

   ☐ a. Mineralogie   ☐ b. Archäologie   ☐ c. Numismatik

9. Wie heißt diese Frau?

   ☐ a. Karin Wahr   ☐ b. Katharina Klar   ☐ c. Kathrin Klas

10. Welche Ausbildung hat diese Frau absolviert?

    ☐ a. Bankkauffrau   ☐ b. Friseurin   ☐ c. Floristin

11. Wo wohnt diese Frau?

    ☐ a. Freiberg   ☐ b. Freising   ☐ c. Freiburg

12. Welche Sprache neben Englisch spricht diese Frau außerdem?

    ☐ a. Dänisch   ☐ b. Spanisch   ☐ c. Französisch

13. Wer ist Karsten Karmann?

    ☐ a.   ☐ b.   ☐ c.

14. Wann hat Karsten Karmann Geburtstag?

    ☐ a. Ostern   ☐ b. Sylvester   ☐ c. Weihnachten

15. Welchen Beruf hat Karsten Karmann erlernt?

☐ a. Elekroniker ☐ b. Mechatroniker ☐ c. Elektriker

16. Welches Instrument spielt Karsten Karmann in seiner Freizeit?

☐ a. Querflöte ☐ b. Gitarre ☐ c. Oboe

17. Wer ist Lars Larsen?

☐ a. ☐ b. ☐ c.

18. An wen erinnert die Straße, in der Lars Larsen wohnt?

☐ a. Gneisenau ☐ b. Scharnhorst ☐ c. Stauffenberg

19. Wo war Lars Larsen über zehn Jahre beruflich tätig?

☐ a. Singapur ☐ b. Hongkong ☐ c. Manila

20. Wie sind die Englischkenntnisse von Lars Larsen?

☐ a. gut ☐ b. sehr gut ☐ c. verhandlungssicher

21. Wer hat an einem Schalttag – also am 29. Februar – Geburtstag?

☐ a. Karmann ☐ b. Klar ☐ c. Larsen

22. Wer hat das Tabellenkalkulationsprogramm Excel falsch geschrieben – also statt „Excel" „Exel"?

☐ a. Larsen ☐ b. Meister ☐ c. Klar

Lösung

1. b	2. b	3. c	4. b	5. a	6. b	7. c
8. b	9. b	10. a	11. c	12. b	13. a	14. c
15. b	16. b	17. b	18. c	19. a	20. c	21. b
22. c						

Beobachtungsfähigkeit

Man kann die Menschen aufteilen in Beobachter und in jene, die sich eher beobachtet fühlen. Es versteht sich von selbst, dass Beobachter sozial kompetenter auftreten und Situationen angemessener beurteilen. Sie bekommen mehr mit und das ist bei den hier zu behandelnden Berufsbildern außerordentlich wichtig. Und so ist es nur folgerichtig, dass Ihre Beobachtungsfähigkeit auf die Probe gestellt wird.

Schauen Sie sich die folgenden Bilder genau an:

1. Wie viele Kilometer hat der Marathonläufer noch vor sich?

   ☐ a. 20   ☐ b. 30   ☐ c. 40

2. Der Koffer hat

   ☐ a. 3 Aufkleber   ☐ b. Rollen   ☐ c. Schulterriemen

3. Was für ein Jackett trägt der Mann, der die Hand zum Gruß ausstreckt?

   ☐ a. schwarz   ☐ b. weiß   ☐ c. kariert

4. Wie viele Personen sitzen am Tisch?

   ☐ a. 2   ☐ b. 3   ☐ c. 4

5. Es sitzen mehrere Personen am Tisch. Wo sitzt die weiße Figur?

   ☐ a. in der Mitte   ☐ b. rechts   ☐ c. links

6. Wie viele lachende Gesichter sieht man auf dem Kinobild?

   ☐ a. 3   ☐ b. 4   ☐ c. 5

7. Auf dem Bild mit dem Schwan sieht man ein(en) ...?

   ☐ a. Gewehr   ☐ b. Speer   ☐ c. Dolch

8. Der Marathonläufer ist ...

   ☐ a. weiß   ☐ b. schwarz   ☐ c. gestreift

9. Der Schwan ist ...

   ☐ a. weiß   ☐ b. schwarz   ☐ c. gestreift

10. Wo sind auf dem Bild mit dem Schwan die Noten zu sehen?

    ☐ a. oben   ☐ b. unten   ☐ c. gar nicht

Lösung

1. c   2. b   3. c   4. b   5. a   6. c   7. b
8. b   9. a   10. a

Linien verfolgen

Hier geht es darum, in komplexen Situationen den Überblick zu behalten beziehungsweise nicht den Faden zu verlieren. Sechs Linien müssen vom Start bis zum Ziel verfolgt werden.

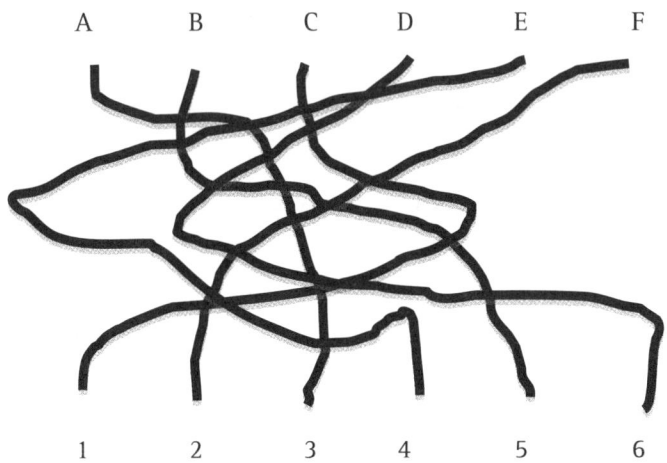

1. Linie A endet bei der Zahl ...?

    ☐ a. 1   ☐ b. 2   ☐ c. 3   ☐ d. 4   ☐ e. 5   ☐ f. 6

2. Linie B endet bei der Zahl ...?

    ☐ a. 1   ☐ b. 2   ☐ c. 3   ☐ d. 4   ☐ e. 5   ☐ f. 6

3. Linie C endet bei der Zahl ...?

    ☐ a. 1   ☐ b. 2   ☐ c. 3   ☐ d. 4   ☐ e. 5   ☐ f. 6

4. Linie D endet bei der Zahl ...?

    ☐ a. 1   ☐ b. 2   ☐ c. 3   ☐ d. 4   ☐ e. 5   ☐ f. 6

5. Linie E endet bei der Zahl ...?

    ☐ a. 1   ☐ b. 2   ☐ c. 3   ☐ d. 4   ☐ e. 5   ☐ f. 6

6   Linie F endet bei der Zahl ...?

    ☐ a. 1   ☐ b. 2   ☐ c. 3   ☐ d. 4   ☐ e. 5   ☐ f. 6

Lösung

1. 3   2. 5   3. 1   4. 6   5. 4   6. 2

Räumliches Vorstellungsvermögen

Bei der räumlichen Vorstellung geht es um die Fähigkeit, die Lage von Gegenständen oder Körpern im dreidimensionalen Raum richtig einschätzen zu können. Sie ist von konventioneller Bildung weitgehend unabhängig.

Bitte ermitteln Sie die richtige Anzahl der Flächen. Dazu müssen Sie die zweidimensional abgebildeten Figuren gedanklich drehen und wenden.

Figur 1

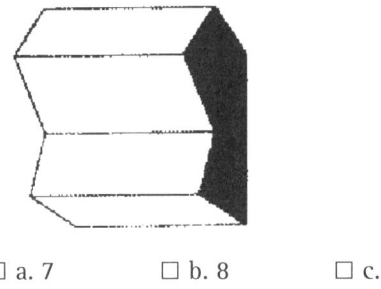

☐ a. 7   ☐ b. 8   ☐ c. 9

Figur 2

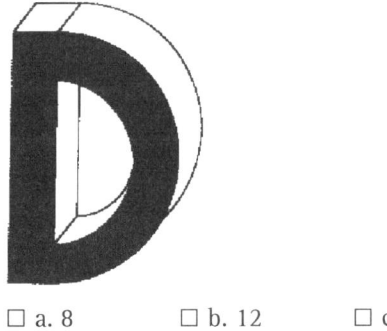

☐ a. 8   ☐ b. 12   ☐ c. 14

Figur 3

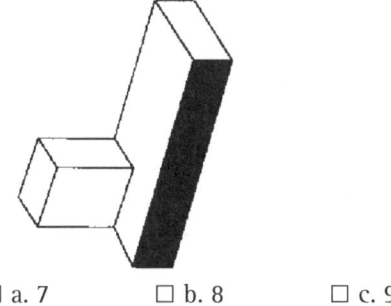

☐ a. 7   ☐ b. 8   ☐ c. 9

Figur 4

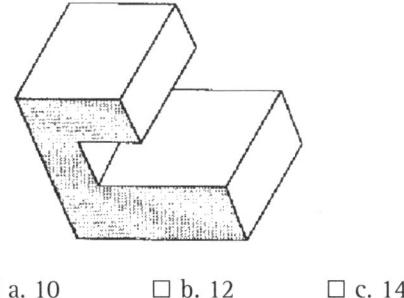

☐ a. 10   ☐ b. 12   ☐ c. 14

Figur 5

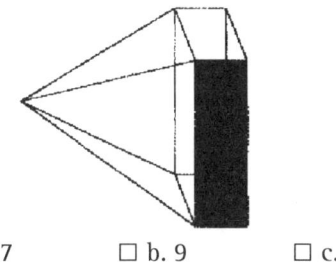

☐ a. 7   ☐ b. 9   ☐ c. 11

Figur 6

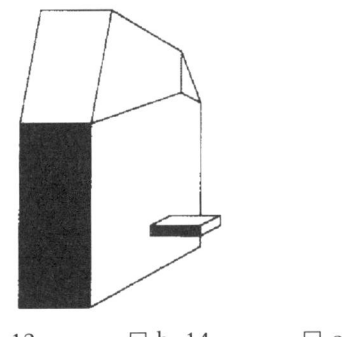

☐ a. 13   ☐ b. 14   ☐ c. 15

Figur 7

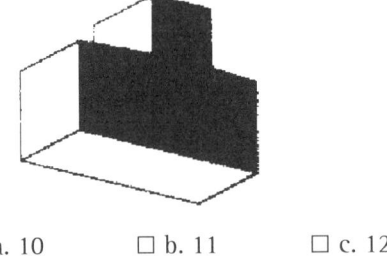

☐ a. 10   ☐ b. 11   ☐ c. 12

Figur 8

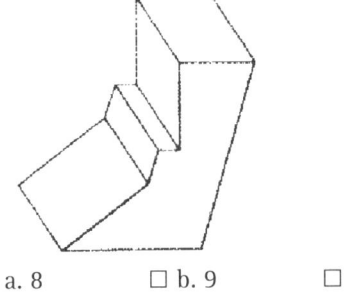

☐ a. 8   ☐ b. 9   ☐ c. 10

Figur 9

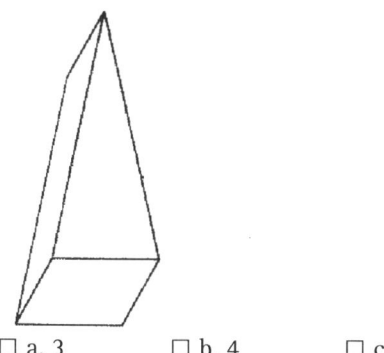

☐ a. 3   ☐ b. 4   ☐ c. 5

Figur 10

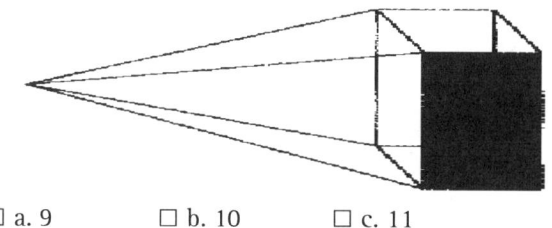

☐ a. 9   ☐ b. 10   ☐ c. 11

Figur 11

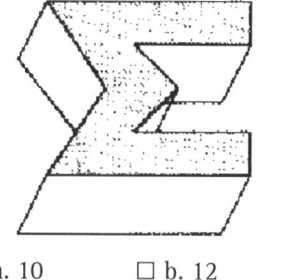

☐ a. 10   ☐ b. 12   ☐ c. 14

Figur 12

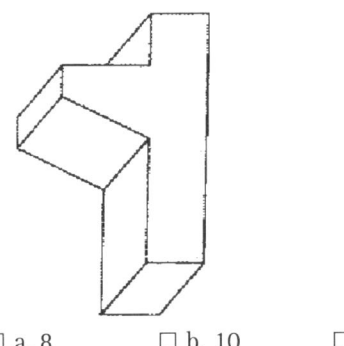

☐ a. 8   ☐ b. 10   ☐ c. 12

Lösung

Figur 1   8   Figur 2   8   Figur 3   9   Figur 4   10
Figur 5   9   Figur 6   15   Figur 7   10   Figur 8   9
Figur 9   5   Figur 10   9   Figur 11   12   Figur 12   10

Kreativitätstest: zu einem Stichwort assoziieren

„Kreativität" ist auch ein Begriff, der in aller Munde ist und in (fast) keiner Stellenanzeige fehlt. Aus gutem Grund: Kreativität ist unser wichtigster Rohstoff. Warum müssen Polizeibeamte, Soldaten und Zöllner kreativ sein? Weil sich berufliche Anforderungssituationen nicht immer nach Schema F bewältigen lassen, sondern Flexibilität im Kopf erfordern. Stur nach Vorschrift geht eben nicht immer, wenn ein Konflikt zu eskalieren droht oder sich Drogenhändler neue Transportwege oder Verstecke einfallen lassen.

Hier nun ein Test, mit dem Sie rechnen müssen. Ihnen werden zwei Themen vorgegeben und Sie sollen jeweils innerhalb von zwei Minuten so viele Begriffe wie möglich generieren.

Beispiel 1: „Frankreich"

Schreiben Sie auf einen Zettel, was Ihnen dazu einfällt. Sie haben zwei Minuten Zeit.

Fertig? Dann lesen Sie, was Ihnen eingefallen ist oder hätte einfallen können: Paris, Eiffelturm, Käse, Wein, Mittelmeer, Rhône, Lavendel, Parfüm, Voltaire, Napoleon, Trüffel, Bordeaux, Gänseleber, Revolution etc.

Beispiel 2: „Demokratie"

Schreiben Sie wieder auf einen Zettel, was Ihnen hierzu einfällt. Sie haben nochmals zwei Minuten Zeit.

Lesen Sie, was Ihnen eingefallen ist oder hätte einfallen können: Rechtsstaat, Gerechtigkeit, Gleichheit, Freiheit, Sicherheit, Mitbestimmung, Wahl, Parlament, Bundestag, Verfassung, Toleranz, Griechenland etc.

Dieser Test ist insofern grenzwertig, weil die Ergebnisse nicht immer eindeutig als „richtig" oder „falsch" zu bewerten sind. Versuchen Sie, so viele Wörter wie möglich zu produzieren – das erhöht die Trefferzahl.

Kreativitätstest: zu Anfangs- und Endbuchstaben assoziieren

Beispiel

Der Anfangsbuchstabe soll ein „E" und der Endbuchstabe ein „E" sein. Lösungen: Elbe, Enge, Espe, Erbe, Ente etc.

Für jede der folgenden Aufgaben haben Sie 30 Sekunden Zeit:

1. Finden Sie Wörter, die mit „B" beginnen und mit „E" enden.
2. Finden Sie Wörter, die mit „B" beginnen und mit „N" enden.
3. Finden Sie Wörter, die mit „F" beginnen und mit „N" enden.
4. Finden Sie Wörter, die mit „F" beginnen und mit „R" enden.
5. Finden Sie Wörter, die mit „G" beginnen und mit „E" enden.
6. Finden Sie Wörter, die mit „K" beginnen und mit „R" enden.
7. Finden Sie Wörter, die mit „L" beginnen und mit „E" enden.
8. Finden Sie Wörter, die mit „M" beginnen und mit „T" enden.

9. Finden Sie Wörter, die mit „W" beginnen und mit „E" enden.
10. Finden Sie Wörter, die mit „H" beginnen und mit „T" enden.

Mögliche Lösungen

1. Binse, Berge, Brücke, Brise, Backe, Borke, Brache, Biene etc.
2. Bogen, Besen, Bolzen, Braten, Becken, Birnen, Boten, Birken etc.
3. Faden, Fahnen, Frieden, Fristen, Fasten, Fasern, Feigen etc.
4. Fenster, Fieber, Färber, Förster, Fanatiker, Fiaker, Farmer etc.
5. Gänse, Gräte, Gosse, Geste, Geranie, Gabe, Garbe, Gülle etc.
6. Kammer, Körper, Kasper, Kerker, Körner, Krieger, Krämer etc.
7. Latte, Lette, Linie, Lore, Lire, Laterne, Linie, Locke etc.
8. Mast, Morast, Met, Maat, Mist, Most, Macht, Mitternacht etc.
9. Weste, Ware, Worte, Wiese, Waise, Welle, Wespe, Wanne etc.
10. Hast, Hort, Hengst, Herbst, Haft, Heft, Horst, Halt, Hochmut etc.

Rechtsvorschriften anwenden: Beispiel

Verordnung der Stadt Leipzig über Parkgebühren (Parkgebührenverordnung)

Beschluss Nr. III-822/01 der Ratsversammlung vom 19.9.2001 (veröffentlicht im Leipziger Amts-Blatt Nr. 22 vom 27.10.2001).

Aufgrund des § 6 a Abs. 6 des Straßenverkehrsgesetzes vom 19. Dezember 1952 (BGBl. 1 S. 837), zuletzt geändert durch das Gesetz vom 28. April 1998 (BGBl. I 1998, S. 810), i. V. m. §§ 2 und 3 der Verordnung der Sächsischen Staatsregierung über Parkgebühren vom 14.01.1992 (SächsGVBl. S. 23) hat der Stadtrat am 19.09.2001 folgende Verordnung beschlossen:

§ 1 Geltungsbereich

Für das Parken auf öffentlichen Straßen, Wegen und Plätzen der Stadt Leipzig werden Gebühren erhoben, soweit Parkflächen mit Parkuhren, Parkscheinautomaten oder anderen Vorrichtungen oder Einrichtungen zur

Überwachung der Parkzeit ausgestattet sind sowie bei Großveranstaltungen, bei denen die Gebühren durch Personen erhoben werden. Die Stadt Leipzig kann sich hierfür auch Dritter bedienen.

§ 2 Entstehung und Fälligkeit der Gebührenschuld

(1) Die Gebührenschuld entsteht und wird fällig mit dem Parken eines Fahrzeuges auf den gemäß § 1 Satz 1 gekennzeichneten Parkstellflächen. Die Gebühr ist bei den Personen beziehungsweise an den Einrichtungen zur Überwachung der Parkzeit zu entrichten.

(2) Außerhalb der an den Einrichtungen zur Überwachung der Parkzeit oder anderweitig ausgewiesenen Parkzeitregelung entsteht keine Gebührenschuld.

§ 3 Gebührenschuldner

Gebührenschuldner ist, wer ein Fahrzeug auf den gemäß § 1 Satz 1 gekennzeichneten Parkstellflächen parkt.

§ 4 Höhe der Parkgebühren

(1) Für das Parken auf Parkflächen im Sinne des § 1 werden folgende Gebühren in Euro erhoben: Zone 1 2 3 bis eine halbe Stunde: 0,50 0,30 0,20 bis ein (...).

(2) Die Zone 1 umfasst die Innenstadt innerhalb des Promenadenrings.

Die Zone 2 wird durch folgende, darin eingeschlossene Straßen, Wege und Plätze begrenzt: Willy-Brandt-Platz, Brandenburger Straße (...).

Die Zone 3 umfasst die Straßen, Wege und Plätze des übrigen Stadtgebiets.

(3) Die Gebühr für eine Parkstellfläche bei Großveranstaltungen beträgt:

– Bei Dauer der Veranstaltung bis zu 3 Stunden 1,50 Euro.

– Über 3 Stunden 3,00 Euro.

– Die Gebühr ist veranstaltungsbezogen.

§ 5 In-Kraft-Treten

(1) Diese Verordnung tritt am 01.01.2002 in Kraft.

(2) Gleichzeitig tritt die Parkgebührenordnung vom 19.02.1997 außer Kraft.

Beantworten Sie nun einige Fragen zum Text.

1. Wann dürfen Parkgebühren erhoben werden, obwohl es keine Parkautomaten oder Parkuhren gibt? Wenn

   ☐ a. die Gemeinde Geld braucht.

   ☐ b. eine Großveranstaltung stattfindet.

   ☐ c. es politisch opportun ist.

2. Wann entsteht die Gebührenschuld?

   ☐ a. Mit dem Parken auf der gekennzeichneten Fläche.

   ☐ b. Mit dem Überfahren der gekennzeichneten Fläche.

   ☐ c. Mit dem Betreten der gekennzeichneten Fläche.

3. Gebührenschuldner ist

   ☐ a. der Fahrer.

   ☐ b. der Halter.

   ☐ c. der Versicherungsnehmer.

4. An wen ist die Gebühr zu entrichten?

   ☐ a. An Polizeibeamte.

   ☐ b. An Personen beziehungsweise Einrichtungen zur Überwachung der Parkzeit.

   ☐ c. An Personen, die im Polizeivollzugsdienst tätig sind.

5. Wer ist der Urheber einer Verordnung?

   ☐ a. Die Exekutive.

   ☐ b. Die Polizei.

   ☐ c. Das Parlament.

Lösung

1. b   2. a   3. a   4. b   5. a

Tests zur Allgemeinbildung

Wissen macht souverän und ist deshalb unverzichtbar. Das gilt nicht nur für Fachwissen, sondern auch für das Allgemeinwissen. Komplizierte Sachverhalte kann man nur beurteilen, wenn man gut informiert ist und über den sprichwörtlichen Tellerrand hinausschaut.

In den staatlichen Institutionen Polizei, Bundeswehr und Zoll legt man auf eine solide Allgemeinbildung viel Wert und das hat für den Bürger etwas Beruhigendes. Eine funktionierende und erfolgreiche Demokratie braucht keine gedankenlosen Befehlsempfänger und -vollstrecker, sondern Frauen und Männer, die immer wissen, warum sie etwas tun beziehungsweise tun sollten. Immerhin handelt es sich um Tätigkeiten, die einer besonderen Legitimation bedürfen und deshalb besonders schnell in die öffentliche Kritik geraten.

Wissenstests sind also keine Schikane, sondern im Interesse Ihres zukünftigen beruflichen Erfolgs und vor allem der öffentlichen Akzeptanz Ihrer Aufgaben unverzichtbar.

Und wenn Sie heute dabei durchfallen, muss das morgen nicht so sein. Schwachstellen kann man beheben, wenn man sie erkannt und die letzten zehn Jahre in Sachen Allgemeinbildung nicht völlig verschlafen hat. Hier einige Gebiete, auf denen Sie etwas auf der Pfanne haben sollten. Dass die hier angeführten Beispiele nur exemplarisch sein können, versteht sich von selbst – und dass sie nicht mit dem tatsächlichen Test identisch sind, ist im Sinne des Fair Play ebenfalls selbstverständlich.

Allgemeinwissen Politik

Polizei, Bundeswehr und Zoll sind Organe der Exekutive, deren Handeln demokratisch legitimiert sein muss. Der Auftrag dieser Institutionen ist hochpolitisch, daher ist eine gute politische Bildung ihrer Repräsentanten unverzichtbar. Und zwar aus zwei Gründen: Zum einen erwartet der Bürger von jenen, die zum staatlichen Gewalteinsatz berechtigt sind, dass sie über einen guten Kompass bei ihrem Entscheiden und Handeln verfügen.

Zum anderen ist der nicht nur gut ausgebildete, sondern auch gebildete Amtsträger geistig flexibler und tritt überzeugender auf.

Bitte beantworten Sie die folgenden 30 Fragen, indem Sie das Kreuzchen an die richtige Stelle setzen. Das Tempo ist nicht entscheidend. Am Ende des Tests finden Sie die Auflösung und erfahren, ob Sie dieses Thema abhaken können oder hier noch nachbessern sollten.

1. Unter einem Souverän versteht man den Inhaber der Staatsgewalt. Wer ist in der Bundesrepublik Deutschland der Souverän?

   ☐   a. Das Staatsvolk.

   ☐   b. Die Regierung.

   ☐   c. Der Bundeskanzler.

   ☐   d. Das Bundesverfassungsgericht.

2. „Alle Staatsgewalt geht vom Volke aus. Sie wird vom Volke in Wahlen und Abstimmungen und durch besondere Organe der Gesetzgebung, der vollziehenden Gewalt und der Rechtsprechung ausgeübt." Wo steht das?

   ☐   a. Im Strafgesetzbuch.

   ☐   b. Im Grundgesetz.

   ☐   c. Im Bürgerlichen Gesetzbuch.

   ☐   d. In der Strafprozessordnung.

3. Was versteht man unter Pluralismus?

   ☐   a. Es entscheidet grundsätzlich die Mehrheit.

   ☐   b. Das Volk entscheidet über alle politischen Fragen oder Konflikte.

   ☐   c. Unterschiedliche Interessen und politische Positionen werden anerkannt.

   ☐   d. Minderheiten können nicht berücksichtigt werden.

4. Gewaltenteilung heißt, dass die folgenden Bereiche voneinander unabhängig sind:

   ☐   a. Legislative, Konstruktive, Indikative.

   ☐   b. Restaurative, Konservative, Konjunktive.

☐　c. Exekutive und Judikative.

☐　d. Legislative, Exekutive, Judikative.

5.　Die Legislative ist

☐　a. der Bundesrat.

☐　b. die Regierung.

☐　c. der Bundespräsident.

☐　d. das Parlament.

6.　Wie beginnt der erste Artikel des Grundgesetzes der Bundesrepublik Deutschland?

☐　a. Alle Menschen sind vor dem Gesetz gleich.

☐　b. Eine Zensur findet nicht statt.

☐　c. Die Würde des Menschen ist unantastbar.

☐　d. Eigentum verpflichtet.

7.　Die Bundesrepublik Deutschland ist ein föderal verfasster Staat. Was bedeutet das konkret?

☐　a. Die 16 Bundesländer bestimmen, was mit den Steuereinnahmen gemacht wird.

☐　b. Bestimmte Aufgaben werden von den 16 Bundesländern in eigener Hoheit wahrgenommen. Typisch hierfür sind Bildungs- und Polizeiaufgaben.

☐　c. Die 16 Bundesländer dürfen einen eigenen Außenminister bestellen, um ihre Interessen international wahren zu können.

☐　d. Die Bundesländer bestimmen die Verteidigungspolitik.

8.　Welches Land ist ein typischer „Einheitsstaat", also nicht föderal, sondern zentralistisch organisiert?

☐　a. Frankreich.

☐　b. USA.

☐　c. Spanien.

☐　d. Großbritannien.

9. Welche Aufgabe kommt den politischen Parteien zu?

☐   a. Die Parteien wirken an der politischen Willensbildung des Volkes mit.

☐   b. Die Parteien haben die Interessen ihrer Wähler im Parlament durchzusetzen.

☐   c. Die Parteien sind der alleinige Machtfaktor im Staat.

☐   d. Parteien beschließen Gesetze und wachen über deren Einhaltung.

10. Welches Verfassungsorgan wird direkt vom Volk gewählt?

☐   a. Das Bundesverfassungsgericht.

☐   b. Das Parlament.

☐   c. Der Bundesrat.

☐   d. Die Bundesversammlung.

11. Welche Mehrheit ist notwendig, um die Verfassung zu ändern?

☐   a. Eine Zweidrittelmehrheit in der Bundesversammlung.

☐   b. Eine Zweidrittelmehrheit in Bundestag und Bundesrat.

☐   c. Eine Zweidrittelmehrheit im Parlament.

☐   d. Eine Zweidrittelmehrheit in einer Volksabstimmung.

12. Was ist ein konstruktives Misstrauensvotum?

☐   a. Der Bundeskanzler wird in einer Sondersitzung des Bundestages abgewählt.

☐   b. Der Bundestag kann dem Bundeskanzler das Misstrauen nur dadurch aussprechen, dass er mit der Zweidrittelmehrheit seiner Mitglieder einen Nachfolger wählt und den Bundespräsidenten ersucht, den Bundeskanzler zu entlassen.

☐   c. Der Bundestag kann dem Bundeskanzler das Misstrauen nur dadurch aussprechen, dass er mit der Mehrheit seiner Mitglieder einen Nachfolger wählt und der Bundesrat dem auch zustimmt.

☐   d. Der Bundestag kann dem Bundeskanzler das Misstrauen nur dadurch aussprechen, dass er mit der Mehrheit seiner Mitglieder einen Nachfolger wählt und den Bundespräsidenten ersucht, den Bundeskanzler zu entlassen.

13. Was versteht man unter dem „Gewaltmonopol" des Staates?

☐   a. Eine Diktatur.

☐   b. In Ausnahmefällen ist Selbstjustiz legitimiert.

☐   c. Wenn die Gewaltanwendung eindeutig zum Wohle des Volkes erfolgt, ist sie grundsätzlich legitimiert.

☐   d. Nur staatliche Organe sind dazu legitimiert, physische Gewalt auszuüben.

14. Wer kontrolliert den Einsatz der Bundeswehr?

☐   a. Das Bundesverteidigungsministerium.

☐   b. Der Bundespräsident.

☐   c. Der Bundestag.

☐   d. Die NATO.

15. Wo ist der Sitz des Bundesverfassungsgerichts?

☐   a. Frankfurt.

☐   b. Karlsruhe.

☐   c. Leipzig.

☐   d. München.

16. Wie lange dauert normalerweise die Legislaturperiode des Bundestages?

☐   a. 4 Jahre.

☐   b. 5 Jahre.

☐   c. 6 Jahre.

☐   d. Das entscheidet jeweils der Bundestag.

17. Wer wählt in der Bundesrepublik Deutschland den Bundespräsidenten?

☐   a. Die Bundesversammlung.

☐   b. Das Parlament.

☐   c. Das Volk.

☐   d. Der Bundesrat.

18. Wer bekleidet nach dem Bundespräsidenten protokollarisch das zweithöchste Amt im Staat?

☐   a. Der Kanzler.

☐   b. Der Bundestagspräsident.

☐   c. Der Innenminister.

☐   d. Der Bundesratspräsident.

19. Beamte leisten ihren Diensteid

☐   a. auf das Parlament.

☐   b. auf das Bundesverfassungsgericht.

☐   c. auf die Verfassung.

☐   d. den Bundespräsidenten.

20. Das Europäische Parlament hat seinen Sitz in

☐   a. Brüssel.

☐   b. Mons.

☐   c. Paris.

☐   d. Straßburg.

21. Welcher Prozess ist mit dem Stichwort „Schengen" gemeint?

☐   a. Mit dem Schengener Abkommen schützten die EU-Mitglieder ihre Binnenmärkte.

☐   b. Im Schengener Abkommen vereinbarten fünf europäische Staaten den totalen Wegfall von Zöllen.

☐   c. Im Schengener Abkommen vereinbarten fünf europäische Staaten einen einheitlichen Führerschein für alle Bürger im „Schengen-Raum".

☐   d. Im Schengener Abkommen vereinbarten fünf europäische Staaten, auf Kontrollen des Personenverkehrs an ihren gemeinsamen Grenzen zu verzichten.

22. Welches Land gehört zur EU und zur NATO?

☐   a. Norwegen.

☐   b. Türkei.

- [ ] c. Polen.
- [ ] d. Bulgarien.

23. Welches Land gehört nicht zur NATO?

- [ ] a. Kroatien.
- [ ] b. Georgien.
- [ ] c. Albanien.
- [ ] d. Frankreich.

24. Wo ist der Sitz der UNO?

- [ ] a. New York.
- [ ] b. London.
- [ ] c. Rom.
- [ ] d. Paris.

25. Deutsche Soldaten leisten Dienst in Afghanistan. Sie stehen unter dem Kommando der

- [ ] a. NATO.
- [ ] b. EU.
- [ ] c. Bundesrepublik Deutschland.
- [ ] d. KSZE.

26. Der Eingriff in die Grundrechte anderer Menschen muss erfolgen

- [ ] a. unter Beachtung des Rechtsempfindens.
- [ ] b. unter Beachtung der Gesetze.
- [ ] c. unter Beachtung der guten Sitten.
- [ ] d. unter Beachtung des Gewohnheitsrechts.

27. Unsere Rechtsordnung

- [ ] a. setzt dem Staat Grenzen.
- [ ] b. setzt dem Bürger Grenzen.
- [ ] c. setzt dem Staat und dem Bürger Grenzen.
- [ ] d. ist vorrangig für Bürger mit deutscher Staatsangehörigkeit da.

28. Die Exekutive (Regierung)
    ☐ a. beschließt Gesetze.
    ☐ b. überprüft die Rechtmäßigkeit der Gesetze.
    ☐ c. bestellt die Richter des Bundesverfassungsgerichts.
    ☐ d. führt die von der Legislative beschlossenen Gesetze aus.

29. Was ist ein Plebiszit?
    ☐ a. Die Herrschaft einer Partei mit absoluter Mehrheit.
    ☐ b. Eine Volksdemokratie.
    ☐ c. Eine demoskopische Umfrage.
    ☐ d. Eine Abstimmung des Volkes über eine Sachfrage.

30. Die Demokratie
    ☐ a. wurde nach der Französischen Revolution als eine Staatsform
       „erfunden".
    ☐ b. ist heute eine Selbstverständlichkeit.
    ☐ c. muss geschätzt und verteidigt werden.
    ☐ d. hat für das Gemeinwesen auch viele Nachteile.

Lösung

1. a	2. b	3. c	4. d	5. d	6. c	7. b
8. a	9. a	10. b	11. c	12. d	13. d	14. c
15. b	16. a	17. a	18. b	19. c	20. d	21. d
22. c	23. b	24. a	25. a	26. b	27. c	28. d
29. d	30. c					

Empfehlung

Gratulation, wenn Sie 20 und mehr Punkte erreicht haben. Falls die Ausbeute eher mager ausgefallen ist, verfolgen Sie als Vorbereitung auf den Test und das Vorstellungsinterview regelmäßig das politische Geschehen in den Medien.

Allgemeinwissen Geschichte

Warum ist die Bevölkerung der Bundesrepublik Deutschland im Vergleich zu anderen Ländern besonders pazifistisch eingestellt? Warum wurde in diesem Land in den 1970er Jahren von einigen politischen Aktivisten (Jutta Ditfurth) das staatliche Gewaltmonopol infrage gestellt? Warum hat jedes Bundesland seine eigene Polizei? Welche historischen Ereignisse haben unser Land besonders geprägt? Gesellschaftliche Entwicklungen kann man nur angemessen beurteilen, wenn man über solide Geschichtskenntnisse verfügt.

Und nun setzen Sie die Kreuzchen an die richtige Stelle.

1. Wann wurde Karl der Große vom Papst zum Kaiser gekrönt?
   ☐ a. Weihnachten 800.
   ☐ b. Ostern 900.
   ☐ c. Pfingsten 1000.
   ☐ d. Himmelfahrt 1100.

2. Wann entdeckte Kolumbus Amerika?
   ☐ a. 1392.
   ☐ b. 1492.
   ☐ c. 1592.
   ☐ d. 1692.

3. Der 30-jährige Krieg hat Deutschland erheblich verwüstet. Er dauerte
   ☐ a. von 1418 bis 1448.
   ☐ b. von 1518 bis 1548.
   ☐ c. von 1618 bis 1648.
   ☐ d. von 1718 bis 1748.

4. Die Französische Revolution veränderte unter der Parole „Freiheit, Gleichheit, Brüderlichkeit" die Welt. Wann begann sie?
   ☐ a. 1489.
   ☐ b. 1589.

☐   c. 1689.

☐   d. 1789.

5. Warum ist der Wiener Kongress von 1815 im Gedächtnis der europäischen Völker besonders verankert? Weil

☐   a. die Herrschaft Napoleons auf dem Kontinent zu Ende war.

☐   b. die Belagerung Wiens durch die Türken beendet wurde.

☐   c. die spanische Armada durch Großbritannien vernichtet wurde.

☐   d. Europa demokratisch wurde.

6. 1871 wurde das Deutsche Reich gegründet und der preußische König Wilhelm I. zum deutschen Kaiser proklamiert. Den Weg dahin markieren vorrangig

☐   a. die damaligen Bauernaufstände in Dithmarschen, Schwaben und Tirol.

☐   b. die Kriege gegen Dänemark 1864, gegen Österreich 1866 sowie gegen Frankreich 1870/71.

☐   c. die Entscheidung Österreichs, den Deutschen Bund zu verlassen.

☐   d. der Kulturkampf und der Berliner Kongress.

7. Unter welchem Kanzler wurde das Deutsche Reich 1871 gegründet?

☐   a. Kurt von Schleicher.

☐   b. Franz von Papen.

☐   c. Otto von Bismarck.

☐   d. Gustav Stresemann.

8. Am 28.6.1914 wurden der österreichisch-ungarische Thronfolger Erzherzog Franz Ferdinand und seine Frau ermordet. Dies gilt als Anlass für den Ausbruch des Ersten Weltkriegs. Wo passierte das Attentat?

☐   a. Belgrad.

☐   b. Budapest.

☐   c. Wien.

☐   d. Sarajevo.

9. Der Erste Weltkrieg fand von 1914 bis 1918 statt. Wem wurde im Versailler Vertrag die alleinige Schuld am Krieg angelastet?

☐   a. Deutschland.

☐   b. Österreich.

☐   c. Japan.

☐   d. Italien.

10. Wer rief am 9.11.1918 nach dem verlorenen Ersten Weltkrieg die Republik aus und beendete damit das deutsche Kaiserreich?

☐   a. Friedrich Ebert.

☐   b. Philipp Scheidemann.

☐   c. Ernst Thälmann.

☐   d. Gustav Stresemann.

11. Welches Jahr gilt als besonderes Schicksalsjahr der Deutschen?

☐   a. 1913.

☐   b. 1923.

☐   c. 1933.

☐   d. 1943.

12. Der Zweite Weltkrieg dauerte

☐   a. von 1939 bis 1944.

☐   b. von 1938 bis 1945.

☐   c. von 1937 bis 1946.

☐   d. von 1939 bis 1945.

13. Wann unterzeichneten in San Francisco 50 Staaten die Charta der Vereinten Nationen und gründeten damit die UNO?

☐   a. 1945.

☐   b. 1955.

☐   c. 1965.

☐   d. 1975.

14. Im Jahr 1949 wurde die Bundesrepublik Deutschland gegründet. Wie
    hieß der erste Bundeskanzler?

    ☐   a. Theodor Heuß.

    ☐   b. Konrad Adenauer.

    ☐   c. Kurt Schumacher.

    ☐   d. Ludwig Erhard.

15. Wie hieß der erste Bundespräsident der Bundesrepublik Deutschland?

    ☐   a. Carlo Schmidt.

    ☐   b. Konrad Adenauer.

    ☐   c. Theodor Heuß.

    ☐   d. Heinrich Lübke.

16. Wann wurde die Deutsche Demokratische Republik (DDR) gegründet?

    ☐   a. 1945 im Zuge der Besetzung durch die UdSSR.

    ☐   b. 1946 nach Gründung der SED.

    ☐   c. 1947 im Zuge der Moskauer Außenministerkonferenz.

    ☐   d. 1949, als sich der „Deutsche Volksrat" der Sowjetzone als vor-
          läufige „Deutsche Volkskammer" konstituierte.

17. Zu welchem Verteidigungsbündnis gehörte bis zum Jahr 1990 die da-
    malige DDR?

    ☐   a. Warschauer Pakt.

    ☐   b. Moskauer Vertrag.

    ☐   c. Comecon.

    ☐   d. Kominternpakt.

18. Im Jahr 1953 starb der sowjetische Ministerpräsident und Generalsek-
    retär der KPdSU J. W. Stalin. Wer war der Nachfolger als Erster Sekre-
    tär der KPdSU?

    ☐   a. Bulganin.

    ☐   b. Chruschtschow.

    ☐   c. Trotzki.

    ☐   d. Malenkow.

19. Wann fand der Aufstand der Bevölkerung gegen das herrschende Regime der DDR statt?

☐   a. 1948.

☐   b. 1950.

☐   c. 1953.

☐   d. 1956.

20. Von 1950 bis 1953 fand der Korea-Krieg statt. Auslöser war der militärische Überfall des Nordens auf den Süden. Wer kämpfte gegen wen?

☐   a. China gegen die USA.

☐   b. Nordkorea gegen die UNO.

☐   c. Nordkorea und China gegen die USA.

☐   d. Nordkorea und China gegen die USA und verbündete UNO-Truppen.

21. Im Jahr 1949 wurde von zwölf Staaten die NATO als kollektives Verteidigungsbündnis des Westens gegründet. Wann wurde die Bundesrepublik Deutschland NATO-Mitglied?

☐   a. 1955 (mit Gründung der Bundeswehr).

☐   b. 1952 (nach Abschluss des „Deutschlandvertrags" zwischen der Bundesrepublik und den Westmächten).

☐   c. 1951 (nach Beendigung des formellen Kriegszustands der Westmächte mit Deutschland).

☐   d. 1949 (nach Gründung der Bundesrepublik Deutschland).

22. Wann fand der Aufstand gegen das kommunistische Regime in Ungarn statt?

☐   a. 1945.

☐   b. 1956.

☐   c. 1960.

☐   d. 1968.

23. Wann errichtete die DDR die Berliner Mauer, um die Fluchtbewegung der Bevölkerung zu beenden?

  ☐ a. 1950.

  ☐ b. 1955.

  ☐ c. 1961.

  ☐ d. 1971.

24. Den deutsch-französischen Freundschaftsvertrag unterzeichneten im Jahr 1963

  ☐ a. Erhard und Pompidou.

  ☐ b. Heuß und Mitterrand.

  ☐ c. Brandt und Chirac.

  ☐ d. Adenauer und de Gaulle.

25. Was versteht man unter dem „Sechs-Tage-Krieg"?

  ☐ a. Den siegreichen Krieg Israels gegen seine arabischen Nachbarn im Jahr 1967.

  ☐ b. Den verlorenen Krieg der Engländer und Franzosen gegen Ägypten in der Suez-Krise.

  ☐ c. Den Krieg der Engländer gegen Argentinien auf den Falkland-Inseln.

  ☐ d. Den berühmten „Fußball-Krieg" zwischen Paraguay und Uruguay.

26. Welches sind die wichtigsten politischen Stationen auf dem Weg zur Europäischen Union (EU)?

  ☐ a. Europäische Gemeinschaft für Kohle und Stahl (Montanunion), Europäische Wirtschaftsgemeinschaft (EWG) und Europäische Verteidigungsgemeinschaft (EVG).

  ☐ b. Europäische Gemeinschaft für Kohle und Stahl (Montanunion), Europäische Wirtschaftsgemeinschaft (EWG) und Europäische Gemeinschaft (EG).

  ☐ c. Europäische Wirtschaftsgemeinschaft (EWG), Europäische Verteidigungsgemeinschaft (EVG) und Europäische Gemeinschaft (EG).

☐ d. Europäische Wirtschaftsgemeinschaft (EWG), Konferenz für Sicherheit und Zusammenarbeit in Europa (KSZE) und Europäische Gemeinschaft (EG).

27. Die RAF war in der Bundesrepublik Deutschland

☐ a. eine Befreiungsarmee.

☐ b. ein legendäres Fluggeschwader.

☐ c. eine kriminell-terroristische Organisation.

☐ d. eine palästinensische Terrorzelle.

28. Die Berliner Mauer fiel am

☐ a. 9.11.77.

☐ b. 9.11.87.

☐ c. 9.11.88.

☐ d. 9.11.89.

29. Seit wann gehört Sachsen zur Bundesrepublik Deutschland?

☐ a. 1990.

☐ b. 1991.

☐ c. 1992.

☐ d. 1993.

30. Der 1991 durch eine von den USA geführte Koalition beendete Golfkrieg (Desert Storm) wurde ausgelöst durch

☐ a. die Invasion Iraks in den Iran.

☐ b. den Einmarsch des Irak in Kuwait.

☐ c. Selbstmordanschläge von Al Quaida.

☐ d. einen Konflikt zwischen Palästina und Israel.

Lösung

1. a	2. b	3. c	4. d	5. a	6. b	7. c
8. d	9. a	10. b	11. c	12. d	13. a	14. b
15. c	16. d	17. a	18. b	19. c	20. d	21. a

22. b   23. c   24. d   25. a   26. b   27. c   28. d
29. a   30. b

Empfehlung

Bei 20 und mehr Punkten sind Sie historisch auf der Höhe der Zeit. Wenn Ihre Trefferquote unter 50 % liegt, sollten Sie sich mit den wichtigsten Ereignissen und Daten der jüngeren deutschen und europäischen Geschichte befassen.

Interkulturelles Wissen

Ein friedliches Miteinander der Völker setzt voraus, dass man Verständnis füreinander hat – vor allem für die nationalen Eigenheiten und Besonderheiten der anderen. Verstehen wiederum setzt allerdings Kenntnisse voraus. Im antiken Griechenland wurden Menschen, deren Sprache man nicht verstand, „barbaros" genannt. Auf die sprachliche Diffamierung – Barbar – folgte dann nicht selten das Totschlagen.

Wer seine berufliche Zukunft bei der Polizei, der Bundeswehr oder dem Zoll sieht, wird im Rahmen seiner Aufgaben mit Angehörigen verschiedener Nationalitäten und Kulturen zu tun haben. Interkulturelle Kompetenz ist hier unverzichtbar, um Akzeptanz zu finden, zu einem vertrauensvollen Dialog zu gelangen, Konflikte sachlich zu regulieren oder Provokationen, die manchmal nur aus Ahnungslosigkeit entstehen, zu vermeiden.

Kurzum: Wer etwas über die Geschichte, Kultur und Geografie eines Landes weiß, weiß auch etwas über die Menschen, die hier leben oder von dort stammen. Was hat sie in der Vergangenheit traumatisiert? Wo sind die Ängste und die Hoffnungen? Worauf sind sie stolz? Wo liegen die Empfindlichkeiten? Durch welche Überzeugungen werden sie geleitet? Als Vollzugsbeamter beziehungsweise Vollzugsbeamtin darf man sich mit seinen „Klienten" nicht verbünden, man muss aber in der Lage sein, sich empathisch auf sie einzulassen.

Prüfen Sie einmal nach, was Sie eigentlich aktuell über andere Länder und Kulturen wissen.

1. Die meisten Polen sind

   ☐ a. katholisch.

   ☐ b. protestantisch.

   ☐ c. konfessionslos.

   ☐ d. orthodox.

2. Der großartige Schriftsteller Franz Kafka lebte und arbeitete in

   ☐ a. Warschau.

   ☐ b. Prag.

   ☐ c. Budapest.

   ☐ d. Paris.

3. Der bedeutende Komponist Frédéric Chopin ist

   ☐ a. Sohn eines Franzosen und einer Ungarin.

   ☐ b. Sohn eines Franzosen und einer Tschechin.

   ☐ c. Sohn eines Franzosen und einer Polin.

   ☐ d. Sohn eines Franzosen und einer Kroatin.

4. Welcher Staat war über 120 Jahre (bis 1918) von der politischen Landkarte verschwunden?

   ☐ a. Ungarn.

   ☐ b. Belgien.

   ☐ c. Luxemburg.

   ☐ d. Polen.

5. Das russische Nationalgericht Bortsch (Borschtsch) gehört in Russland seit Jahrhunderten zu den beliebtestesten Gerichten. Es besteht typischerweise unter anderem aus

   ☐ a. roten Rüben (Rote Beete).

   ☐ b. Steckrüben.

   ☐ c. Kohlrabi.

   ☐ d. Mohrrüben.

6. Was ist typisch für Sankt Petersburg?
   - ☐ a. Die Weiße Flotte.
   - ☐ b. Die Weißen Nächte.
   - ☐ c. Die weißen Strände.
   - ☐ d. Der weiße Klassizismus.

7. Die europäischen Staaten unterscheiden sich hinsichtlich des Ausma-
   ßes der Regulierung beziehungsweise der (rechtmäßigen) Eingriffe in
   die persönlichen Belange der Bürger. Welches Land gilt als besonders
   „unterreguliert"?
   - ☐ a. Deutschland.
   - ☐ b. Spanien.
   - ☐ c. Italien.
   - ☐ d. Schweden.

8. In welchem Land tobte von 1936 bis 1939 ein grausamer Bürgerkrieg,
   dessen „Wunden" in der Bevölkerung bis heute nicht geheilt sind?
   - ☐ a. Portugal.
   - ☐ b. Irland.
   - ☐ c. Griechenland.
   - ☐ d. Spanien.

9. Flamenco ist die Bezeichnung für Lieder und Tänze aus
   - ☐ a. Andalusien.
   - ☐ b. der Puszta.
   - ☐ c. Galizien.
   - ☐ d. Kalabrien.

10. Wie heißt die „Ewige Stadt"?
   - ☐ a. Damaskus
   - ☐ b. Rom
   - ☐ c. Jerusalem
   - ☐ d. Konstantinopel

11. Warum verehren die Franzosen bis heute die Jungfrau von Orléans (Jeanne d'Arc) als Nationalheldin?

☐ a. Weil sie zur Märtyrerin erklärt und 1920 vom Papst heilig gesprochen wurde.

☐ b. Weil sie von den Burgundern verraten und an die Engländer verkauft wurde.

☐ c. Weil sie durch Vorbild und Mut die resignierenden französischen Soldaten motivierte und so einen wichtigen Sieg über die Engländer im Hundertjährigen Krieg errang (1337 bis 1453).

☐ d. Weil sie für ihren Glauben auf dem Scheiterhaufen starb.

12. Das besondere Verhältnis zwischen der Bundesrepublik Deutschland und Israel ist durch den Holocaust bedingt. Was ist damit gemeint?

☐ a. Der Begriff steht für die Deportation von über 6 Millionen Juden in der Zeit des Nationalsozialismus.

☐ b. Der Begriff steht für die Ghettoisierung von über 6 Millionen Juden in der Zeit des Nationalsozialismus.

☐ c. Der Begriff steht für die nationalsozialistische Rassenpolitik.

☐ d. Der Begriff steht für die Ermordung von über 5 Millionen, möglicherweise gar über 6 Millionen Juden in der Zeit des Nationalsozialismus.

13. Welches islamische Land hat eine Trennung von Staat und Religion vollzogen, die sogar in der Verfassung festgeschrieben ist?

☐ a. Türkei.

☐ b. Jordanien.

☐ c. Kuwait.

☐ d. Marokko.

14. Die Bevölkerungsmehrheit im Iran sind

☐ a. Wahabiten.

☐ b. Schiiten.

☐ c. Sunniten.

☐ d. Kopten.

15. Worum geht/ging es im „Kopftuchstreit"?

   ☐ a. Es geht/ging darum, dass insbesondere die Türken ihre religiösen Vorstellungen in Deutschland durchsetzen wollen.

   ☐ b. Es geht um die Unterdrückung der Frau.

   ☐ c. Es handelt sich um einen Konflikt zwischen der Religionsfreiheit der Bürger einerseits und der religiösen Neutralitätspflicht des Staates andererseits.

   ☐ d. Es geht um ein konservatives und nicht mehr zeitgemäßes Kleidungsstück für Frauen.

16. Welches Land hat keine Berufsarmee, sondern eine Wehrpflichtigenarmee?

   ☐ a. USA.

   ☐ b. Frankreich.

   ☐ c. Großbritannien.

   ☐ d. Österreich.

17. Welches ist die richtige Rangordnung der Dienstgrade der regionalen Polizeien in Großbritannien?

   ☐ a. Constable, Sergeant, Inspector.

   ☐ b. Constable, Inspector, Sergeant.

   ☐ c. Sergeant, Constable, Inspector.

   ☐ d. Inspector, Constable, Sergeant.

18. Was ist ein „Bobby"?

   ☐ a. Das Maskottchen der Iren – ein Seehund.

   ☐ b. Kosename für den typisch britischen Polizisten: höflich, friedfertig und so gut wie unbewaffnet.

   ☐ c. Bezeichnung für einen Polizisten, der mindesten 1,80 m groß ist.

   ☐ d. Die Hauptfigur in einem beliebten englischen Kinderbuch.

19. „You are welcome" gehört zu den häufigsten Redewendungen der US-Amerikaner. Was ist damit gemeint?

☐ a. Vielen Dank!

☐ b. Herzlich willkommen! (Freut mich, Sie zu treffen!)

☐ c. Keine Ursache! (Gern geschehen!)

☐ d. Was kann ich für Sie tun?

20. In welchem Land ist das Streben nach Glück – „Pursuit of Happiness" – in der Verfassung festgeschrieben?

☐ a. Großbritannien.

☐ b. Australien.

☐ c. Kanada.

☐ d. USA.

21. In welchem südamerikanischen Land ist Portugiesisch die Amtssprache?

☐ a. Brasilien.

☐ b. Chile.

☐ c. Argentinien.

☐ d. Venezuela.

22. Japan war im Zweiten Weltkrieg verbündet mit

☐ a. Korea.

☐ b. Deutschland.

☐ c. Russland.

☐ d. China.

23. Welches Land gilt als größte Demokratie der Welt?

☐ a. Vietnam.

☐ b. Pakistan.

☐ c. Indien.

☐ d. China.

24. In welchem Staat ist der Präsident mit einer besonders großen Macht-
fülle ausgestattet?

☐ a. Bundesrepublik Deutschland.

☐ b. Schweiz.

☐ c. Belgien.

☐ d. USA.

25. In welchem Staat genießen Soldaten die höchste Wertschätzung?

☐ a. USA.

☐ b. Deutschland.

☐ c. Argentinien.

☐ d. Griechenland.

26. Der 2009 gewählte amerikanische Präsident Barack Obama gehört zum
politischen Lager der

☐ a. Republikaner.

☐ b. Demokraten.

☐ c. Liberalen.

☐ d. Grünen.

27. Wer wurde 2009 zum Generalsekretär der NATO gewählt?

☐ a. Der Norweger Leif Ericson.

☐ b. Der Isländer Sven Anderson.

☐ c. Der Däne Anders Fogh Rasmussen.

☐ d. Der Schwede Nils Holgerson.

28. In welchem Land spielt die Familienehre eine besonders große Rolle?

☐ a. Irland.

☐ b. Ungarn.

☐ c. Monaco.

☐ d. Türkei.

29. Was sind Menschen mit Migrationshintergrund laut amtlicher Statistik?

☐ a. Personen, die seit dem Jahr 1950 eingewandert sind oder deren Nachkommen.

☐ b. Jemand, der keinen festen Wohnsitz hat.

☐ c. Staatenlose.

☐ d. Ausländer.

30. Der Schotte ist geizig, der Russe trinkt und der Spanier verschiebt alles auf Morgen. Was ist davon zu halten?

☐ a. Es gibt eben einen typischen Nationalcharakter.

☐ b. Diese Verallgemeinerungen sind reiner Unfug.

☐ c. Das sind genetische Programmierungen.

☐ d. Das gilt nicht für alle.

Lösung

1. a	2. b	3. c	4. d	5. a	6. b	7. c
8. d	9. a	10. b	11. c	12. d	13. a	14. b
15. c	16. d	17. a	18. b	19. c	20. d	21. a
22. b	23. c	24. d	25. a	26. b	27. c	28. d
29. a	30. b					

Allgemeinwissen Geografie

Im Internet haben wir längst das „globale Dorf", aber auch die Aufgaben bei der Polizei und beim Zoll werden – was für die Bundeswehr selbstverständlich ist – zunehmend internationaler und globaler. In diesem Sinne bietet beispielsweise die Hochschule der Polizei Hamburg einen Studienschwerpunkt „Polizei im internationalen Kontext" an.

In den Verfahren zur Eignungsfeststellung von Bewerberinnen und Bewerbern geht es auch um geografisches Wissen. Wer sich in der Welt nicht einigermaßen auskennt, kann kaum erwarten, von den Bürgern und potenziellen „Kunden" ernst genommen zu werden.

Nehmen Sie sich jetzt in die Pflicht. Hier ist der Test, der Ihnen zeigt, ob
Sie sich zurücklehnen können oder schleunigst nachbessern sollten.

1. Wie viele Nachbarstaaten hat die Bundesrepublik Deutschland?
    ☐   a. 7.
    ☐   b. 8.
    ☐   c. 9.
    ☐   d. 10.

2. Welches Bundesland hat keinen ausländischen Nachbarn?
    ☐   a. Bayern.
    ☐   b. Thüringen.
    ☐   c. Niedersachsen.
    ☐   d. Saarland.

3. Wie heißt die Landeshauptstadt von Sachsen?
    ☐   a. Weimar.
    ☐   b. Leipzig.
    ☐   c. Dresden.
    ☐   d. Chemnitz.

4. Welche Stadt gilt als Finanzmetropole?
    ☐   a. Düsseldorf.
    ☐   b. Köln.
    ☐   c. München.
    ☐   d. Frankfurt am Main.

5. Bitte bringen Sie die drei größten europäischen Seehäfen in die richtige Rangordnung?
    ☐   a. Rotterdam, Antwerpen, Hamburg.
    ☐   b. Rotterdam, Wilhelmshaven, Hamburg.
    ☐   c. Rotterdam, Bremerhaven, Hamburg.
    ☐   d. Hamburg, Rotterdam, Antwerpen.

6. Wie viele Einwohner hat Berlin?

☐ a. Circa 2,4 Millionen.

☐ b. Circa 3,4 Millionen.

☐ c. Circa 4,4 Millionen.

☐ d. Circa 5,4 Millionen.

7. Welches Bundesland hat die höchste Einwohnerzahl?

☐ a. Hessen.

☐ b. Bayern.

☐ c. Nordrhein-Westfalen.

☐ d. Baden-Württemberg.

8. Das NATO-Mitglied Türkei hat eine Außengrenze mit

☐ a. Israel.

☐ b. Kuwait.

☐ c. China.

☐ d. Irak.

9. Wie heißen die drei baltischen Staaten?

☐ a. Estland, Lettland, Litauen.

☐ b. Estland, Kaschubien, Lettland.

☐ c. Estland, Moldawien, Masuren.

☐ d. Estland, Kaliningrad, Ermland.

10. Welches Land grenzt nicht ans Mittelmeer?

☐ a. Marokko.

☐ b. Mauretanien.

☐ c. Monaco.

☐ d. Israel.

11. Welches Land hat eine Außengrenze mit Russland?

☐ a. Ungarn.

☐ b. Slowenien.

☐   c. Norwegen.

☐   d. Serbien.

12. Die Hauptstadt der Slowakei heißt

☐   a. Belgrad.

☐   b. Tirana.

☐   c. Prag.

☐   d. Bratislava.

13. Die Ukraine ist

☐   a. ein völkerrechtlich unabhängiger Staat.

☐   b. ein Teil der russischen Föderation.

☐   c. ein teilautonomer Staat.

☐   d. eine Sowjetrepublik.

14. An welchem Fluss liegt Budapest?

☐   a. Weichsel.

☐   b. Donau.

☐   c. Oder.

☐   d. Theiß.

15. Die Hauptstadt von Afghanistan heißt

☐   a. Kinshasa.

☐   b. Kairo.

☐   c. Kabul.

☐   d. Kioto.

16. Der Gaza-Streifen liegt am

☐   a. Persischen Golf.

☐   b. Roten Meer.

☐   c. Toten Meer.

☐   d. Mittelmeer.

17. Das „Weiße Haus" steht in
    ☐   a. Washington.
    ☐   b. Los Angeles.
    ☐   c. New Orleans.
    ☐   d. New York.

18. Der „Kreml" steht in
    ☐   a. Sankt Petersburg.
    ☐   b. Moskau.
    ☐   c. Kiew.
    ☐   d. Odessa.

19. „Big Ben" ist zu hören in
    ☐   a. Melbourne.
    ☐   b. Sidney.
    ☐   c. London.
    ☐   d. Boston.

20. Der „Platz des Himmlischen Friedens" befindet sich in
    ☐   a. Rio de Janeiro.
    ☐   b. Marrakesch.
    ☐   c. Peking.
    ☐   d. Lahore.

21. Taiwan ist
    ☐   a. die Hauptstadt von Bhutan.
    ☐   b. eine Teilrepublik von China.
    ☐   c. eine unbewohnte Insel.
    ☐   d. ein selbstständiger Staat.

22. Die Hauptstadt von Kenia heißt
    ☐   a. Nairobi.
    ☐   b. Kairo.

☐   c. Kinshasa.

☐   d. Casablanca.

23. Namibia – ehemals Deutsch-Südwestafrika – liegt am

☐   a. Indischen Ozean

☐   b. Atlantischen Ozean

☐   c. Pazifischen Ozean

☐   d. Stillen Ozean

24. In welchen Staaten leben viele Kurden?

☐   a. Georgien und Aserbaidschan.

☐   b. Griechenland und Albanien.

☐   c. Türkei und Irak.

☐   d. Bulgarien und Serbien.

25. Welche Nation ist politisch in zwei Staaten geteilt?

☐   a. Kambodscha

☐   b. Kuba

☐   c. Vietnam

☐   d. Korea

26. Welche Insel ist ein unabhängiger Staat?

☐   a. Island

☐   b. Ibiza

☐   c. Irland

☐   d. Ischia

27. Was ist der Hindukusch?

☐   a. Ein See zwischen Iran und Irak.

☐   b. Ein Gebirge in Zentralasien, das überwiegend in Afghanistan liegt.

☐   c. Eine Meerenge zwischen Japan und Korea.

☐   d. Ein Wallfahrtsort der Hindi.

28. Hiroshima ist eine Stadt in

□ a. China.

□ b. Korea.

□ c. Japan.

□ d. Vietnam.

29. Die Republik Slowenien ist ein Nachbarland von

□ a. Serbien, Montenegro und Kosovo.

□ b. Rumänien, Bulgarien und Serbien.

□ c. Bulgarien, Albanien und Griechenland.

□ d. Italien, Österreich, Ungarn und Kroatien.

30. Welche Staaten sind von der Landkarte verschwunden?

□ a. UdSSR, Georgien, Mazedonien.

□ b. UdSSR, Tschechoslowakei, Jugoslawien.

□ c. UdSSR, Weißrussland, Birma.

□ d. UdSSR, Jugoslawien, Kosovo.

Lösung

1. c	2. b	3. c	4. d	5. a	6. b	7. c
8. d	9. a	10. b	11. c	12. d	13. a	14. b
15. c	16. d	17. a	18. b	19. c	20. c	21. d
22. a	23. b	24. c	25. d	26. a	27. b	28. c
29. d	30. b					

Empfehlung

Weniger als 15 Punkte? Dann gönnen Sie sich einige Mußestunden und schauen sich die Europakarte und einen Weltatlas an. Machen Sie eine Reise im Kopf durch nahe und ferne Regionen, es bleibt mit Sicherheit etwas hängen, das Sie im Auswahlverfahren gut gebrauchen können.

Eine Landkarte beschriften

Es kann sein, dass Ihnen eine Landkarte vorgelegt wird, auf der nur die Umrisse von Ländern zu sehen sind. Die Aufgabe besteht dann darin, zum Beispiel Länder zu identifizieren und Hauptstädte einigermaßen „maßstabgetreu" einzutragen.

Testen Sie auf diesem Weg einmal Ihre Geografiekenntnisse.

1.   Markieren Sie die Lage von Berlin.
2.   Markieren Sie die Lage von Paris.
3.   Markieren Sie die Lage von Stockholm.
4.   Welche Konturen stehen für Estland, Lettland und Litauen?

5. Identifizieren Sie die Slowakei.

6. Markieren Sie Dublin.

7. Markieren Sie Sizilien.

8. Wo würden Sie Istanbul platzieren?

9. Wo würden Sie Sankt Petersburg markieren?

10. Zeichnen Sie den Verlauf der Oder in der Karte ein.

Allgemeinwissen IT/Elektronik/Technik

Die Technik hilft uns, effizienter und damit auch erfolgreicher zu sein. Das gilt für die meisten Berufe – und ganz besonders für Aufgaben, die bei der Polizei, der Bundeswehr und beim Zoll zu bewältigen sind.

Keine Sorge, auch wer zwei linke Hände hat, kann bei diesen Institutionen einen guten beruflichen Weg machen. Aber wer für technische Herausforderungen und Entwicklungen überhaupt kein Interesse zeigt und auch noch absolut kenntnisfrei ist, dürfte im Job Probleme bekommen. Damit es erst gar nicht so weit kommt, spielen im Einstellungsverfahren Kenntnisse und Interessen auf den Gebieten Informationstechnologie, Elektronik und Technik im Allgemeinen natürlich eine Rolle.

Zeigen Sie also im folgenden Test, dass Sie die wichtigsten technologischen Entwicklungen mitbekommen haben und das Einmaleins der Technik beherrschen.

1. Welches ist bis heute der wichtigste Grundstoff zur Herstellung von Mikrochips?

    ☐ a. Iridium.

    ☐ b. Kalzium.

    ☐ c. Magnesium.

    ☐ d. Silizium.

2. Was versteht man unter einem Binärsystem?

   ☐ a. Ein neues Verfahren zur Lösung von Gleichungen mit zwei Unbekannten.

   ☐ b. Die Legierung von Silizium und Germanium zur Produktion von Halbleitern mit extrem hoher Leitfähigkeit.

   ☐ c. Es werden zwei Zustände (dargestellt durch die Ziffern 0 und 1) verwendet, um Informationen zu speichern.

   ☐ d. Die perfekte Darstellung dreidimensionaler Objekte auf einer zweidimensionalen Ebene.

3. Welche Reihenfolge ist hinsichtlich der Größe der Informationseinheit (von unten nach oben) richtig?

   ☐ a. Byte, Bit, Kilobyte, Megabyte, Gigabyte, Terabyte.

   ☐ b. Bit, Byte, Kilobyte, Megabyte, Gigabyte, Terabyte.

   ☐ c. Bit, Byte, Kilobyte, Megabyte, Gigabyte, Gammabyte, Terabyte.

   ☐ d. Bit, Byte, Kilobyte, Megabyte, Gigabyte, Geobyte.

4. Worin besteht der entscheidende Vorteil der digitalen Übertragung von Signalen im Vergleich zum analogen Verfahren?

   ☐ a. Digitale Signale können immer verlustfrei übertragen werden.

   ☐ b. Die digitale Übertragung von Signalen braucht deutlich weniger Energie.

   ☐ c. Bei der digitalen Übertragung von Signalen lassen sich die Ansprüche des Datenschutzes besser gewährleisten.

   ☐ d. Es gibt keinen großen Vorteil.

5. Was ist ein Halbleiter?

   ☐ a. Ein Isolator.

   ☐ b. Ein Transformator.

   ☐ c. Ein Festkörper, der eine hohe Leitfähigkeit besitzt und deshalb für den Bau von Transistoren benutzt wird.

   ☐ d. Ein Festkörper, der hinsichtlich seiner elektrischen Leitfähigkeit sowohl ein Leiter als auch ein Nichtleiter ist.

6. Was verbirgt sich hinter den Buchstaben http?

☐ a. Das Hypotext Transmission Program zum schnellen Auffinden von Informationen im Internet.

☐ b. Das Hypertext Transformation Program zum Versenden und Empfangen von SMS.

☐ c. Das Hypertext Transfer Protocol, mit dem Webseiten aus dem World Wide Web in einen Webbrowser geladen werden.

☐ d. Das Hypertext Transfer Program, mit dem ausschließlich Musik auf den Computer geladen werden kann.

7. Was ist eine Firewall?

☐ a. Eine Brandschutztür beziehungsweise -wand.

☐ b. Eine Firewall überwacht den durchlaufenden Datenverkehr.

☐ c. Eine technische Vorrichtung zur Verhinderung von Kurzschlüssen.

☐ d. Die Firewall erkennt Netzangriffe und verhindert diese.

8. Das MS-Office-Paket enthält Komponenten wie Word, Excel, Outlook Access und PowerPoint. Was ist letzteres für ein Programm?

☐ a. Ein Präsentationsprogramm.

☐ b. Ein Datenverwaltungsprogramm.

☐ c. Ein Tabellenkalkulationsprogramm.

☐ d. Eine Projektmanagementsoftware.

9. Worin besteht das Spam-Problem?

☐ a. Es werden Viren importiert.

☐ b. Es wird gegen den Datenschutz verstoßen.

☐ c. Es werden pornografische Daten versendet.

☐ d. Es müssen Datenmengen zusätzlich bearbeitet werden, die keinen Wert haben.

10. Was ist ein Laser?

☐ a. Eine Radarfalle.

☐ b. Ein Verfahren zu Augenkorrektur.

☐ c. Eine Strahlungsquelle.

☐ d. Ein Spektrometer.

11. Ein Kondensator kann

☐ a. Gleichstrom in Wechselstrom verwandeln.

☐ b. eine elektrische Ladung speichern.

☐ c. elektrischen Ladungen neutralisieren.

☐ d. Positronen in Elektronen verwandeln.

12. Ein elektrischer Widerstand ist

☐ a. ein Maß dafür, welche elektrische Spannung erforderlich ist, um einen elektrischen Strom durch einen elektrischen Leiter fließen zu lassen.

☐ b. ein Maß dafür, welche Stromstärke erforderlich ist, um einen elektrischen Strom durch einen elektrischen Leiter fließen zu lassen.

☐ c. ein Maß dafür, welche Wärme erzeugt wird, wenn ein Strom durch einen elektrischen Leiter fließt.

☐ d. ein Maß dafür, welche Energie erzeugt wird, wenn ein Strom durch einen elektrischen Leiter fließt.

13. LED (Light Emitting Diode) ist

☐ a. eine Leuchtdiode mit einer sehr hohen Leistung pro Einheit.

☐ b. ein besonders starker Laserstrahl.

☐ c. ein Flachbildschirm.

☐ d. eine Leuchtdiode auf Grundlage eines Halbleiter-Bauelements.

14. Was ist mit der Abkürzung LCD gemeint?

☐ a. Ein Local Crystal Display.

☐ b. LCDs sind seit den 1990er Jahren bei den Flachbildschirmen vorherrschend.

☐ c. Eine Flüssigkeitskristallanzeige, die in vielen elektronischen Geräten Anwendung findet.

☐ d. Die von der EU eingeführten Energiesparlampen.

15. Mikrowellenherde nutzen elektromagnetische Wellen. Für die Funktionsweise gilt Folgendes:

☐ a. Durch die Ansteuerung der im Eis fixierten Wassermoleküle können gefrorene Lebensmittel besonders schnell aufgetaut werden.

☐ b. Je niedriger die Frequenz, desto größer die Eindringtiefe, desto schlechter aber auch die Absorption. Die festgelegte Frequenz für Mikrowellenherde ist deshalb ein Kompromiss.

☐ c. Mit Wellen im Niedrigfrequenzbereich lässt sich Wasser sehr schnell erwärmen.

☐ d. Die Wellenlänge muss größer als der Garraum sein.

16. Was versteht man unter dem Begriff „Amplitude"?

☐ a. Die Amplitude tritt als maximale Auslenkung von Schwingungen oder Wellen aus der Lage des arithmetischen Mittelwerts auf.

☐ b. Die Spannung einer Stromquelle.

☐ c. Die Stromfrequenz.

☐ d. Widerstand eines Leiters.

17. Eine herkömmliche Glühlampe mit 60 Watt Leistung

☐ a. hat grundsätzlich eine Spannung von 110 Volt.

☐ b. braucht eine Stromstärke von mindestens 80 Ampere.

☐ c. gibt 60 Watt als Lichtenergie ab – also die Energiemenge, die auf der Glühbirne vom Hersteller angegeben ist.

☐ d. nimmt 60 Watt auf, gibt jedoch nur ca. 3 Watt (5 %) in Form des erwünschten sichtbaren Lichtes ab und etwa 57 Watt in Form unerwünschter Wärme.

18. Ein Elektromotor ist das Gegenstück zum

☐ a. Gleichrichter.

☐ b. Repulsionsmotor.

☐ c. Generator.

☐ d. Verbundmotor.

19. Was ist eine Pleuelstange?

    ☐ a. Die Pleuelstange setzt die kreisförmige Bewegung des Kolbens in die lineare Bewegung der Kurbelwelle um.

    ☐ b. Die Pleuelstange setzt die lineare Bewegung des Kolbens in die kreisförmige Bewegung der Kurbelwelle um.

    ☐ c. Eine Gelenkwelle zur Übertragung einer Drehbewegung.

    ☐ d. Eine Sonderform der Kardanwelle.

20. Warum fliegt ein Flugzeug?

    ☐ a. Vorwärtsbewegung und Form der Flügel bewirken einen Unterdruck auf der Oberseite der Flügel.

    ☐ b. Vorwärtsbewegung und Form der Flügel bewirken einen Überdruck auf der Oberseite der Flügel.

    ☐ c. Vorwärtsbewegung und Form der Flügel bewirken einen Überdruck auf der Unterseite der Flügel.

    ☐ d. Vorwärtsbewegung und Form der Flügel bewirken einen Unterdruck auf der Unterseite der Flügel.

21. Was versteht man unter Ballistik?

    ☐ a. Eine auf wissenschaftlichen Erkenntnissen basierende Balltechnik.

    ☐ b. Eine Antriebstechnik für Schiffe.

    ☐ c. Die Ballistik befasst sich mit der Effizienz von Sprengstoffen.

    ☐ d. Die Ballistik beschreibt die Vorgänge, die einen sich durch den Raum bewegenden Körper betreffen.

22. Was ist eine DNA-Analyse?

    ☐ a. Mit einer DNA-Analyse kann man Schadstoffe in Lebensmitteln identifizieren.

    ☐ b. DNA-Analysen nutzt vor allem die Archäologie zur Feststellung des Alters von Objekten.

    ☐ c. DNA-Analysen werden durchgeführt, um Identitätsfragen zu klären.

    ☐ d. DNA-Analysen werden in der Geologie genutzt, um Bodenschätze aufzuspüren.

23. Ein Scanner ist

☐ a. ein Überwachungsgerät.

☐ b. ein Datenerfassungsgerät.

☐ c. ein Gerät zur Ermittlung des Energieverbrauchs.

☐ d. ein Gerät zur Erkennung von Viren.

24. GPS heißt

☐ a. Global Positioning System.

☐ b. German Problem Solving.

☐ c. Global Performance System.

☐ d. Global Purchase System.

25. Was versteht man unter Fotovoltaik?

☐ a. Es handelt sich um einen lasergesteuerten Transformator für extrem hohe Spannungen.

☐ b. Ein digitales Bildverarbeitungsprogramm.

☐ c. Die Umwandlung von Sonnenenergie in elektrische Energie mithilfe von Solarzellen.

☐ d. Die Umwandlung von Wind in elektrische Energie.

26. Wer gilt als Erfinder der ersten funktionstüchtigen Dampfmaschine?

☐ a. Der Franzose Louis Daguerre.

☐ b. Der Deutsche Rudolf Diesel.

☐ c. Der Schotte James Watt.

☐ d. Der Engländer Isaac Newton.

27. Wann und wo fuhr in Deutschland die erste Eisenbahn?

☐ a. 1815 von Nürnberg nach Fürth.

☐ b. 1835 von Nürnberg nach Fürth.

☐ c. 1835 von Augsburg nach Regensburg.

☐ d. 1871 von Berlin nach Potsdam.

28. Am 29.1.1886 hatte ein dreirädriger Wagen mit Viertaktmotor Premiere in den Straßen Mannheims. Dies gilt als Geburtsstunde des Automobils. Wer war der Konstrukteur?

☐ a. Karl Benz.

☐ b. Wilhelm Maybach.

☐ c. Nicolaus August Otto.

☐ d. Felix Wankel.

29. Wer hat die Radioaktivität entdeckt?

☐ a. Wilhelm von Humboldt.

☐ b. Otto Hahn.

☐ c. Albert Einstein.

☐ d. Marie Curie.

30. Mit seiner Entwicklung des Z3 im Jahr 1941 baute er den ersten Computer der Welt. Wer war es?

☐ a. Leonhard Euler.

☐ b. Carl Friedrich Gauß.

☐ c. Konrad Zuse.

☐ d. Gottfried Wilhelm Leibniz.

Lösung

1. d	2. c	3. b	4. a	5. d	6. c	7. b
8. a	9. d	10. c	11. b	12. a	13. d	14. c
15. b	16. a	17. d	18. c	19. b	20. a	21. d
22. c	23. b	24. a	25. c	26. c	27. b	28. a
29. d	30. c					

Empfehlung

Falls Sie unter 15 Punkten liegen, holen Sie Ihr altes Physikbuch hervor. Und schmökern Sie bei Wikipedia. Unter den entsprechenden Stichpunkten (nutzen Sie bei der Suche einfach diesen Test und verfolgen Sie Querverweise) finden Sie, was Sie brauchen.

Allgemeinwissen Naturwissenschaften

Überprüfen Sie auch auf diesem Gebiet Ihr einschlägiges Wissen oder bessern Sie es auf.

1. Woraus besteht ein Atom?
   - ☐ a. Elektronen, Neutronen und Protonen.
   - ☐ b. Elektronen, Neutronen und Myonen.
   - ☐ c. Elektronen, Neutronen und Pneumonen.
   - ☐ d. Elektronen, Neutronen und Deuteronen.
2. Wie viele chemische Elemente sind bekannt?
   - ☐ a. Fast 50.
   - ☐ b. Über 100.
   - ☐ c. Über 150.
   - ☐ d. Fast 200.
3. Was ist ein Molekül?
   - ☐ a. Ein Teilchen, das aus zwei oder mehr Atomen aus Nichtmetallen besteht.
   - ☐ b. Ein Teilchen, das aus mindestens drei Atomen besteht.
   - ☐ c. Ein Teilchen, das aus zwei oder mehr Atomen besteht.
   - ☐ d. Ein Teilchen, das aus mehreren Metallatomen besteht.
4. Wie heißt die chemische Formel für Salz?
   - ☐ a. CrCl.
   - ☐ b. BoCl.
   - ☐ c. KaCl.
   - ☐ d. NaCl.
5. Welcher chemische Prozess liegt der Bildung von Rost zugrunde?
   - ☐ a. Exorbitation.
   - ☐ b. Polymerisation.

☐   c. Ionisierung.

☐   d. Oxidation.

6. Was ist eine Explosion?

☐   a. Ein Fusionsprozess mit plötzlichem Anstieg des Drucks und der Temperatur.

☐   b. Eine Kettenreaktion.

☐   c. Eine Oxidations- oder Zerfallsreaktion mit plötzlichem Anstieg der Temperatur, des Druckes oder beidem gleichzeitig.

☐   d. Eine Oxidations- oder Zerfallsreaktion mit plötzlichem Anstieg der Temperatur.

7. Luft ist ein Gasgemisch. Es setzt sich zusammen aus

☐   a. Sauerstoff (ca. 78 %) und Stickstoff (ca. 21 %).

☐   b. Stickstoff (ca. 78 %) und Sauerstoff (ca. 21 %).

☐   c. Sauerstoff (ca. 21 %) und Argon (ca. 30 %) und Stickstoff (ca. 49 %).

☐   d. Sauerstoff (ca. 40 %), Stickstoff (ca. 30 %), Kohlenstoffdioxid (ca. 20 %) und Argon (ca. 10 %).

8. Was versteht man unter Photosynthese?

☐   a. Pflanzen erzeugen energiereiche Stoffe mithilfe des Sonnenlichtes. Aus hauptsächlich Kohlenstoffdioxid und Wasser werden Kohlehydrate synthetisiert.

☐   b. Pflanzen erzeugen energiereiche Stoffe mithilfe des Sonnenlichtes. Aus hauptsächlich Stickstoff und Wasser werden Kohlehydrate synthetisiert.

☐   c. Pflanzen erzeugen energiereiche Stoffe mithilfe des Sonnenlichtes. Aus Kohlenmonoxid und Wasser werden Einweißstoffe synthetisiert.

☐   d. Pflanzen erzeugen energiereiche Stoffe mithilfe des Sonnenlichtes. Aus Stickstoff und Wasser werden Eiweißstoffe synthetisiert.

9. Ein Magnet ruft ein Magnetfeld hervor. Die beiden Enden heißen

☐ a. Nordpol und Südpol.

☐ b. Anode und Kathode.

☐ c. Hertz und Ohm.

☐ d. Abszisse und Ordinate.

10. Wie hoch ist der mittlere Luftdruck in Meereshöhe?

☐ a. Circa 1013 atü.

☐ b. Circa 1013 hPa (Hektopascal).

☐ c. Circa 113 hPa (Hektopascal).

☐ d. Circa 1013 bar.

11. Wenn ein Polizeifahrzeug mit Sirene an einem vorbeifährt, wird der Ton mit dem sich entfernenden Fahrzeug immer tiefer. Die wahrgenommene Frequenz sinkt also. Wie heißt dieses Phänomen?

☐ a. Ohmsches Gesetz.

☐ b. Eulersche Formel.

☐ c. Doppler-Effekt.

☐ d. Pareto-Prinzip.

12. Zehn Sekunden nach einem Blitzschlag donnert es. Wie weit ist das Gewitter bei einer Temperatur von 20 Grad ungefähr entfernt?

☐ a. 400 Meter.

☐ b. 1400 Meter.

☐ c. 2400 Meter.

☐ d. 3400 Meter.

13. Wie schnell breiten sich Lichtwellen in einem Vakuum aus?

☐ a. Gar nicht.

☐ b. Circa 300 000 Meter in der Sekunde.

☐ c. Circa 500 000 000 Meter in der Sekunde.

☐ d. Circa 300 000 000 Meter in einer Sekunde.

14. Wir treten aus einem dunklen Raums ins Tageslicht. Wie lange war das Licht, das wir jetzt sehen, von der Sonne bis zur Erde unterwegs?

☐ a. Etwas über 2 Minuten.

☐ b. 6 Minuten.

☐ c. Etwas über 8 Minuten.

☐ d. Gut 20 Minuten.

15. Wer hat das Dynamit erfunden?

☐ a. Otto Hahn.

☐ b. Alfred Nobel.

☐ c. Werner Heisenberg.

☐ d. Carl Walther.

16. Wodurch entsteht ein Regenbogen?

☐ a. Er entsteht durch die wellenlängenabhängige Brechung und Spiegelung des Sonnenlichtes in einer Regenwolke.

☐ b. Er entsteht durch die wellenlängenabhängige Spiegelung des Sonnenlichtes in einer Regenwolke.

☐ c. Er entsteht durch die Akkumulation des Sonnenlichtes in einer Regenwand.

☐ d. Er entsteht durch die Absorption des Sonnenlichtes in einer Regenwolke.

17. Wenn man eine Rasierklinge vorsichtig in ein gefülltes Wasserglas legt, schwimmt diese. Warum?

☐ a. Wasser hat eine Oberflächenspannung.

☐ b. Metall hat ein geringeres spezifisches Gewicht als Wasser.

☐ c. Es kommt zu einer elektromagnetischen Abstoßungsreaktion.

☐ d. Ionenströme rufen einen Unterdruck hervor und ziehen die Rasierklinge nach oben.

18. Was bewirkt eine Sammellinse?

☐ a. Die lineare Diffusion von Lichtenergie.

☐ b. Sie zerlegt Licht in seine Spektralfarben.

☐ c. Sie hat eine positive, vergrößernde Brechkraft und wird deshalb auch Konvexlinse genannt.

☐ d. Sie hat eine positive, vergrößernde Strahlkraft und wird deshalb auch Konvexlinse genannt.

19. Die Maßeinheit der Aktivität eines radioaktiven Stoffes heißt

☐ a. Coulomb.

☐ b. Entropie.

☐ c. Becquerel.

☐ d. GHz.

20. Was versteht man unter Metabolismus?

☐ a. Magersucht.

☐ b. Esssucht.

☐ c. Zellsterben.

☐ d. Stoffwechsel.

21. Was entsteht beim Atmen?

☐ a. Kohlenmonoxid.

☐ b. Argon.

☐ c. Edelgase.

☐ d. Kohlendioxid.

22. Was versteht man unter Osmose?

☐ a. Osmose ist ein Krankheitsprozess der Zellen, der die Anbindung von Sauerstoff beeinträchtigt.

☐ b. Osmose ist ein Emulsionsverfahren in der industriellen Fertigung.

☐ c. Durch Osmose wird der Wasserhaushalt von Zellen und Pflanzen reguliert.

☐ d. Osmose ist ein Legierungsverfahren zur Herstellung besonders hitzebeständiger Baustoffe.

23. Kinetische Energie ist die Energie, die

  ☐ a. ein Objekt aufgrund seiner Masse enthält.

  ☐ b. ein Objekt aufgrund seiner Bewegung enthält.

  ☐ c. ein Objekt aufgrund seiner Reibung enthält.

  ☐ d. ein Objekt aufgrund seines Gewichts enthält.

24. Die Maßeinheit der kinetischen Energie (T) ist

  ☐ a. Joule.

  ☐ b. Fahrenheit.

  ☐ c. Calvin.

  ☐ d. Watt.

25. Mit Geschossenergie bezeichnet man die kinetische Energie eines Projektils. Wann – schätzen Sie bitte einmal – hat das Geschoss im Allgemeinen die höchste Energie?

  ☐ a. Beim Verlassen der Mündung.

  ☐ b. Beim Auftreffen auf einen Widerstand.

  ☐ c. Am Scheitelpunkt der ballistischen Bahn.

  ☐ d. Kurz nach dem Scheitelpunkt der ballistischen Bahn.

26. Was versteht man unter Gravitation?

  ☐ a. Die gegenseitige Abstoßung von Massen.

  ☐ b. Die gegenseitige Anziehung von Massen.

  ☐ c. Die Zentrifugalkraft.

  ☐ d. Die Zentripetalkraft.

27. Was besagt der Satz des Pythagoras?

  ☐ a. $a + b = c^2$.

  ☐ b. $(a + b)^2 = a^2 + 2ab + c^2$.

  ☐ c. In allen ebenen rechtwinkligen Dreiecken ist die Summe der Flächeninhalte der Kathetenquadrate gleich dem Flächeninhalt des Hypotenusenquadrats.

☐ d. In allen gleichschenkligen Dreiecken ist die Summe der Flächeninhalte der Kathetenquadrate gleich dem Flächeninhalt des Hypotenusenquadrats.

28. Was sind typische biometrische Verfahren?

☐ a. Messungen mithilfe der Lasertechnik.

☐ b. Radarkontrollen.

☐ c. Unterschrift, Fingerabdruck, Kleidung, Gesicht und Frisur.

☐ d. Unterschrift, Fingerabdruck, Iris, Gesicht und Stimme.

29. Was ist ein genetischer Fingerabdruck?

☐ a. Das DNS-Profil eines Menschen, mit dem dieser eindeutig identifiziert werden kann.

☐ b. Die Beschaffenheit der xy-Chromosomen, mit der die Identität eines Menschen festgestellt werden kann.

☐ c. Der Ribosomen-Satz eines Individuums, der für dieses charakteristisch ist. Ein genetischer Fingerabdruck darf in Deutschland nur auf polizeiliche Anordnung abgenommen werden.

☐ d. Das DNA-Profil eines Individuums, das für dieses charakteristisch ist. Ein genetischer Fingerabdruck darf in Deutschland nur auf richterlichen Beschluss abgenommen werden.

30. Welches Hormon bezeichnet man auch als „Stresshormon"?

☐ a. Chromatin.

☐ b. Insulin.

☐ c. Adrenalin.

☐ d. Hämoglobin.

Lösung

1. a	2. b	3. c	4. d	5. d	6. c	7. b
8. a	9. a	10. b	11. c	12. d	13. d	14. c
15. b	16. a	17. a	18. c	19. c	20. d	21. d
22. c	23. b	24. a	25. a	26. b	27. c	28. d
29. d	30. c					

Empfehlung

Wenn Sie 20 und mehr Treffer haben, verfügen Sie auf diesem Gebiet über ansehnliche Grundlagen, auf denen sich aufbauen lässt. Andernfalls lautet der Tipp, dass Sie sich mit den Grundlagen der Naturwissenschaften wie Physik, Chemie und Biologie befassen.

Allgemeinwissen Wirtschaft

In Krisenzeiten zeigt sich immer wieder, wie stark unsere materielle Existenz von einer erfolgreichen Wirtschaftstätigkeit abhängt. Auch diejenigen, die vom Staat ihr Einkommen erhalten, müssen eine Vorstellung von den Quellen jener Erträge haben, mit denen staatliches Handeln finanziert wird. Ganz zu schweigen von der Tatsache, dass die Funktionsträger vor allem bei der Polizei und mehr noch beim Zoll häufig in wirtschaftlichen Zusammenhängen handeln müssen – man denke nur an Schleuseraktivitäten, Schwarzarbeit oder die Einfuhr von Plagiaten. Aber auch bei der Bundeswehr ist wirtschaftliches Denken ein Gütekriterium für soldatisches Handeln.

Überprüfen Sie doch einmal, wie gut Sie sich in Fragen der Wirtschaft auskennen.

1. Was sind die grundlegenden Elemente der Marktwirtschaft?
   - ☐ a. Eigentumsrecht, Wettbewerb und Gesellschaftsrecht.
   - ☐ b. Eigentumsrecht, Kartellrecht und Subsidiarität.
   - ☐ c. Eigentumsrecht, Wettbewerb und paritätische Mitbestimmung.
   - ☐ d. Eigentumsrecht, Vertragsfreiheit und Wettbewerbsordnung.

2. In der Marktwirtschaft werden Produktion und Konsum koordiniert durch
   - ☐ a. eine Analyse von Experten über das Marktgeschehen.
   - ☐ b. das Zusammentreffen von Angebot und Nachfrage.
   - ☐ c. das Bundeswirtschaftsministerium und die Zentralbank.
   - ☐ d. Kartelle.

3. Was ist der Gegensatz zur Marktwirtschaft, der in den untergegangenen sozialistischen Staaten praktiziert wurde?

☐ a. Der Dritte Weg.

☐ b. Soziale Marktwirtschaft.

☐ c. Zentralverwaltungswirtschaft.

☐ d. Naturalwirtschaft.

4. Was versteht man, etwas vereinfacht gesagt, unter „Gewinn" im Wirtschaftsprozess?

☐ a. Kosten, die für Löhne eingespart werden.

☐ b. Zinsen.

☐ c. Amortisation.

☐ d. Den Saldo zwischen Kosten und Einnahmen.

5. Das Bruttonationaleinkommen (Bruttosozialprodukt) ist

☐ a. die Leistung einer Volkswirtschaft innerhalb einer Rechnungsperiode (meist Kalenderjahr).

☐ b. der Wert der Dienstleistungen, die in einer bestimmten Periode durch Produktionsfaktoren produziert werden.

☐ c. der Bruttowert der Endprodukte, die produziert werden.

☐ d. der Wert der Endprodukte und Dienstleistungen, die in einer bestimmten Periode durch Produktionsfaktoren produziert und exportiert werden.

6. Was ist eine Aktiengesellschaft?

☐ a. Die Aktiengesellschaft vereint in der Regel Großinvestoren, die ihr Kapital in die Unternehmung investiert haben, um Erträge zu erwirtschaften.

☐ b. Die Aktiengesellschaft vereint in der Regel eine große Anzahl von Aktionären, die ihr Kapital in die Unternehmung investiert haben, um Erträge zu erwirtschaften.

☐ c. Die Aktiengesellschaft nimmt die Monopolstellung innerhalb einer Branche ein.

☐ d. Die Wirtschaftskrise hat gezeigt, dass Aktiengesellschaften für Fehlentwicklungen verantwortlich sind.

7. Was versteht man unter der Paritätischen Mitbestimmung?

☐ a. Eine Regelung, die es seit 1976 den Gewerkschaften erlaubt, in Aktiengesellschaften die Hälfte der Mitglieder im Betriebsrat der Unternehmen zu bestimmen.

☐ b. Eine Regelung, die es seit 1976 den Mitarbeitern erlaubt, in Aktiengesellschaften die Hälfte der Mitglieder im Betriebsrat zu bestimmen.

☐ c. Eine Regelung, die es seit 1976 den Mitarbeitern erlaubt, in Aktiengesellschaften die Hälfte der Mitglieder im Aufsichtsrat zu stellen.

☐ d. Eine Regelung, die es seit 1976 den Mitarbeitern erlaubt, in Aktiengesellschaften zwei Drittel der Mitglieder im Aufsichtsrat zu stellen.

8. Was ist eine GmbH?

☐ a. Gemeinschaft mit besonderer Haftung.

☐ b. Gesellschaft mit beschränkter Hegemonie.

☐ c. Genossenschaft mit beschränkter Haftung.

☐ d. Gesellschaft mit beschränkter Haftung.

9. Was versteht man unter einer Insolvenz?

☐ a. Ein Schuldner kann seine Zahlungsverpflichtungen gegenüber dem/den Gläubiger/n nicht erfüllen.

☐ b. Das Kennzeichen einer Insolvenz ist eine schlechte Absatzlage.

☐ c. Die Wiederherstellung der Zahlungsfähigkeit eines Schuldners.

☐ d. Die Gläubiger einer Firma verlangen die sofortige Rückzahlung der Schulden.

10. Was ist eine Aktie?

☐ a. Ein Optionspapier.

☐ b. Ein Wertpapier, das den Anteil an einer Gesellschaft verbrieft.

☐ c. Ein sicheres Anlageprodukt mit hoher Rendite.

☐ d. Ein Anteil am Umsatz einer Aktiengesellschaft.

11. Was versteht man an der Börse unter Hausse?

☐ a. Anhaltend steigende Kurse.

☐ b. Eine Verlangsamung der Marktbewegung.

☐ c. Eine Überhitzung der Börse.

☐ d. Einen Bärenmarkt.

12. Was ist eine Rezession?

☐ a. Eine expansive Konjunkturphase.

☐ b. Eine Rezession liegt vor, wenn ein Unternehmen seine Absatz-
ziele verfehlt.

☐ c. Eine Buchbesprechung.

☐ d. Ein Abschwung der Wirtschaft (sinkendes Bruttosozialprodukt).

13. Man spricht von einer Deflation, wenn

☐ a. die Preise (inklusive Endverbraucherpreise) sinken.

☐ b. die Umsätze in der Wirtschaft sinken.

☐ c. die Zinsen der Zentralbanken sinken.

☐ d. es in einer Branche Überkapazitäten gibt.

14. Subventionen sind

☐ a. finanzielle Hilfen, die der Staat einem Unternehmen oder einer
ganzen Branche zukommen lässt. Subventionen sind zinslose
Darlehen.

☐ b. finanzielle Hilfen, die der Staat einem Unternehmen oder einer
ganzen Branche zukommen lässt. Eine unmittelbare Gegenleis-
tung ist mit einer Subvention nicht verbunden.

☐ c. zeitlich befristete Umsatzsteuerbefreiungen.

☐ d. die staatliche Finanzierung von Löhnen und Gehältern, um Ent-
lassungen zu vermeiden.

15. Was ist mit dem Begriff „Rentabilität" gemeint?

  ☐ a. Rentabilität ist ein anderes Wort für Produktivität, also die Wirtschaftlichkeit eines Unternehmens.

  ☐ b. Rentabilität ist eine wichtige Kennzahl für den Erfolg eines Betriebs. Die Differenz von Ertrag und Aufwand wird zum eingesetzten Kapital ins Verhältnis gesetzt.

  ☐ c. Rentabilität ist eine wichtige Kennzahl für den Erfolg eines Betriebs. Sie bezieht sich auf den Umsatz.

  ☐ d. Die Rentabilität steigt sofort, wenn Personal abgebaut wird.

16. Eine Bilanz ist

  ☐ a. die kaufmännische Gegenüberstellung von Umsatz und Gewinn.

  ☐ b. die kaufmännische Gegenüberstellung von Profit und Schulden.

  ☐ c. die kaufmännische Aufstellung über die Lohnkosten und die tatsächlichen Einnahmen eines Unternehmens.

  ☐ d. die kaufmännische Aufstellung von Herkunft und Verwendung des Kapitals von Unternehmen.

17. Was ist ein Konzern?

  ☐ a. Mehrere rechtlich selbstständige Unternehmen, die sich unter einer einheitlichen Leitung zusammengeschlossen haben.

  ☐ b. Mehrere rechtlich unselbstständige Unternehmen, die sich unter einer einheitlichen Leitung zusammengeschlossen haben.

  ☐ c. Ein Unternehmen mit internationaler Wirtschaftstätigkeit.

  ☐ d. Ein Unternehmen mit einem Umsatz von über einer Milliarde Euro im Jahr.

18. Welche der hier aufgeführten Aufgaben hat das Bundeskartellamt?

  ☐ a. Verhängung von Bußgeldern bei Steuerhinterziehung.

  ☐ b. Ausübung der Missbrauchsaufsicht über marktbeherrschende Unternehmen.

  ☐ c. Verfolgung von Geldwäsche und Waffenhandel.

  ☐ d. Kontrolle der Einhaltung der gesetzlichen Bestimmungen im Betriebsverfassungsgesetz.

19. Unter einer Fusion versteht man

☐ a. die Zusammenlegung von Abteilungen in einem Unternehmen.

☐ b. den Übergang von Mitarbeitern auf einen anderen Betriebsteil.

☐ c. den Zusammenschluss von zwei oder mehr Unternehmen zu einem einzigen Unternehmen.

☐ d. die Veränderung der Gesellschaftsform eines Unternehmens.

20. Mit dem Begriff „feindliche Übernahme" meint man

☐ a. den Kauf eines Unternehmens unter Ausnutzung seiner finanziellen Notlage.

☐ b. das beständige und unfaire Abwerben von Mitarbeitern.

☐ c. die Übernahme eines Unternehmens durch die Kreditgeber.

☐ d. die Absicht eines Investors, ein Unternehmen direkt vom Eigentümer zu kaufen – gegen den Willen von dessen Vorstand, Aufsichtsrat oder Belegschaft.

21. Was ist mit dem Begriff „Tarifautonomie" gemeint?

☐ a. Arbeitgeber und Arbeitnehmer regeln unabhängig vom Staat Löhne, Arbeitszeiten und andere Bedingungen für die Arbeit.

☐ b. Arbeitgeber und Arbeitnehmer regeln unter Mitwirkung der Regierung Löhne, Arbeitszeiten und andere Bedingungen für die Arbeit.

☐ c. Der Betriebsrat regelt im Unternehmen Löhne, Arbeitszeiten und andere Bedingungen für die Arbeit.

☐ d. Gewerkschaften regeln im Unternehmen Löhne, Arbeitszeiten und andere Bedingungen für die Arbeit.

22. Was ist eine „Aussperrung"?

☐ a. Mit einer Aussperrung müssen Arbeitnehmer rechnen, die ihre Pflichten im Arbeitsvertrag nicht erfüllen.

☐ b. Bei einer Aussperrung werden Arbeitnehmer im Rahmen eines Streiks von ihrer Arbeitspflicht vorübergehend entbunden – ohne Fortzahlung des Lohns.

☐   c. Ausgesperrt werden die Arbeitnehmer, die im Betrieb politisch agitieren.

☐   d. Mit einer Aussperrung versucht ein Unternehmen, Personalkosten einzusparen?

23. Wer hat kein Streikrecht?

☐   a. Nichtmitglieder einer Gewerkschaft.

☐   b. Mitarbeiter/innen in der Probezeit.

☐   c. Beamte.

☐   d. Mitarbeiter/innen in Unternehmen, deren Holding sich im Ausland befindet.

24. Welche Aufgaben hat eine HR-Abteilung (Human Resources) in einem Unternehmen?

☐   a. Die Gehaltsabrechnung.

☐   b. Die Entgeltfindung.

☐   c. Unter anderem Abmahnungen und Kündigungen.

☐   d. Unter anderem die Personalbeschaffung, Personalbetreuung und Personalentwicklung.

25. Was macht ein Controller in einem Betrieb?

☐   a. Ein Controller wacht über die Wirtschaftlichkeit eines Betriebs.

☐   b. Ein Controller garantiert die Wirtschaftlichkeit eines Betriebs.

☐   c. Ein Controller überwacht den Zutritt in sicherheitsrelevante Bereiche eines Unternehmens.

☐   d. Ein Controller ist für die Entscheidungsprozesse eines Unternehmens verantwortlich.

26. Welche Aufgabe hat das Marketing in einem Unternehmen?

☐   a. Es organisiert den Verkauf von Gütern und Dienstleistungen zum höchstmöglichen Preis.

☐   b. Es sorgt dafür, dass die richtigen Produkte zum richtigen Preis auf dem richtigen Markt mit den richtigen Absatzförderungsmaßnahmen platziert werden.

☐ c. Es konzipiert und initiiert in erster Linie die Werbung für die Produkte eines Unternehmens.

☐ d. Das Marketing ist verantwortlich für die Akquisition lukrativer Aufträge für das Unternehmen.

27. Was ist ein Key Account Manager?

☐ a. Ein Verkäufer erklärungsbedürftiger Produkte.

☐ b. Eine Führungskraft im Vertrieb.

☐ c. Ein Berater von Großkunden.

☐ d. Ein Betreuer von Kunden mit Zahlungsschwierigkeiten.

28. Welche Aufgaben übernimmt in einem internationalen Unternehmen ein SHE-Manager?

☐ a. Er/sie ist verantwortlich für Systems, Help und Energy.

☐ b. Er/sie ist verantwortlich für Sustainability, Heretage und Environmental Resources.

☐ c. Er/sie ist verantwortlich für Sourcing, Human Resources und European Purchasing.

☐ d. Er/sie ist verantwortlich für Safety, Health und Environment Protection.

29. Was versteht man unter Outsourcing?

☐ a. Die Auslagerung von Unternehmensaufgaben an Fremdunternehmen.

☐ b. Die betriebsbedingte Entlassung von Mitarbeitern.

☐ c. Die betriebsbedingte Versetzung von Mitarbeitern.

☐ d. Den Übergang von älteren Mitarbeitern in die Altersteilzeit.

30. Was versteht man unter Globalisierung?

☐ a. Die Bedrohung der einheimischen Märkte durch Billigwaren aus Ländern mit niedrigem Lohnniveau.

☐ b. Die weltweit zunehmende Verflechtung vor allem in Wirtschaft, Politik, Kultur und Kommunikation.

☐   c. Die ungezügelte Zuwanderung von Wirtschaftsflüchtlingen in die sozialen Netze wohlhabender Staaten.

☐   d. Die zunehmende horizontale Mobilität von Arbeitnehmern auf der ganzen Welt.

Lösung

1. a	2. b	3. c	4. d	5. a	6. b	7. c
8. d	9. a	10. b	11. a	12. d	13. a	14. b
15. b	16. d	17. a	18. b	19. c	20. d	21. a
22. b	23. c	24. d	25. a	26. b	27. c	28. d
29. a	30. b					

Empfehlung

Wenn Sie 20 und mehr Treffer haben, ist alles okay. Ansonsten empfiehlt sich die Lektüre des Wirtschaftsteils der Tageszeitung. Und wenn Sie etwas nicht verstehen? Dann hilft der Griff zum Lexikon oder die Recherche im Internet.

Persönlichkeitsmerkmale: Definitionen und Tests

Nun einige Kernpunkte zu den Persönlichkeitstests, die als die eigentlichen „Psychotests" gelten. Bei diesen Verfahren geht es um Persönlichkeitsmerkmale beziehungsweise Charaktereigenschaften, die als wichtig für den zukünftigen Berufserfolg angesehen werden.

Im Grunde handelt es sich um Schleichwege in die Seele, denn die Testperson kann die Konsequenzen der Antworten auf die Testfragen häufig nur schwer einschätzen. Gibt es zum Beispiel einen Pluspunkt oder eher einen Minuspunkt im Sinne des angestrebten Berufs, wenn jemand einräumt, dass er/sie manchmal schlecht einschlafen kann? Und heißt „manchmal" einmal in der Woche, einmal im Monat oder fünfmal im Jahr? Und wie lange muss man wach liegen, um zu jenen zu gehören, die schlecht einschlafen können? Eine halbe Stunde, bis Mitternacht oder bis zum Morgengrauen?

ZUM UMGANG MIT PSYCHOTESTS

- Seien Sie selbstkritisch! Die mangelnde Fähigkeit zur Selbstkritik wird bei vielen Nachwuchskräften beklagt.

- Versuchen Sie nicht, sich absichtlich übertrieben positiv darzustellen. Viele Persönlichkeitstests enthalten „Lügenfragen", um Simulanten zu entlarven.

- Lesen Sie die Statements und Fragen sehr gründlich, damit Sie nicht aufgrund eines Missverständnisses das Kreuz an die falsche Stelle setzen.

- Es ist nicht sinnvoll, sich bei den Antworten immer in der Mitte (dazwischen) zu bewegen. Das Ergebnis ist eine „profillose" Persönlichkeit. Weder Fisch noch Fleisch ist nicht gut.

Der Autor erlaubt sich an dieser Stelle als Diplompsychologe den Hinweis, dass die diagnostische Brauchbarkeit von „Psychotests" mit einem Fragezeichen zu versehen ist. Damit kommen Sie freilich nicht an der Tatsache vorbei, dass Sie als Bewerber/in diese Tests bestehen müssen. Aber wenn man weiß, dass diese Verfahren ihre Defizite haben, kann man den entsprechenden Herausforderungen mit etwas mehr Gelassenheit begegnen. Kurzum: Es gibt keinen Persönlichkeitstest, der die Tiefenschichten der menschlichen Seele wirklich zu ergründen vermag. Sie können bestenfalls Hinweise auf persönliche Neigungen, Stärken und Schwächen liefern.

Im Folgenden werden nun die wichtigsten Persönlichkeitseigenschaften mit den entsprechenden Psychotests vorgestellt.

Emotionale Belastbarkeit

„Belastbarkeit" heißt, dass

- man auf überdurchschnittlich hohe physische und psychische Energiereserven zurückgreifen kann,

- man einen langen Atem hat und durchhält, auch wenn sich nicht sofort die gewünschten Erfolge einstellen,

- sich Frust und Misserfolge nicht gleich negativ auf die Leistungsmoral auswirken und

- man in bedrohlichen Situationen einen kühlen Kopf behält und rational entscheidet und umsichtig handelt.

Test

1. Stress ist für mich die Würze des Lebens.

   ☐ stimmt   ☐ dazwischen   ☐ stimmt nicht

2. In der Schule hat es mich immer genervt, wenn der Lehrer mir während einer Klassenarbeit auf die Finger schaute.

   ☐ stimmt   ☐ dazwischen   ☐ stimmt nicht

3. Wer Angst vor Zeitverträgen oder projektorientierten Aufgaben hat, ist nicht sonderlich belastbar.

   ☐ stimmt   ☐ dazwischen   ☐ stimmt nicht

4. Die Sicherheit des Arbeitsplatzes ist für mich ein wichtiges Entschei-
    dungskriterium bei der Suche nach einem neuen Job.

    ☐ stimmt   ☐ dazwischen   ☐ stimmt nicht

5. Wenn ich mir einen Zeitplan für zu erledigende Aufgaben mache und
    es kommt etwas Unvorhergesehenes dazwischen, disponiere ich eben
    um. Überraschungen gehören doch zum Leben.

    ☐ stimmt   ☐ dazwischen   ☐ stimmt nicht

6. Wir leben in einer Leistungsgesellschaft, die bei sehr vielen Menschen
    zu inhumanen seelischen Belastungen führt.

    ☐ stimmt   ☐ dazwischen   ☐ stimmt nicht

7. Wenn hin und wieder so richtig viel los ist und es leistungsmäßig auch
    mal ans Limit geht, fühle ich mich besonders wohl.

    ☐ stimmt   ☐ dazwischen   ☐ stimmt nicht

8. Es gibt häufig Tage, da fühle ich mich abends nicht müde, sondern
    regelrecht ausgebrannt.

    ☐ stimmt   ☐ dazwischen   ☐ stimmt nicht

9. Der Mensch ist von seiner Natur her auf Leistung programmiert.

    ☐ stimmt   ☐ dazwischen   ☐ stimmt nicht

10. Stress ist die Geißel der Menschen im modernen Industriezeitalter.

    ☐ stimmt   ☐ dazwischen   ☐ stimmt nicht

Auswertung

Ungerade Testitems: stimmt = 2 Punkte, dazwischen = 1 Punkt, stimmt
nicht = 0 Punkte

Gerade Testitems: stimmt nicht = 2 Punkte, dazwischen = 1 Punkt, stimmt =
0 Punkte

Bitte markieren Sie Ihr Ergebnis auf der folgenden Skala.

wenig belastbar   sehr belastbar

0	2	4	6	8	10	12	14	16	18	20

Interpretation

20–14 Punkte

Sie schätzen es, wenn der Sturm von vorne kommt – ein Rückzug in den Windschatten kommt für Sie deshalb nicht infrage. Außerdem testen Sie gern auch einmal die Grenzen Ihrer Leistungsfähigkeit aus. Stress empfinden Sie als eher belebend.

13–6 Punkte

Sie müssen manchmal schon mit Ihren Kräften haushalten und es gibt Dinge, die an Ihren Nerven „zerren".

5–0 Punkte

Bisweilen wachsen Ihnen die Dinge über den Kopf. Sei es, dass Sie die falsche Einstellung zu manchen Anforderungen haben, sei es, dass die Ihnen gestellten Aufgaben nicht zu Ihrem Profil passen.

Teamfähigkeit

Wie heißt es beispielsweise auf der Homepage der Bundespolizei? „Sie sind nach Ihren charakterlichen und geistigen Anlagen für den Polizeivollzugsdienst geeignet. Sie besitzen (...) Teamfähigkeit." Und was fordert Ina Wegner, die bei der Oberfinanzdirektion Hamburg 2009 für die Einstellung von Zollbeamten zuständig war, von den Kandidaten? „Mobil", „flexibel" und „teamorientiert" müssen sie sein.

Zeigen Sie im folgenden Test, was Sie unter Teamarbeit verstehen und ob Sie eher ein Einzelgänger oder eher ein Teamplayer sind.

Test

1. Teams können nur funktionieren, wenn die Teammitglieder ihre persönlichen Interessen konsequent zurückstecken.

   ☐ stimmt   ☐ dazwischen   ☐ stimmt nicht

2. Man muss bestimmte Aufgaben auch völlig auf sich allein gestellt erledigen können.

   ☐ stimmt ☐ dazwischen ☐ stimmt nicht

3. Wenn es Konflikte gibt, ist das immer ein schlechtes Zeichen für die Leistungsfähigkeit von Teams.

   ☐ stimmt ☐ dazwischen ☐ stimmt nicht

4. Die entscheidende Voraussetzung für das Funktionieren von Teams ist das gemeinsame Ziel.

   ☐ stimmt ☐ dazwischen ☐ stimmt nicht

5. Teamwork ist eine Erfindung von Gutmenschen. Hier wird ein Gemeinsinn beschworen, der der menschlichen Natur fremd ist.

   ☐ stimmt ☐ dazwischen ☐ stimmt nicht

6. Man muss die anderen auch einmal gegen den Strich bürsten dürfen, denn aus Reibung entsteht oft Kreativität.

   ☐ stimmt ☐ dazwischen ☐ stimmt nicht

7. Das Wichtigste in einem Team ist eine gute Atmosphäre.

   ☐ stimmt ☐ dazwischen ☐ stimmt nicht

8. Der Mensch tut in der Regel, was ihm gut tut.

   ☐ stimmt ☐ dazwischen ☐ stimmt nicht

9. Teamwork heißt meist, dass die Leistungstreiber die Leistungsschwachen mitschleppen müssen.

   ☐ stimmt ☐ dazwischen ☐ stimmt nicht

10. Teams funktionieren auf Dauer nur, wenn sie einen klaren Auftrag haben.

    ☐ stimmt ☐ dazwischen ☐ stimmt nicht

Auswertung

Ungerade Testitems: stimmt = 0 Punkte, dazwischen = 1 Punkt, stimmt nicht = 2 Punkte

268   Persönlichkeitsmerkmale: Definitionen und Tests

Gerade Testitems: stimmt = 2 Punkte, dazwischen = 1 Punkt, stimmt nicht = 0 Punkte

Einzelkämpfer   Teamplayer

0	2	4	6	8	10	12	14	16	18	20

Interpretation

20–14 Punkte

Ihre Grundüberzeugung lautet: Individualismus und Teamfähigkeit sind keine Gegensätze, sondern ergänzen einander. Die Amerikaner sind einerseits exzellente Teamplayer, vergessen bei der Teamarbeit aber nicht ihre persönlichen Interessen und ihre individuelle Verantwortung. Genau das ist ja auch der entscheidende Unterschied zum Kollektiv, das sich vorrangig an der Devise orientiert „Hauptsache einig – auch wenn es falsch ist!".

13–6 Punkte

Nach Ihrer Auffassung muss sich der Teamplayer weitgehend von seinen persönlichen Interessen verabschieden und möglichst „pflegeleicht" sein. Genau unter solchen Bedingungen funktionieren Teams auf Dauer aber nicht sonderlich gut und die Ergebnisse stimmen nicht.

5–0 Punkte

Bei dieser Einstellung dürfte es Ihnen schwerfallen, in einem Team einen angemessenen Platz zu finden.

Kommunikationsfähigkeit

Treffen sich zwei Jäger. – Beide tot! Und auch diesen noch: Sagt ein Weißer zu einem Schwarzen: „Du schwarz!" Antwortet der Schwarze: „Ich weiß."

Thomas Mann sprach von der „mondlichtigen Genauigkeit" der Sprache und brachte damit das Hauptproblem der Kommunikation auf den Punkt: Kommt das, was wir sagen, auch so an, wie wir es gern hätten? Gesucht werden Mitarbeiter, die dies einigermaßen hinbekommen.

Der Stellenwert des Merkmals „Kommunikationsfähigkeit" oder „kommunikative Kompetenz" hat in der letzten Zeit zugenommen. Kein Wunder, denn insbesondere Führungskräfte der höheren Etagen haben in der Vergangenheit durch verbale Hochnäsigkeiten und kommunikative Ausrutscher das Image ihrer Unternehmen erheblich beschädigt.

Viele Aufgaben bei Polizei, Bundeswehr und Zoll sind Kommunikationsaufgaben. Und so mancher Konflikt kann ohne Gewaltanwendung reguliert werden, weil die Beamten über kommunikative Kompetenz verfügen.

Test

1. Es fällt mir schwer, in einer fremden Runde das Wort zu ergreifen.

    ☐ stimmt   ☐ dazwischen   ☐ stimmt nicht

2. Kommunikationsfähigkeit bedeutet nicht, „druckreif" zu sprechen.

    ☐ stimmt   ☐ dazwischen   ☐ stimmt nicht

3. Ich verhaspele mich häufig, wenn ich mich unter Stress fühle.

    ☐ stimmt   ☐ dazwischen   ☐ stimmt nicht

4. Wenn ich in einer fremden Umgebung die Orientierung verloren habe, suche ich nicht lange herum, sondern frage jemanden nach dem Weg,

    ☐ stimmt   ☐ dazwischen   ☐ stimmt nicht

5. Wenn in einer Gesprächsrunde eine Weile keiner etwas sagt, fühle ich mich unbehaglich.

    ☐ stimmt   ☐ dazwischen   ☐ stimmt nicht

6. Ich werde als guter Zuhörer geschätzt.

    ☐ stimmt   ☐ dazwischen   ☐ stimmt nicht

7. Ich suche oft nach den richtigen Worten.

    ☐ stimmt   ☐ dazwischen   ☐ stimmt nicht

8. Spontaneität ist gut. Aber trotzdem lautet mein Grundsatz: Erst denken, dann reden!

   □ stimmt   □ dazwischen   □ stimmt nicht

9. Wenn ich etwas von anderen will, fällt es mir schwer, das klar und deutlich auszusprechen.

   □ stimmt   □ dazwischen   □ stimmt nicht

10. Vor Respektspersonen habe ich Achtung, aber keine Angst.

   □ stimmt   □ dazwischen   □ stimmt nicht

Auswertung

Ungerade Testitems: stimmt = 0 Punkte, dazwischen = 1 Punkt, stimmt nicht = 2 Punkte

Gerade Testitems: stimmt = 2 Punkte, dazwischen = 1 Punkt, stimmt nicht = 0 Punkte

wenig kommunikativ   stark kommunikativ

0	2	4	6	8	10	12	14	16	18	20

Interpretation

20–14 Punkte

Sie können auf andere Menschen zugehen und haben keine Angst davor, Ihren Standpunkt beherzt zu vertreten. Sie formulieren „stolperfrei" und lassen sich bei Gegenwind nicht gleich verunsichern.

13–6 Punkte

Das Ergebnis geht in Ordnung. Möglicherweise fehlte es Ihnen bisher nur an Bewährungsmöglichkeiten in Sachen „kommunikativer Kompetenz". Demosthenes, der begnadete Redner in der Antike, hatte einen Sprachfehler, den er durch konsequentes Üben abstellte. Nutzen Sie alle sich bietenden Gelegenheiten, um Ihre rhetorischen Fähigkeiten weiterzuentwickeln. Es gibt auf diesem Gebiet auch gute Kurse, die nicht teuer sein müssen.

6–0 Punkte

Aufgaben mit einem hohen Kommunikationsbedarf sollten Sie zurzeit noch nicht anstreben. Vielleicht sind Sie vom Naturell her eher verschlossen – vielleicht sind Sie aber auch kommunikativ zurückhaltend, weil Sie früher einschlägige schlechte Erfahrungen gemacht haben. Aber die kann man abschütteln. Es gibt im Übrigen genug Aufgaben, bei denen rhetorische Fertigkeiten eher unwichtig sind.

ERFOLGREICH KOMMUNIZIEREN

Die Jesuiten gehören seit jeher zu den ganz großen Kommunikatoren, weil sie die Rhetorik als „Kunst der gewinnenden Rede" stets besonders geschätzt und gefördert haben. Von ihnen stammen die drei wichtigsten Regeln der Kommunikation.

- Alterozentrierung: Achten Sie mehr auf den Menschen, mit dem Sie sprechen oder den Sie überzeugen wollen, als auf sich selbst. Kernfrage: Mit wem habe ich es zu tun?

- Einwandfreie Kommunikation: Formulieren und argumentieren Sie sachlich richtig und adressatengerecht. Kernfrage: Kommt das, was ich sage, so an, wie ich es meine?

- Emotionaler Anspruch: Beachten Sie, dass man einen Menschen nur überzeugen oder gewinnen kann, wenn keine emotionalen Widerstände vorhanden sind. Kernfrage: Berücksichtige ich die Bedürfnisse, Erwartungen, Stimmungen und Eitelkeiten meines Gesprächspartners?

Strukturiertes Arbeiten

Struktur, Struktur, Struktur! Ganz gewiss handelt es sich hier um eine besonders wichtige Anforderung. Die Welt wird ja – im weitesten Sinne des Wortes – immer komplexer und deshalb ist die Fähigkeit gefragt, diese Komplexität zu bewältigen, indem man die Dinge vernünftig strukturiert. Und das gilt für einen Arbeitstag mit seinen vielfältigen Aufgaben, für ein

Meeting mit teilweise undisziplinierten Teilnehmern und natürlich für Projekte, Verhandlungen, Präsentationen sowie Verkaufsgespräche. Wer nicht strukturieren kann, verliert sich im Gestrüpp der Beliebigkeit und überzieht außerdem sein Zeitbudget. Im Grunde geht es um den vorhandenen und erkennbaren roten Faden.

Eine strukturierte Arbeitsweise hat im Vergleich zu Soft Skills wie Teamfähigkeit oder Durchsetzungsvermögen sehr viel mit Methodenwissen und Selbstdisziplin zu tun. Man kann dies also eher lernen, als Akzeptanz in einem Team zu finden oder sich in kontroversen Situationen zu behaupten.

Test

1. Für mich zählt Spontaneität und die wird durch eine gründliche Vorbereitung nur behindert.

    ☐ stimmt   ☐ dazwischen   ☐ stimmt nicht

2. Für mich ist der Papierkorb eine wichtige Arbeitshilfe. Man muss das Wichtige vom Unwichtigen unterscheiden können.

    ☐ stimmt   ☐ dazwischen   ☐ stimmt nicht

3. Ich erledige meine Aufgaben immer der Reihe nach, damit nichts vergessen wird.

    ☐ stimmt   ☐ dazwischen   ☐ stimmt nicht

4. Bei Präsentationen überlege ich mir immer genau, wie ich anfangen und wie ich enden möchte.

    ☐ stimmt   ☐ dazwischen   ☐ stimmt nicht

5. Wer alles vorab plant, ist nur risikoscheu.

    ☐ stimmt   ☐ dazwischen   ☐ stimmt nicht

6. Ich beurteile Aufgaben immer danach, wie eilig und wichtig sie sind.

    ☐ stimmt   ☐ dazwischen   ☐ stimmt nicht

7. Ich lasse mich häufiger vom dem, was ich tun wollte, ablenken.

    ☐ stimmt   ☐ dazwischen   ☐ stimmt nicht

8. Ich versuche möglichst immer, vom Ziel oder angestrebten Ergebnis her zu denken.

   ☐ stimmt   ☐ dazwischen   ☐ stimmt nicht

9. Wenn man eine Struktur erarbeitet hat, darf man diese nicht wieder infrage stellen.

   ☐ stimmt   ☐ dazwischen   ☐ stimmt nicht

10. Totale Planung ist genau so schlecht, wie gar nichts zu planen.

    ☐ stimmt   ☐ dazwischen   ☐ stimmt nicht

Auswertung

Ungerade Testitems: stimmt = 0 Punkte, dazwischen = 1 Punkt, stimmt nicht = 2 Punkte

Gerade Testitems: stimmt = 2 Punkte, dazwischen = 1 Punkt, stimmt nicht = 0 Punkte

wenig strukturiert   gut strukturiert

0	2	4	6	8	10	12	14	16	18	20

Interpretation

20–14 Punkte

Bei dieser Einstellung behalten Sie auch bei einem hohen Arbeitsanfall den Überblick und verzetteln sich nicht. Sie wissen, dass eine gute Gliederung von Arbeitspaketen die Effizienz und damit auch die eigene Zufriedenheit steigert. Ihr zu erwartendes strukturiertes und zielorientiertes Handeln empfiehlt Sie unter anderem für verantwortungsvolle Aufgaben im Projektmanagement.

13–6 Punkte

Sie haben Angst davor, dass Struktur und Planung mit mangelnder Flexibilität bezahlt werden müssen. Deshalb ist es Ihnen lieber, sich Spielräume zu erhalten.

5–0 Punkte

Spontaneität und Improvisation haben für Sie einen sehr hohen Wert und deshalb lassen Sie sich gern durch den Arbeitsalltag treiben. Strukturen bedeuten für Sie die Einengung von Möglichkeiten. Bei dieser Haltung und Arbeitsweise werden Sie in vielen Aufgabenfeldern bei Polizei, Bundeswehr und Zoll eher unzufrieden sein.

Analysefähigkeit

Das Ziel von Analysen besteht darin, bestehende Probleme zu lösen oder eine Situation zu verbessern (Was ist zu tun?). Klar, dass Beamte und Angestellte bei Polizei, Bundeswehr und Zoll ein hohes Maß an Analysefähigkeit mitbringen müssen, denn sie haben oft komplexe Zusammenhänge zu beurteilen und daraus die richtigen Schlüsse zu ziehen.

Es gibt die einen, die eher intuitiv – also aus dem Bauch heraus – entscheiden und andere, die lieber rational vorgehen. Hirn oder Herz? In welche Richtung tendieren Sie?

Test

1. Bei Marktforschungsstudien kommt meist nur das heraus, was dem Auftraggeber ins Konzept passt.

   ☐ stimmt   ☐ dazwischen   ☐ stimmt nicht

2. Man darf sich bei der Beurteilung von Sachverhalten nicht von Gefühlen leiten lassen.

   ☐ stimmt   ☐ dazwischen   ☐ stimmt nicht

3. Ich befasse mich ungern mit Statistiken.

   ☐ stimmt   ☐ dazwischen   ☐ stimmt nicht

4. „Kann Gott, der Allmächtige, einen Stein schaffen, der so schwer ist, dass er ihn selbst nicht heben kann?" Solche Fragestellungen reizen mich.

   ☐ stimmt   ☐ dazwischen   ☐ stimmt nicht

5. Der wirkliche Erkenntnisgewinn entspringt der menschlichen Intuition.

   ☐ stimmt   ☐ dazwischen   ☐ stimmt nicht

6. Ich stütze mich bei Entscheidungen lieber auf Daten und Fakten als auf Gefühl und Wellenschlag.

   ☐ stimmt   ☐ dazwischen   ☐ stimmt nicht

7. „Wie geht die Zahlenreihe weiter? 4   6   12   6   8   16   8   ?" Solche Aufgaben liegen mir nicht.

   ☐ stimmt   ☐ dazwischen   ☐ stimmt nicht

8. Für mich ist die Erkenntnis des Pythagoras, dass das Quadrat der Hypotenuse eines ebenen rechtwinkligen Dreiecks die Summe der Quadrate der beiden Katheten ist, eine geniale Erkenntnis.

   ☐ stimmt   ☐ dazwischen   ☐ stimmt nicht

9. Ich diskutiere lieber mit anderen, als mich allein über Zahlengebilde zu beugen.

   ☐ stimmt   ☐ dazwischen   ☐ stimmt nicht

10. Für mich ist klar, dass im Lotto die Zahlenfolge 1, 2, 3, 4, 5, 6 genauso wahrscheinlich ist wie die Zahlenreihe 5, 12, 27, 34, 41, 47.

   ☐ stimmt   ☐ dazwischen   ☐ stimmt nicht

Auswertung

Ungerade Testitems: stimmt = 0 Punkte, dazwischen = 1 Punkt, stimmt nicht = 2 Punkte

Gerade Testitems: stimmt = 2 Punkte, dazwischen = 1 Punkt, stimmt nicht = 0 Punkte

intuitiv   analytisch

0	2	4	6	8	10	12	14	16	18	20

Interpretation

20–14 Punkte

Entscheidungen nach Gefühl und Wellenschlag sind Ihre Sache nicht. Sie orientieren sich in Ihrem Tun und Lassen lieber an Daten und Fakten und versuchen die Beziehungen zwischen beiden zu ergründen. Dem Bonmot, dass nichts praktischer sei als eine gute Theorie, könnten Sie sich durchaus anschließen. Kurzum: Es liegt Ihnen, aus einer Vielzahl von Informationen allgemeine Aussagen oder Gesetzmäßigkeiten abzuleiten. Genau das ist ja auch mit der Fähigkeit zur Abstraktion gemeint.

13–6 Punkte

Sie akzeptieren die Bedeutung von Logik und Vernunft, möchten aber beiden in Ihrem Alltag keinen zu hohen Stellenwert einräumen. Sie brauchen Deutungs- und Interpretationsspielräume und die hält das Leben ja in vielen Berufsfeldern auch bereit.

5–0 Punkte

Abstraktion und Analyse, so könnte Ihre Devise lauten, ziehen dem Leben das Mark aus den Knochen. Und von Fall zu Fall stimmt das ja auch. Wenn man ein Gemälde unter ein Mikroskop legt, wird sich der Kunstgenuss in Grenzen halten. Das gilt sinngemäß auch für viele andere Lebensbereiche, zu denen man durch analytische Fähigkeiten keinen Zugang findet.

Flexibilität

Noch einmal zurück zur Homepage der BPOL: „Sie besitzen Leistungsbereitschaft, Soziale Kompetenz, Flexibilität und Mobilität (...)" Die meisten Bewerber haken diese Anforderung sofort ab. „Flexibel? Klar bin ich flexibel!" Aber was heißt das im beruflichen Alltag?

Hier ein konkretes Beispiel: Im Oktober 2008 hat eine Zugbegleiterin der Deutschen Bahn ein zwölfjähriges Mädchen aus dem Zug geworfen, weil es keine gültige Fahrkarte vorweisen konnte. Das Mädchen musste fünf Kilometer mit einem Cello auf dem Rücken im Dunkeln nach Hause marschieren. Im Nachhinein hat man die sture und herzlose Zugbegleiterin vom Dienst suspendiert. Aber der Imageschaden war damit nicht beseitigt. Flexibilität – zum Beispiel bei der Auslegung und Anwendung von Vorschriften – ist eben doch viel mehr als nur ein Wort. Flexibilität ist die Umstellfähigkeit im Kopf, das elastische Reagieren auf neue und unerwartete Anforderungen und Bewährungssituationen.

Hier ein Angebot zur Selbstprüfung.

Test

1. Die Zeiten, in denen man einen Beruf erlernt und bis zum Renteneintritt ausübt, sind unwiederbringlich vorbei.

    ☐ stimmt   ☐ dazwischen   ☐ stimmt nicht

2. Zu einem geglückten Lebensentwurf gehört für mich, dass man die Dinge planen kann und vor Überraschungen geschützt ist.

    ☐ stimmt   ☐ dazwischen   ☐ stimmt nicht

3. Wer kein Risiko eingehen will, geht oft das größte Risiko ein.

    ☐ stimmt   ☐ dazwischen   ☐ stimmt nicht

4. Ich muss wissen, woran ich bin und was auf mich zukommt. Alles andere bereitet mir schlaflose Nächte.

    ☐ stimmt   ☐ dazwischen   ☐ stimmt nicht

5. „Unruhe im Kalender stiften!" Diesem Grundsatz und Glücksrezept könnte ich mich anschließen.

    ☐ stimmt   ☐ dazwischen   ☐ stimmt nicht

6. Der permanente Wandel macht die Menschen krank.

    ☐ stimmt   ☐ dazwischen   ☐ stimmt nicht

7. Man muss hin und wieder den Ausbruch aus der Routine wagen und sich anderen Herausforderungen stellen.

    ☐ stimmt   ☐ dazwischen   ☐ stimmt nicht

8. Die Forderung nach mehr Flexibilität bedeutet nichts anderes, als dass man zur Manövriermasse der Unternehmen wird. Die Sachzwänge sind doch nur vorgeschoben.

   ☐ stimmt   ☐ dazwischen   ☐ stimmt nicht

9. Ein Berufsleben, in dem ich mich immer wieder um neue Projekte mit den unterschiedlichsten Anforderungen zu kümmern hätte, finde ich erstrebenswert.

   ☐ stimmt   ☐ dazwischen   ☐ stimmt nicht

10. Viele Hochschulabsolventen starten heute mit einem Zeitvertrag. Das ist doch eine Zumutung.

    ☐ stimmt   ☐ dazwischen   ☐ stimmt nicht

Auswertung

Ungerade Testitems: stimmt = 2 Punkte, dazwischen = 1 Punkt, stimmt nicht = 0 Punkte

Gerade Testitems: stimmt = 0 Punkte, dazwischen = 1 Punkt, stimmt nicht = 2 Punkte

beharrend										flexibel
0	2	4	6	8	10	12	14	16	18	20

Interpretation

20–14 Punkte

Wie sagt der Kölner doch so unwiderstehlich zutreffend? „Et kütt, wie et kütt!" Das könnte auch Ihre Haltung sein. In dieser Einstellung zeigt sich keine Resignation gegenüber den sich ändernden Verhältnissen, sondern eine Kraft der Bejahung. Bei den Kölnern drückt sich dies in dem Spruch „Et hät noch immer jot jejange" aus.

13–6 Punkte

Veränderung muss sein – aber bitte nicht zu viel! Die Lust auf Neues, Unbekanntes oder Riskantes hält sich bei Ihnen in Grenzen, ist aber vorhanden.

5–0 Punkte

Sie lieben es, wenn die Dinge ihren gleichmäßigen Weg gehen. Der Dienstag wird wie der Montag und der Mittwoch wie der Dienstag sein – wunderbar! Wie lautete doch die Devise der 1950er Jahre? „Keine Experimente!"

Durchsetzungsfähigkeit

Das Wort „Durchsetzungsfähigkeit" hat keinen guten Klang. Manche denken an Härte, Kälte, Rücksichtslosigkeit, Ellenbogen, Kapitalismus, Aggression oder Gewalt. Das Soft Skill (!) „Durchsetzungsfähigkeit" ist meist emotional negativ besetzt und wird von vielen Bewerberinnen und Bewerbern deshalb eher verschämt als persönliche Stärke angeführt. Mit dieser Haltung kommt man in eigener Sache aber nicht weit und wird im Zweifelsfall auch keinen guten Job machen.

Test

1. Wenn sich jemand in einer Warteschlange vordrängelt, sage ich in der Regel nichts.

    ☐ stimmt   ☐ dazwischen   ☐ stimmt nicht

2. Wenn ich von etwas überzeugt bin, versuche ich es umzusetzen – auch wenn es Gegenwind gibt.

    ☐ stimmt   ☐ dazwischen   ☐ stimmt nicht

3. Auf die Standardfrage „Hat es Ihnen geschmeckt?" antworte ich immer mit „Ja" – auch wenn ich mit dem Essen nicht sonderlich zufrieden war.

    ☐ stimmt   ☐ dazwischen   ☐ stimmt nicht

4. Es hat nichts mit Friedfertigkeit zu tun, wenn man sich von anderen übervorteilen lässt.

    ☐ stimmt   ☐ dazwischen   ☐ stimmt nicht

5. Für mich ist es sehr wichtig, von anderen akzeptiert zu werden.

    ☐ stimmt   ☐ dazwischen   ☐ stimmt nicht

6. Ich bin ein Freund der offenen Aussprache – auch wenn man dabei einmal etwas aneckt.

   ☐ stimmt   ☐ dazwischen   ☐ stimmt nicht

7. Durchsetzungswille hat viel mit Egoismus zu tun und gefährdet deshalb den Zusammenhalt des Teams.

   ☐ stimmt   ☐ dazwischen   ☐ stimmt nicht

8. Für mich sind Menschen unglaubwürdig, die vorgeben, ihre persönlichen Ziele den gemeinsamen Zielen grundsätzlich unterzuordnen.

   ☐ stimmt   ☐ dazwischen   ☐ stimmt nicht

9. Das Wichtigste ist eine gute Atmosphäre im Team.

   ☐ stimmt   ☐ dazwischen   ☐ stimmt nicht

10. Ich äußere meine Meinung auch dann, wenn ich weiß, dass ich die Mehrheit gegen mich habe.

   ☐ stimmt   ☐ dazwischen   ☐ stimmt nicht

Auswertung

Ungerade Testitems: stimmt = 0 Punkte, dazwischen = 1 Punkt, stimmt nicht = 2 Punkte

Gerade Testitems: stimmt = 2 Punkte, dazwischen = 1 Punkt, stimmt nicht = 0 Punkte

durchsetzungsschwach									durchsetzungsstark	
0	2	4	6	8	10	12	14	16	18	20

Interpretation

20–14 Punkte

Sie verfügen über einen gesunden Durchsetzungswillen. Dabei geht es Ihnen nicht zwangsläufig darum, als Gewinner vom Feld zu gehen, sondern Sie wollen Dinge anschieben. Harmonie im Team ist für Sie kein Selbstzweck – was zählt, sind die Ergebnisse. Und da kann es durchaus schon einmal hart zur Sache gehen. Wenn Sie zusätzlich über eine hohe soziale Intelligenz verfügen, wäre ein Job mit Verhandlungs- und Führungsaufgaben passend für Sie.

13–6 Punkte

Durchsetzungswille hat für Sie etwas mit Machtansprüchen zu tun, deshalb ist Ihnen diese Eigenschaft nicht ganz geheuer. Bei Auseinandersetzungen ziehen Sie es vor, sich selbst eher zurückzunehmen.

5–0 Punkte

„Bloß keine Konflikte!" Mit dieser Haltung gehören Sie zu den eher pflegeleichten Zeitgenossen. Damit können Sie sogar Karriere machen, denn es gibt Vorgesetzte, die eine hohe Anpassungsbereitschaft schätzen und honorieren. Diese Biegsamkeit hat allerdings ihren Preis, der im Verzicht auf ein eigenes Profil oder eine eigene Identität besteht. Metaphorisch spricht man davon, dass jemand kein Rückgrat habe. Das ist kein Kompliment.

EUNUCHENWISSEN BLEIBT OHNE FOLGEN!

Einer der wichtigsten Grundsätze für Erfolg und Zufriedenheit im Beruf lautet: Es reicht nicht aus, das Richtige zu wissen – man muss es auch durchsetzen können. Viele Menschen haben hervorragende Kenntnisse und die richtigen Einsichten, können diese aber in der Praxis nicht umsetzen. Man spricht hier auch vom „Eunuchenwissen" – es bleibt ohne Folgen. Damit kann man beispielsweise im Vollzugsdienst nichts erreichen.

Einfühlungsvermögen

Die einschlägigen Forderungen in vielen Berufsfeldern lauten: Mit dem Kopf des anderen denken! Sich in die Gefühlswelt von Gesprächspartnern hineinversetzen! Kunden und Mitarbeiter dort abholen, wo sie mental oder inhaltlich stehen! Ein gutes Gespür für andere haben!

Im globalen Dorf heißt diese Eigenschaft „Empathie". Letztlich geht es um die Fähigkeit der „Perspektivenübernahme" – man versetzt sich in die Rolle eines anderen und versucht, die Welt aus dessen Sicht zu sehen. Es versteht sich von selbst, dass beispielsweise der Kriminologe oder Zollbeamte im Außendienst auf diesem Gebiet besonders begabt sein muss.

Wie einfühlsam sind Sie?

Test

1. Es gibt nach meiner Erfahrung Menschen, die sich in sozialen Situationen meist beobachtet fühlen, und andere, die eher die Rolle des Beobachters übernehmen. Ich bin eher ein Beobachter.

   ☐ stimmt   ☐ dazwischen   ☐ stimmt nicht

2. Wenn ich in Schule, Studium oder Beruf über ein Thema referieren musste, habe ich möglichst viel vorher auswendig gelernt.

   ☐ stimmt   ☐ dazwischen   ☐ stimmt nicht

3. Ich achte in Gesprächen darauf, immer wieder den Blickkontakt mit meinen Adressaten zu wahren.

   ☐ stimmt   ☐ dazwischen   ☐ stimmt nicht

4. Meine größte Angst beim Smalltalk ist, dass mir vielleicht nichts Gescheites einfällt.

   ☐ stimmt   ☐ dazwischen   ☐ stimmt nicht

5. Nach der Begegnung mit einem anderen Menschen kann ich mich normalerweise noch recht gut an dessen Gesicht und Kleidung erinnern.

   ☐ stimmt   ☐ dazwischen   ☐ stimmt nicht

6. Gefühle und Stimmungen haben im Geschäftsleben keine Rolle zu spielen.

   ☐ stimmt   ☐ dazwischen   ☐ stimmt nicht

7. Ich achte auf körpersprachliche Signale wie Gestik, Mimik sowie die Körperhaltung meiner Gesprächspartner.

   ☐ stimmt   ☐ dazwischen   ☐ stimmt nicht

8. Wenn man sich zu sehr mit anderen befasst, kommt man am Ende selbst zu kurz.

☐ stimmt ☐ dazwischen ☐ stimmt nicht

9. Das Wichtigste bei Präsentation oder Referaten war für mich immer, vorab möglichst viel über mein Publikum zu wissen.

☐ stimmt ☐ dazwischen ☐ stimmt nicht

10. Einfühlungsvermögen heißt für mich vor allem Rücksichtnahme auf andere.

☐ stimmt ☐ dazwischen ☐ stimmt nicht

Auswertung

Ungerade Testitems: stimmt = 2 Punkte, dazwischen = 1 Punkt, stimmt nicht = 0 Punkte

Gerade Testitems: stimmt = 0 Punkte, dazwischen = 1 Punkt, stimmt nicht = 2 Punkte

selbstbezogen   empathisch

0	2	4	6	8	10	12	14	16	18	20

Interpretation

20–14 Punkte

Sie wissen, dass Gefühle härter als Stahl sein können und dass es deshalb gut ist, wenn man Menschen rational und emotional gewinnen kann. Deshalb achten Sie im Gespräch mindestens genau so gut auf andere wie auf sich selbst. Aufgrund Ihrer Empathie dürfte es Ihnen gelingen, immer den richtigen Ton zu finden und adressatengerecht zu kommunizieren.

13–6 Punkte

Sie verfügen über ein gewisses Maß an Einfühlungsvermögen, kommen aber nicht immer dazu, dies in die Praxis umzusetzen. Vermutlich sind Sie doch meist etwas zu sehr mit sich selbst befasst. Versuchen Sie bewusst, in bestimmten sozialen Situationen vom anderen her zu denken. Achtung: Alles verstehen heißt nicht, alles zu verzeihen oder zu akzeptieren.

5–0 Punkte

Sie kreisen sehr um sich selbst und deshalb dürfte es Ihnen schwerfallen, sich auf unterschiedliche Adressaten einzustellen und ihnen damit – oft durchaus im eigenen Interesse – gerecht zu werden.

 EINFÜHLUNGSVERMÖGEN MANGELHAFT

Manchen Menschen wird nachgesagt, dass sie ein Talent hätten, kein Fettnäpfchen auszulassen. Prinz Philip beispielsweise wird von den Briten als „König der Fettnäpfchen" tituliert. Den ersten Ausrutscher erlaubte er sich bereits 1947 kurz nach der Verlobung mit der damaligen Thronfolgerin Prinzessin Elisabeth. Als der Herzog einen Bahnarbeiter nach dessen Aufstiegsmöglichkeiten befragte, antwortete dieser: „Da müsste schon mein Boss sterben." Darauf Philip: „Genau wie bei mir." Und da Farbige assoziativ für manche Zeitgenossen noch immer aus dem Busch stammen, erkundigte er sich auf einer Party bei einem Gast dunkler Hautfarbe: „Und aus welchem exotischen Teil der Welt kommen Sie, mein Freund?" Der so Angesprochene erwiderte: „Aus Birmingham, Sir, der zweitgrößten Stadt Englands."

Der Tritt ins Fettnäpfchen ist meist die Folge mangelnden Einfühlungsvermögens – also die Unfähigkeit, das eigene Reden vorausschauend aus der Perspektive eines anderen zu beurteilen. Hier deshalb zum Schluss noch ein guter Rat des Philosophen Arthur Schopenhauer: „Wer klug ist, wird im Gespräch weniger an das denken, worüber er spricht, als an den, mit dem er spricht."

Extraversion/Introversion

Extraversion heißt, dass ein Mensch für den Kontakt zu anderen aufgeschlossen ist und diesen meist auch sucht. Ein introvertierter Mensch ist dagegen jemand, der sich eher abwartend verhält und sozialen Kontakten keinen sonderlich hohen Stellenwert einräumt.

Beide Tendenzen lassen sich nicht grundsätzlich als vorteilhaft oder unvorteilhaft bewerten – was zählt, ist der Beruf, um den es geht. Wer eine Aufgabe anstrebt, die Kontaktstärke und Kommunikationsfreude erfordert, sollte vom Naturell her extravertiert sein. Introvertierte mögen sich stattdessen auf den Dichterfürsten Johann Wolfgang von Goethe beziehen: „Es bildet ein Talent sich in der Stille."

Test

1. Ich mache gewöhnlich den Anfang, wenn es darum geht, neue Bekanntschaften zu schließen.

   ☐ stimmt   ☐ dazwischen   ☐ stimmt nicht

2. Schweigen ist Gold! Es fällt mir gar nicht schwer, diesen Grundsatz zu beherzigen.

   ☐ stimmt   ☐ dazwischen   ☐ stimmt nicht

3. Freunde haben mir schon einmal vorgeworfen, dass ich Gesprächsthemen gern an mich reiße.

   ☐ stimmt   ☐ dazwischen   ☐ stimmt nicht

4. Ich gehe sehr gern allein spazieren.

   ☐ stimmt   ☐ dazwischen   ☐ stimmt nicht

5. Es gefällt mir, wenn ich die Lacher auf meiner Seite habe.

   ☐ stimmt   ☐ dazwischen   ☐ stimmt nicht

6. Wenn man Probleme hat, sollte man erst einmal versuchen, sie für sich zu klären.

   ☐ stimmt   ☐ dazwischen   ☐ stimmt nicht

7. Meine Devise lautet: Nur sprechenden Menschen kann geholfen werden!

   ☐ stimmt   ☐ dazwischen   ☐ stimmt nicht

8. Ein Abend mit spannender Lektüre ist mir meist lieber als eine gesellige Runde mit Freunden und Bekannten.

   ☐ stimmt   ☐ dazwischen   ☐ stimmt nicht

9. Zu meinen Schwächen zähle ich, anderen manchmal ins Wort zu fallen.

    ☐ stimmt   ☐ dazwischen   ☐ stimmt nicht

10. Sozialkompetenz heißt für mich zuallererst, ein(e) gute(r) Zuhörer(in) zu sein. Und deshalb halte ich mich lieber zurück.

    ☐ stimmt   ☐ dazwischen   ☐ stimmt nicht

Auswertung

Ungerade Testitems: stimmt = 2 Punkte, dazwischen = 1 Punkt, stimmt nicht = 0 Punkte

Gerade Testitems: stimmt nicht = 2 Punkte, dazwischen = 1 Punkt, stimmt = 0 Punkte

Introversion										Extraversion
0	2	4	6	8	10	12	14	16	18	20

Interpretation

20–14 Punkte

Sie beschreiben sich als einen Menschen, der gern auf andere zugeht und mit ihnen kommuniziert. Es ist Ihnen nicht fremd, im Zweifelsfall in sozialen Situationen den größeren Redeanteil für sich zu beanspruchen. Ein Beruf mit hohem Kommunikationsaufwand dürfte gut passen.

13–6 Punkte

Ihr Motto könnte „reden und reden lassen" lauten. Sie müssen nicht zu allem und jedem einen Kommentar abgeben, sorgen aber dafür, dass Sie in sozialen Situationen wahrgenommen werden.

5–0 Punkte

Ihrem Naturell entspricht eher die Rolle des Zuhörers und Beobachters. Wo andere im Eifer erst reden und dann denken, gehen Sie umgekehrt vor. Eher introvertierte Menschen sind gut geeignet für Berufe und Aufgaben, in denen in hohem Maße analytisch gearbeitet werden muss.

Führungsfähigkeit

„Ziehen ist besser als schieben", dieser Grundsatz der Mechanik gilt auch für Führungskräfte. Wer es schafft, Mitarbeiterinnen und Mitarbeiter für sich und die Ziele der Organisation zu gewinnen, hat die besten Voraussetzungen dafür, als Führungskraft erfolgreich zu sein.

Im Grunde besteht Führungskompetenz in der Verdichtung der bisher erörterten Soft Skills. Hinzu kommt vor allem die Fähigkeit, eine glückliche Hand bei der Personalauswahl und keine Angst vor unangenehmen Gesprächen und Entscheidungen zu haben. Und was häufig insbesondere von Führungsnachwuchskräften vergessen wird: Führungsfähigkeit setzt zunächst einmal den Willen zur Führung voraus – also die Bereitschaft, für andere Verantwortung zu übernehmen.

Test

1. Menschen sind grundsätzlich auf Leistung angelegt.

   ☐ stimmt   ☐ dazwischen   ☐ stimmt nicht

2. Man muss Mitarbeitern immer klar vorschreiben, was sie zu tun haben, sonst machen die, was sie wollen und die Ergebnisse stimmen nicht.

   ☐ stimmt   ☐ dazwischen   ☐ stimmt nicht

3. Ein guter Vorgesetzter achtet erst einmal darauf, seine Mitarbeiter nicht zu demotivieren.

   ☐ stimmt   ☐ dazwischen   ☐ stimmt nicht

4. Wenn man als Vorgesetzter eine Aufgabe delegiert, liegt die Verantwortung für das Resultat selbstverständlich ausschließlich bei dem entsprechenden Mitarbeiter.

   ☐ stimmt   ☐ dazwischen   ☐ stimmt nicht

5. Ein guter Vorgesetzter ist für seine Mitarbeiter möglichst berechenbar.

   ☐ stimmt   ☐ dazwischen   ☐ stimmt nicht

6. Ich bin dagegen, dass Menschen über Menschen Macht haben.

   ☐ stimmt   ☐ dazwischen   ☐ stimmt nicht

7. Als Vorgesetzter muss man die klar erkannten Schwächen und Defizite von Mitarbeitern ansprechen und auch auf mögliche Konsequenzen hinweisen, wenn sich nichts ändert.

   ☐ stimmt   ☐ dazwischen   ☐ stimmt nicht

8. Wenn ein Unternehmen Personalabbau verkündet, steigen sofort die Aktienkurse.

   ☐ stimmt   ☐ dazwischen   ☐ stimmt nicht

9. Einer alleinerziehenden Mutter mit krankem Kind würde ich selbstverständlich frei geben oder ich würde ein Auge zudrücken, wenn sie vorübergehend nicht die volle Leistung im Job bringt.

   ☐ stimmt   ☐ dazwischen   ☐ stimmt nicht

10. Ich bin dafür, sämtliche Hierarchien abzuschaffen und denke, dass dies auch möglich ist.

   ☐ stimmt   ☐ dazwischen   ☐ stimmt nicht

Auswertung

Ungerade Testitems: stimmt = 2 Punkte, dazwischen = 1 Punkt, stimmt nicht = 0 Punkte

Gerade Testitems: stimmt = 0 Punkte, dazwischen = 1 Punkt, stimmt nicht = 2 Punkte

potenzielle Führungsfähigkeit

0	2	4	6	8	10	12	14	16	18	20

Interpretation

20–14 Punkte

Die Gretchenfrage für jede Führungskraft lautet: „Von welchem Menschenbild gehst du aus?" Margaret Thatcher, die legendäre eiserne Lady, sagte einst: „Man kann nicht von einem falschen Menschenbild ausgehen und auch noch erfolgreich sein wollen." Die Lady war überaus erfolgreich und in diesem Sinne könnten Sie auch erfolgreich sein.

13–6 Punkte

Sie könnten in eine Führungsaufgabe hineinwachsen – würden aber zunächst einmal Lehrgeld bezahlen oder Enttäuschungen kassieren. Die Menschen sind eben nicht immer so, wie sie sein sollten. Wenn es so wäre, könnte man auf Polizei, Bundeswehr und Zoll verzichten.

5–0 Punkte

Personalführung wäre für Sie wie Flöhe hüten. Also lieber nicht oder noch nicht!

Selbstkritik

Man darf sich nicht unterschätzen, denn wer sich unterschätzt, lotet nie die Grenzen des eigenen Potenzials richtig aus – geschweige denn, dass er über dieses hinauswächst. Wer sich allerdings notorisch überschätzt, wird irgendwann an der eigenen Überheblichkeit scheitern.

SELBSTKRITIK IST EINE STÄRKE

- Sie müssen nicht alles wissen und können, aber Sie müssen wissen, was Sie nicht wissen und können.

- Polizei, Bundeswehr und Zoll brauchen selbstbewusste junge Frauen und Männer, aber keine Profilneurotiker.

- Nur wer selbstkritisch ist und Kritik annehmen kann, wird noch besser.

Bitte überprüfen Sie einmal Ihr Selbstbild.

Test

1. Meine Essmanieren sind zu Hause anders als in einem Top-Restaurant.

   ☐ stimmt   ☐ dazwischen   ☐ stimmt nicht

2. Ich erreiche immer die Ziele, die ich mir gesetzt habe.

   ☐ stimmt   ☐ dazwischen   ☐ stimmt nicht

3. Ich bin am Ende eines langen Arbeitstages manchmal müde.

   ☐ stimmt   ☐ dazwischen   ☐ stimmt nicht

4. Ich kann ohne Schwierigkeiten und ohne rückfällig zu werden, alte Gewohnheiten ablegen.

   ☐ stimmt   ☐ dazwischen   ☐ stimmt nicht

5. Es gelingt mir immer, meine Gefühle vollkommen zu beherrschen.

   ☐ stimmt   ☐ dazwischen   ☐ stimmt nicht

6. Ich sage immer die Wahrheit.

   ☐ stimmt   ☐ dazwischen   ☐ stimmt nicht

7. Manchmal klatsche ich ein wenig über andere Leute.

   ☐ stimmt   ☐ dazwischen   ☐ stimmt nicht

8. Ich finde es ziemlich schwierig, andere Menschen richtig zu beurteilen.

   ☐ stimmt   ☐ dazwischen   ☐ stimmt nicht

Auswertung

Für jede Übereinstimmung erhalten Sie einen Punkt. Beispiel: Wer bei Aufgabe 1 mit „stimmt" reagiert hat, bekommt einen Punkt für Selbstkritik. Wer bei Aufgabe 2 mit „stimmt" reagiert hat, bekommt keinen Punkt.

Aufgabe 1   stimmt

Aufgabe 2   stimmt nicht

Aufgabe 3   stimmt

Aufgabe 4   stimmt nicht

Aufgabe 5   stimmt nicht

Aufgabe 6   stimmt nicht
Aufgabe 7   stimmt
Aufgabe 8   stimmt

wenig Selbstkritik   gesunde Selbstkritik

1	2	3	4	5	6	7	8

Interpretation

0–2 Punkte

Selbstzweifel werden Ihnen auf dem Weg nach oben nicht in die Quere kommen. Dafür aber Konkurrenten, die Ihre mangelnde Selbstkritik auszunutzen wissen.

3–5 Punkte

Das angenehme Gefühl, vieles besser zu wissen und zu können, ist Ihnen nicht ganz fremd. Aber Sie bemühen sich, dies andere nicht ständig merken zu lassen. Natürlich sehen Sie Ihre Mitmenschen kritischer als sich selbst – aber damit befinden Sie sich in bester Gesellschaft.

6–8 Punkte

Sie wissen, dass die Kenntnis der eigenen Schwächen Sie langfristig nur stärker macht. Sie trauen auch anderen etwas zu und können sich über gute Ideen freuen, auch wenn sie nicht von Ihnen selbst stammen. Und genau das zeichnet eine (potenzielle) Führungskraft aus.

Generalist oder Spezialist?

Da es bei Polizei, Bundeswehr und Zoll um Aufgaben geht, die oft eine hochgradige Spezialisierung erfordern, sollten Sie jetzt einmal prüfen, ob Sie vom „Typ" her eher ein/e Generalist/in oder ein/e Spezialist/in sind.

Zunächst zu den Begrifflichkeiten: Was ist ein Spezialist und was ein Generalist? Ein Spezialist, so lautet eine sicher nicht ganz ernst gemeinte Definition, ist jemand, der alles über nichts weiß, und ein Generalist ist jemand, der nichts über alles weiß. Wenn man diese satirische Überspitzung einmal beiseite lässt, muss sich jeder Mensch bei seiner Berufswahl und Karriereplanung schon überlegen, ob er oder sie eher zum Spezialistentum oder eher zum Generalistentum neigt.

Wer sich eine berufliche Zukunft als Kapitän, Herzchirurg oder Pharmaforscher vorstellt, muss sich für die Rolle des Spezialisten entscheiden. Und das gilt auch für viele Aufgaben bei Polizei, Bundeswehr und Zoll. Die Beamtinnen und Beamten bei den jeweiligen staatlichen Institutionen sind Spezialisten für Sicherheit.

Test

1. Ich neige zum Perfektionismus.

    ☐ stimmt   ☐ dazwischen   ☐ stimmt nicht

2. Entscheidungen sind für mich vor allem Bauchentscheidungen.

    ☐ stimmt   ☐ dazwischen   ☐ stimmt nicht

3. Wenn ich ein Buch angefangen habe, lese ich es fast immer auch zu Ende.

    ☐ stimmt   ☐ dazwischen   ☐ stimmt nicht

4. Hundertprozentlösungen sind eine Kraft- und Zeitverschwendung.

    ☐ stimmt   ☐ dazwischen   ☐ stimmt nicht

5. Je mehr ich über eine Sache erfahre, desto mehr will ich wissen.

    ☐ stimmt   ☐ dazwischen   ☐ stimmt nicht

6. Wenn mir bei einem Problem der Aufwand zu groß wird, wende ich mich anderen Dingen zu.

    ☐ stimmt   ☐ dazwischen   ☐ stimmt nicht

7. Ich entwickle am liebsten Pläne, Konzepte und Strategien. Die Details der Umsetzung überlasse ich dann gerne anderen.

    ☐ stimmt   ☐ dazwischen   ☐ stimmt nicht

8. Rechtschreibung und Zeichensetzung sind unwichtig. Es kommt auf die Inhalte an.

☐ stimmt ☐ dazwischen ☐ stimmt nicht

9. Je mehr Widerstände sich bei der Lösung einer Aufgabe zeigen, desto mehr reizt mich das. Ich gebe dann erst recht nicht auf.

☐ stimmt ☐ dazwischen ☐ stimmt nicht

10. Ich bin von meinen Interessen her breit angelegt und möchte mich deshalb beruflich so spät wie möglich festlegen.

☐ stimmt ☐ dazwischen ☐ stimmt nicht

11. Für mich ist eine gründliche Analyse bei Problemlösungen wichtig – mit Pi mal Daumen kann ich wenig anfangen.

☐ stimmt ☐ dazwischen ☐ stimmt nicht

12. Wenn ich nach meinen Hobbys gefragt werde, fällt mir nichts Konkretes ein. Ich interessiere mich einfach für viele Dinge.

☐ stimmt ☐ dazwischen ☐ stimmt nicht

Auswertung

Ungerade Testitems: stimmt nicht = 2 Punkte, dazwischen = 1 Punkt, stimmt = 0 Punkte

Gerade Testitems: stimmt nicht = 2 Punkte, dazwischen = 1 Punkt, stimmt = 0 Punkte

Generalist   Spezialist

0	2	4	6	8	10	12	14	16	18	20	22	24

Interpretation

24–16 Punkte

Ohne die Einstellung, die Sie hier gezeigt haben, wären keine Erfindungen und kein wissenschaftlicher Fortschritt möglich – und es könnte auch kein Staat funktionieren. Sie machen lieber eine Sache perfekt, statt viele Dinge halb. Was für Sie zählt, sind Fakten. Wenn Sie Ihr Fachgebiet finden und entsprechend talentiert sind, können Sie bei Polizei, Bundeswehr oder Zoll überdurchschnittliche Ergebnisse erzielen.

15–8 Punkte

Sie haben nicht den Anspruch, über eine Sache möglichst alles zu wissen, können aber bei Bedarf durchaus in die Tiefe gehen. Denken Sie daran: Als Spezialist/in für Sicherheit müssen Sie unter anderem teamfähig, konfliktfähig, kommunikativ und belastbar sein – Sie brauchen aber auch ein solides Fachwissen, um Ihre Aufgaben erfüllen zu können.

7–0 Punkte

„Mut zur Lücke!" – Dieser Leitsatz müsste gut zu Ihnen passen. Und damit könnten Sie sogar recht erfolgreich sein, wenn Sie über ausgeprägte Schlüsselqualifikationen wie kommunikative Kompetenz, Durchsetzungsvermögen, Kreativität oder Verkaufstalent verfügen. Für einen verantwortungsbewussten Dienst bei Polizei, Bundeswehr oder Zoll reicht das allerdings nicht.

Das Assessment-Center (Gruppensituationsverfahren)

Als Bewerber/in werden Sie darüber informiert, ob ein Assessment-Center (AC) im Rahmen des Auswahlverfahrens vorgesehen ist. Falls dies auf Sie zukommt, sollten Sie nichts dem Zufall überlassen. Eine gute Vorbereitung ist die halbe Miete und der potenzielle zukünftige Arbeitgeber erwartet das auch. Schließlich werden Sie auch später im Beruf nur erfolgreich sein, wenn Sie sich auf Bewährungssituationen hinreichend vorbereiten. Und ein Assessment-Center ist eine Bewährungssituation.

Doch worum geht es eigentlich genau? Die Assessment-Center-Methode (assessment = Einschätzung, Beurteilung) macht seit Jahren Furore und vielen Bewerberinnen und Bewerbern Angst und Bange. Sachlich betrachtet stellt das AC eine deutliche Erweiterung des üblichen eignungsdiagnostischen Repertoires dar, weil

- die Anforderungen für die zu besetzenden Positionen oder Ausbildungsgänge typisch sind,

- Leistungs- und Verhaltensproben vor allem auch auf soziale Kompetenzen abzielen und

- die Bewerber Belastungen ausgesetzt werden, die im Vorstellungsgespräch nicht simulierbar sind.

Viele Bewerberinnen und Bewerber machen sich das Leben schwer, weil sie das Assessment-Center als Bedrohung empfinden. Da der Erfolg im Kopf beginnt, sollte man sich aber zunächst klarmachen, dass die Einladung zu einem AC ein Kompliment ist. Immerhin wird hier ein erheblicher Aufwand betrieben und der gilt Interessenten, von denen man sich aufgrund ihrer Unterlagen oder bisher erzielten Testergebnisse etwas verspricht. Natürlich gibt es auch Verlierer, aber zu den Verlierern gehören meist diejenigen, die mit einer negativen Einstellung – „Das wird sowieso nichts!" – in eine Bewährungssituation gehen. Und was erwartet die Be-

werberinnen und Bewerber in einem AC? Schauen Sie sich einmal die typischen Aufgaben an, mit denen Sie rechnen müssen. Natürlich gibt es im
Interesse der Fairness bei der Bewerberauswahl eine Vielzahl von Variati-
onen. Aber wer das Prinzip der Anforderungen begreift und geistig wach
ist, wird erfolgreich sein.

Kurzvortrag: die 5-Punkte-Formel

Am Anfang steht meistens ein Kurzvortrag über ein Thema der eigenen
Wahl – möglichst mit persönlichem Bezug – oder eine in der Gesellschaft
geführte Debatte (Pro und Contra). Wer in ein Assessment-Center geht, ohne
vorab darüber nachgedacht zu haben, handelt fahrlässig. Lampenfieber?
Keine Sorge! Kaltschnäuzige Funktionsträger werden nicht gesucht. Minuspunkte bekommt also nicht, wer einmal den Faden verliert, sondern nur,
wer ihn nicht wiederfindet. Viele AC-Teilnehmer liefern bei ihren Präsentationen einen unappetitlichen Informationsbrei ab. Hier eine Empfehlung,
wie sich eine Präsentation mit der 5-Punkte-Formel gut strukturieren lässt:

1   Interesse wecken

2   Sagen, worum es geht (Ziel/Standpunkt/Kerninformation)

3   Standpunkt begründen (Argumente)

4   Beispiel(e) bringen (Anschauung)

5   Zum Handeln auffordern (Appell)

Lesen Sie noch einmal alles zum Thema Erörterung nach.

Gruppendiskussionen: So machen Sie Punkte

Im Mittelpunkt der Assessment-Center-Methode stehen meist kontroverse
Gruppendiskussionen. Dabei wird das Verhalten der Teilnehmer von geschulten Beobachtern bewertet. Unter anderem geht es darum, inwiefern je-

mand die Gratwanderung zwischen Durchsetzungsvermögen und Teamfähigkeit schafft. Wer mit dem Vorsatz in ein AC geht, die anderen an die Wand zu fahren, wird als Bewerber ebenso wenig weiterkommen wie jemand, der vor lauter Harmoniebedürfnis keine Ecken und Kanten zeigt. Bei einer Gruppendiskussion werden folgende Verhaltensmuster beobachtet:

- Initiative ergreifen

- Lösungen vorschlagen

- Koordinieren

- Gemeinsamkeiten zwischen abweichenden Standpunkten feststellen

Diese Verhaltensweisen sind konstruktiv-leistungsorientiert und werden daher positiv bewertet. In jedem erfolgreichen Team werden aber auch Mitglieder gebraucht, die etwas für das Binnenklima, also den emotionalen Zusammenhalt, tun. Es ist durchaus vorteilhaft, sich im AC auf die folgenden Rollenfunktionen (konstruktiv sozio-emotional) zu verlegen:

- Auf andere und deren Ideen positiv eingehen

- Auf einen vernünftigen Umgangsstil achten

- Kontroverse Meinungen versöhnen

SO KÖNNEN SIE DAS BINNENKLIMA FÖRDERN

„Lassen Sie doch bitte Herrn X ausreden."

„Ich schlage vor, noch einmal die Idee von Frau Y aufzugreifen."

„So weit liegen Sie mit Ihren Vorstellungen gar nicht auseinander. Der gemeinsame Ansatz bei Ihnen beiden besteht ja darin, dass ..."

„Ich schlage vor, die Redezeit für jeden auf drei Minuten zu begrenzen."

„Was Sie da gerade gesagt haben, ist eine gute Grundlage für unsere weitere Diskussion."

Die aufgeführten Rollen stehen für die Schlüsselqualifikation Teamfähigkeit und im Zweifelsfall schneiden Sie gut ab, wenn Sie sich genau auf diesem Feld als gut erweisen. Beherzigen Sie das, wenn Sie sich die folgende Übung vornehmen.

Gruppenübung „Dschungelreise"

Situation

Sie befinden sich auf einer Studienreise. Beim Flug von Rio de Janeiro zu einer Dschungelstation muss das Flugzeug, in dem Sie sich befinden, notlanden. Die Piloten sind verwundet. Sie haben die Maschine in einem Sumpf aufgesetzt und sind steckengeblieben. Die Maschine sinkt schnell und Sie haben nur wenige Minuten Zeit, um das Notwendigste zu retten und auf trockenes Land zu bringen.

Sie waren noch nie in der Gegend, Sie wissen nur, dass Sie einen Nebenfluss finden müssen, der in einen Hauptfluss mündet, mit dessen Verlauf Sie zu einer Dschungelstation kommen. Sie haben nichts anderes bei sich als das, was Sie am Körper tragen. Vor Ihnen liegen 15 Gegenstände, die Sie aus dem Flugzeug in aller Eile gerettet haben (siehe folgende Liste). Es ist unmöglich, alle Gegenstände auf den bevorstehenden Marsch durch den tropischen Regenwald mitzunehmen. Sie sind also gezwungen, eine Auswahl zu treffen.

Aufgabe

Treffen Sie bitte individuell eine Entscheidung darüber, welche sechs Gegenstände Sie für Ihr und Ihrer Kameraden Überleben als besonders wichtig erachten.

Einigen Sie sich danach in der Gruppe, welche sechs Gegenstände mitgenommen werden sollen.

Die Liste der Gegenstände

Die in der folgenden Liste aufgeführten Gegenstände haben Sie aus dem sinkenden Flugzeug gerettet:

DIE GERETTETEN GEGENSTÄNDE ✓ CHECK

1 Schlauchboot ☐

1 Radio mit Batterien ☐

1 Fallschirm ☐

1 Zelt ☐

8 Kartons Cornflakes ☐

5 Plastikbehälter Trinkwasser (je 10 Liter) ☐

1 Taschenlampe ☐

1 Kompass ☐

3 Moskitonetze ☐

1 Erste-Hilfe-Koffer ☐

2 Macheten ☐

2 Gewehre mit Munition ☐

1 Packung Streichhölzer ☐

1 Außenborder mit 20 Liter Benzin ☐

1 Beil ☐

Übung ausprobieren

Die „Dschungelübung" kann man sehr schön mit Freunden und Bekannten durchspielen, um ein Gespür für die unterschiedlichen Auffassungen zu bekommen und Konfliktmanagementtechniken einzuüben. Es lohnt sich, denn dieser Aufgabentyp kommt in fast jedem AC vor.

Die beste Lösung

DIE SECHS GERETTETEN GEGENSTÄNDE

1 Schlauchboot	☑
1 Fallschirm	☑
1 Kompass	☑
1 Erste-Hilfe-Koffer	☑
2 Macheten	☑
2 Gewehre mit Munition	☑

Rollenspiele

Rollenspiele sollen Einblicke in das Sozial- und Kommunikationsverhalten von Bewerbern gewähren. Das Thema ist kontrovers und wird vorgeben, kann aber auch vom Team selbst gewählt werden. Ebenso können zwei Rollenspiele gefordert werden, die ein selbst gewähltes und ein vorgegebenes Thema zum Inhalt haben. Bewertet werden

■ Inhalt,

■ Struktur,

- Kommunikationsstil,

- Kooperation,

- Einfühlungsvermögen und

- Führungsfähigkeit.

VERHALTEN IM ROLLENSPIEL

- Zeigen Sie Initiative, ohne Ihre Partner an die Wand zu fahren.

- Achten Sie auf eine faire Verteilung der Redeanteile.

- Bleiben Sie streng beim Thema – also nicht abschweifen.

- Denken Sie daran: Wer fragt führt, kontrolliert und motiviert.

- Zeigen Sie sich als guter Zuhörer und gehen Sie auf die Äußerungen Ihres Partners ein.

- Der Versuch, sich auf Kosten des Rollenspielpartners zu profilieren, bringt Minuspunkte.

- Verwenden Sie keine Killerphrasen wie „Das geht nie!", „Zu teuer!", „Völlig unrealistisch!", „Blödsinn!" etc.

- Stellen Sie Gemeinsamkeiten fest, wo es möglich ist.

- Nicht schauspielern – versuchen Sie, sich selbst treu zu bleiben.

Die „Postkorb"-Übung

Typisch für jedes AC ist der „Postkorb". Im Rahmen dieser Übung haben die Teilnehmer diverse Notizen, Briefe und Geschäftsvorgänge zu sichten, zu bewerten und zu bearbeiten. Es gilt

- alle Informationen im komplexen Zusammenhang zu bewerten,

- Prioritäten zu setzen,

- nicht in Hektik zu geraten und

- dennoch schnell zu entscheiden.

 DER HELIKOPTER-BLICK

Wer jeden Vorgang isoliert betrachtet und alles hübsch der Reihe nach abarbeitet, fällt im „Postkorb" durch. Hilfreich sind die folgenden Leitfragen:

- Nehme ich alle Informationen auch im Detail auf?

- Was hängt womit zusammen?

- Was ist wirklich wichtig?

- Was muss ich selbst erledigen und was sollte oder kann ich delegieren?

Genau diese Fragen haben viel mit dem zukünftigen beruflichen Erfolg zu tun und deshalb hat die AC-Methode von allen Auswahlverfahren oft die größte Nähe zu den späteren Anforderungen.

Beispiel eines typischen „Postkorbs"

Sie sind Thomas Schnell. Heute ist Mittwoch, der 29. September. Jetzt ist es 16:00 Uhr. Sie sind gerade von einer längeren Dienstreise – auf der man Sie nicht erreichen konnte – nach Hause zurückgekehrt. Morgen, am Donnerstag, treten Sie um 8:00 Uhr eine Reise nach London an und kommen erst am Montag, den 4. Oktober, um 19:00 Uhr wieder zurück nach Hause. In London kann man Sie nicht erreichen und Sie können zwischen Ihrer Abreise bis zur Heimkehr auch nichts von dem erledigen, was Sie nun vorfinden und bearbeiten müssen.

Ihre Frau ist heute früh ins Krankenhaus eingeliefert worden und wurde vor sieben Stunden operiert. Die Post und sonstige Notizen hat Ihre Frau Ihnen in den Postkorb getan.

Sonst ist niemand im Haus. Das Telefon ist ausgerechnet heute gestört, Nachbarn sind zurzeit nicht erreichbar. Sie haben, bis auf 800 Euro, kein Geld im Haus. In einer Stunde müssen Sie Ihren Postkorb bearbeitet haben. Danach, also von 17:00 bis 19:00 Uhr, müssen Sie dringende Besorgungen in der Stadt erledigen.

In Ihrem Postkorb finden Sie Notizen, Briefe, Vorlagen usw. Sehen Sie sie einzeln durch. Schreiben Sie jeweils auf den Rand oder auf angeheftete Zettel Ihre Entscheidung. Formulieren Sie, falls nötig, einen Brief oder notieren Sie, was Sie durch wen zu veranlassen wünschen. Ob Sie eine Antwortnotiz fertigen, Termine vereinbaren, die Aufgaben gleich lösen, später lösen oder gar nichts unternehmen wollen, hängt von Ihnen ab.

Bitte versetzen Sie sich in die Situation von Thomas Schnell. Zeitdruck und äußere Umstände sind vielleicht ungewöhnlich. Die Probleme, die Sie vorfinden, sind aber für das Berufsleben nicht ungewöhnlich.

Denken Sie daran: Pünktlich in einer Stunde müssen Sie fertig sein, um zwischen 17:00 und 19:00 Uhr Besorgungen erledigen zu können. Sie kommen erst am kommenden Montag um 19:00 Uhr wieder zurück.

Mit folgenden Personen Ihres Haushalts haben Sie es zu tun:

Thomas Schnell	=	Sie selber
Britta Schnell	=	Ihre Ehefrau
Karsten und Kathrin	=	Ihre Kinder (15 und 14 Jahre alt)
Christine	=	Ihre Haushälterin
Sylvia	=	Haushaltslehrling

Bitte treffen Sie bezüglich der beiden folgenden Schreiben eine Entscheidung, indem Sie sich die folgenden Fragen stellen:

- Liegenlassen?

- Delegieren? Und an wen?

- Termin selbst wahrnehmen?

- Brief oder E-Mail formulieren?

- Inhalt des Briefs beziehungsweise der E-Mail?

Hier nun ein beispielhafter Vorgang aus einem „Postkorb".

Mail von Professor Soor

PROF. DR. ERNST SOOR

24. September 2010

Lieber Herr Schnell!

Wie Sie wissen, soll die neue Umgehungsstraße N-47 direkt an unseren Grundstücken vorbeigeführt werden. Nicht nur, dass wir je 5 Meter von unseren Grundstücken abtreten müssen, wir werden auch größter Lärmbelästigung ausgesetzt.

Jetzt hat sich jedoch eine Möglichkeit ergeben, dass ein Lärmschutzwall errichtet werden könnte.

Voraussetzung ist, dass jeder Hauseigentümer aus unserer Straße zu der Versammlung mit dem Straßenplanungsamt erscheint und entsprechend abstimmt.

Termin: Mittwoch, den 06.10., 10:00 Uhr

Ich rechne unbedingt mit Eurem Kommen.

Herzlichst

Ernst Soor

Was werden Sie tun? Aber Moment einmal. Lesen Sie erst den folgenden Brief aus Ihrem „Postkorb" und treffen Sie danach eine Entscheidung bezüglich Ihres Vorgehens.

Brief von Haus und Grund GmbH

HAUS UND GRUND GMBH

Postfach

34876 Dollheim

15. September 2010

Per Einschreiben

Herrn

Thomas Schnell

Grübenstraße 3

34567 Bamburg

Sehr geehrter Herr Schnell,

Sie wohnen jetzt 3 Jahre in unserem Haus und dies sicher zur gegenseitigen Zufriedenheit. Wir hoffen, dass das so bleibt, und werden unsererseits alles dazu tun.

Nun sind in den letzten Jahren allgemein die Mieten angestiegen und dem können auch wir uns nicht entziehen. Daher sehen wir uns gezwungen, entsprechend § 3/2/1 Ihres Mietvertrags die monatliche Miete um 25 % ab 1. Dezember dieses Jahres anzuheben. Dafür haben Sie sicherlich Verständnis, obgleich das für Sie vermutlich keine angenehme Information ist.

Wir bitten Sie, uns bis zum 4. Oktober Ihre Zustimmung zu geben, ansonsten sind wir gezwungen, Ihren Mietvertrag fristgerecht zum 31. Dezember zu kündigen.

Mit freundlichen Grüßen

Hanno Sauer

Geschäftsführer

Haben Sie es gemerkt? Der erste Vorgang (Lärmschutzversammlung) ist nicht sonderlich wichtig, da aus dem zweiten hervorgeht, dass Herr Schnell nur Mieter ist. Eine gute Entscheidung im Hinblick auf den engen Terminkalender wäre, den Versammlungstermin – wenn überhaupt – an die Ehefrau zu delegieren.

Und hier die Musterlösung für den „Haus-und-Grund"-Vorgang: Gegen Brief, Fristsetzung, Mieterhöhung und Kündigungsandrohung sollten Sie schriftlich Einspruch einlegen und um ein klärendes Gespräch bitten. Die Angelegenheit könnte auch rein juristisch nach dem Mieterschutzgesetz als völlig gegenstandslos betrachtet werden.

Was hier an zwei Beispielen noch einigermaßen zu durchschauen ist, wird bei 15 bis 20 Vorgängen leicht unübersichtlich. Es gilt deshalb, sämtliche Informationen

- im komplexen Zusammenhang zu bewerten,

- Prioritäten zu setzen,

- nicht in Hektik zu geraten und

- dennoch schnell auf den Punkt zu entscheiden.

Zur Erinnerung: Wer jeden Vorgang isoliert betrachtet und alles hübsch der Reihe nach abarbeitet, fällt durch. Beim „Postkorb" geht es also um die eignungsdiagnostische Ermittlung von fachübergreifenden Schlüsselqualifikationen wie

- Stressstabilität,

- Organisationsfähigkeit,

- Zeitmanagement,

- Bewältigen von Komplexität und

- Delegationsfähigkeit.

Diese Eigenschaften sind im Vorstellungsgespräch sehr schwer oder gar
nicht zu bewerten und deshalb erscheint das AC als multiples eignungs-
diagnostisches Beurteilungsverfahren recht überzeugend.

Und jetzt schauen Sie sich gleich die weiteren Vorgänge aus Ihrem „Postkorb" an.

Zettel von Ehefrau Britta

Mittwoch, 29. September 2010

8:00 Uhr

Lieber Thomas,

ich muss ganz schnell ins Krankenhaus und mich behandeln lassen
(Darmverschlingung). Heute Abend kannst Du mich besuchen. Montag
bin ich wieder zurück. Bis dahin kümmere Dich bitte um Kinder und
Haus.

Die Kinder sind bis 18:00 Uhr in der Schule und um 18:30 Uhr zu Hause. Sie haben aber keinen Schlüssel mit. Christine hat heute Nachmittag
frei und kommt morgen um 8:30 Uhr wieder.

Für Mittwoch (06.10.) um 20:00 Uhr habe ich endlich einmal Karten für
eine Opernpremiere erhalten. Halte den Termin frei, es ist ja auch mein
Geburtstag (habe ich im Kalender eingetragen).

Sylvia hat gestern nach meiner Meinung Geld und Schmuck gestohlen.
Ich habe ihr fristlos gekündigt und sie gleich rausgeschmissen. Sie be-
streitet alles, aber kommt morgen um 14:00 Uhr und will ihr Zeugnis.
Sie bekommt noch 200 Euro.

Alles andere habe ich Dir in den Posteingangskorb gelegt.

Grüße die Kinder von mir.

Herzlichst Deine Britta

Und nun kommt der nächste Vorgang.

Brief von der Kundenkreditbank

Kundenkreditbank von 1920

34567 Bamburg

Dienstag, 28. September 2010

Vertraulich/persönlich

Herrn

Thomas Schnell

Grübenstraße 3

34567 Bamburg

<u>Kurznotiz:</u> Verkauf Ihrer Aktien

Sie haben bei uns Aktien der Niemand AG im Wert von EUR 80.000,--.

Uns sind vertrauliche Informationen zugegangen, dass die Niemand AG am Freitag, den 1. Oktober, eventuell Konkurs anmelden wird. Dann sind Ihre Aktien vielleicht noch EUR 15.000,-- wert.

Wenn Sie uns ermächtigen, verkaufen wir umgehend Ihre Aktien zum Kurs von 50 %, sodass Sie noch EUR 40.000,-- erhalten.

Dieses Angebot gilt bis Mittwoch, 29. September, 18:00 Uhr.

Mit freundlichen Grüßen

Martin Lentner

Was tun? Vor einer Entscheidung schauen Sie sich lieber die nächsten Vorgänge an.

Zettel von Tochter Kathrin

8. September 2010

Lieber Vater,

am Mittwoch, den 6. Oktober von 10:00 bis 13:00 Uhr, ist Eltern-Lehrer-Sprechtag. Laut unserem Klassenlehrer sind angeblich auch in unserer Klasse einige „krumme Dinge" passiert. Die sollen jetzt mit allen Eltern und Lehrern öffentlich besprochen werden.

Karsten und ich halten das für unmöglich, aber ich meine, Ihr solltet doch hingehen.

Deine Tochter Kathrin

Brief von der Gärtnerei

Gärtnereibetriebe Frohsinn

18. September 2010

Sehr geehrter Herr Schnell,

Wie jedes Jahr um diese Zeit bepflanzen wir am Dienstag, 05.10. und Mittwoch, 06.10. wieder Ihren Garten.

Dieses Jahr ist allerdings eine gründliche Umgestaltung fällig, worüber wir ja schon in groben Zügen sprachen.

Da wir diesmal größere Barbeträge vorstrecken müssen, sprachen wir über eine mögliche Vorauszahlung. Da Ihre Frau kürzlich kein Bargeld im Hause hatte, bitten wir höflichst darum, als erste Anzahlung 700 Euro bei Ihrer Haushälterin zu deponieren.

Mit freundlichen Grüßen

Gärtner Poll

Schreiben vom Amtsgericht

AMTSGERICHT

27. September 2010

Herrn

Thomas Schnell

Grübenstraße 3

34567 Bamburg

Schöffe am Arbeitsgericht

Sehr geehrter Herr Schnell,

die Amtszeit der ehrenamtlichen Schöffen an unserem Gericht läuft jetzt aus und wir bestellen zurzeit neue Schöffen.

Als Schöffen kommen nur unbescholtene, ehrbare Mitbürger infrage, die sich darüber hinaus durch ihre berufliche Praxis als erfolgreiche und sorgfältig handelnde Menschen ausgewiesen haben.

Der Tätigkeit als Schöffe kann man sich nur in sehr begründeten Ausnahmefällen entziehen.

Bitte finden Sie sich am Dienstag, 05.10. von 15:00 bis 18:00 Uhr im großen Saal des Amtsgerichts ein, wo die Einweisung und Vereidigung stattfinden.

Mit freundlichen Grüßen

Dr. W. Gross

Nachricht von Sohn Karsten

28. September 2010

Lieber Vater,

da Mutter schon gestern nicht gut drauf war, habe ich ihr ein schönes Geschenk besorgt, eine hübsche Brosche für 300 Euro. Sie hat sich darüber sehr gefreut. Da ich aber nur 100 Euro hatte, habe ich mein altes Moped für 200 Euro an meinen Freund verkauft. Mein Freund konnte das Geld aber erst heute bringen und so habe ich beim Juwelier auf Pump die Brosche gekauft.

Heute früh rief mein Freund an und sagte, dass sein Vater den Mopedkauf verboten hat. Jetzt brauche ich dringend 200 Euro.

Dein Sohn

Karsten

Vertrauliche Briefe

Vertrauliche Briefe
Herausgeber: Dr. Franz Sinz und Partner, Bonn, Hauptstraße
Informationen aus Politik, Wirtschaft und Gesellschaft

Bonn, 28. September 2010

Nur zum persönlichen Gebrauch

Warenbörse
Starke Regenfälle und kalte Witterungen verzögern die Ernte in Europa und führten bereits zu größeren Ausfällen, insbesondere bei Grünfutter und Futtergetreide.

Die große Hitzewelle und Trockenperiode in den USA erschwert die Versorgung der Viehherden mit Futter. Erste Reduzierungen der Viehbestände werden gemeldet.

Empfehlung: Interessanter Terminhandel mit Futtergetreide; raus aus landwirtschaftlichen USA-Aktien.

Stahlaktien

Die neue Regierung in Teheran will sich an der deutschen Stahlindustrie in größerem Umfang beteiligen. Interessant ist dabei, dass die Beteiligung zum Teil in Form von Aufträgen erfolgen soll. Die bei der jeweiligen Firma übliche Gewinnmarge soll später in eine Kapitalbeteiligung umgewandelt werden. Da es sich um Milliardenaufträge handelt, rechnen wir mit guten Entwicklungen der Stahlaktien.

Spionageerfolg

Der russische Geheimdienst hat ein elektronisches Codiersystem erfunden, das jeden Tag den Codeschlüssel ändert.

Damit ist eine Entschlüsselung von Geheimbotschaften unmöglich geworden. Nun ist dem österreichischen Abwehrdienst das Programmierband in die Hände gefallen, womit das Codiersystem entschlüsselt und jede weitere Codierung gestört werden kann.

Aus der Börsenwelt

Es besteht der Verdacht, dass verschiedene Finanzierungsinstitute mit Aktien der Niemand AG insofern unlauter spekulieren, als sie Informationen über einen Kursverfall verbreiten, um diese Aktien danach preiswert aufzukaufen.

Für die Richtigkeit der Informationen wird – wie üblich – keine Gewähr übernommen. Die „Vertraulichen Briefe" erscheinen 14-tägig seit dem Jahr 1951. Abonnenten zurzeit: 185 000. Über 150 qualifizierte Informanten arbeiten mit uns zusammen.

Brief vom Direktor

DR. JOHANN MIES

Direktor

Gesamtschule Brachial

28. September 2010

Sehr geehrter Herr Schnell,

Ihre beiden Kinder Karsten und Kathrin haben vorgestern zum vierten Mal in einem Monat unentschuldigt gefehlt. Nach dem dritten Mal hatte ich an Sie bereits geschrieben, dass Ihre Kinder nicht nur unentschuldigt fehlen, sondern offenbar auch Ihre Unterschrift auf einem angeblichen Entschuldigungsbrief gefälscht haben.

Entweder Sie liefern uns für vorgestern eine hieb- und stichfeste Entschuldigung für Ihre Kinder umgehend nach oder Ihre Kinder werden von der Schule verwiesen.

Mit freundlichen Grüßen

Dr. Johann Mies

Notiz von der Haushälterin

28. September 2010

Lieber Herr Schnell,

gestern rief unser Nachbar Karlus an, der ein guter Freund Ihres Chefs ist, und beschwerte sich, dass das Wasser von unserem Dach seinen Garten unterspült. Sie wissen ja, dass unsere Dachrinnen alle verstopft sind. Wenn sich das nicht ändert, will er uns anzeigen. Vorher will er aber, und zwar am Montag (4.10.) um 15:00 Uhr, mit Ihnen sprechen.

Am Montag, 4.10., 16:00 Uhr stellt sich ein neuer Azubi vor.

Ihr Büro hat angerufen, dass man Sie nicht vor Mittwochmittag zurückerwartet. Alle früheren Kundentermine hat Ihr Büro abgesagt.

Ihr Chef hat sich für Mittwoch (6.10.) mit einem angeblich wichtigen, persönlichen Anliegen um 19:45 Uhr zu Besuch angesagt.

Grüße Christine

E-Mail vom Rechtsanwalt

KARL-ANTON GUT

Rechts- und Steueranwalt

27. September 2010

Lieber Herr Schnell,

in Ihrer letzten Steuererklärung hatten Sie Verluste aus Aktienspekulationen angegeben. Die konnten wir so nicht von der Steuer absetzen.

Aber es gibt eine Möglichkeit, Verluste aus Aktienbesitz (zum Beispiel Kursverfall wegen Konkursen usw.) bis zur Höhe von EUR 60.000,-- gegen eine Versicherungsgebühr von EUR 800,-- monatlich abzusichern. Nähere Einzelheiten müssten wir besprechen.

Da ich am 29.9. ab 19:00 Uhr in Urlaub gehe, müssten wir uns vorher treffen. Sollten Sie Interesse an einer solchen Versicherung haben, bringen Sie bitte EUR 800,-- in bar mit.

Mit freundlichen Grüßen

Ihr

K.-A. Gut

Musterlösungen zu den Postkorb-Vorgängen

Zettel von Ehefrau Britta

Wichtig ist das Problem mit der Auszubildenden Sylvia. Eine fristlose Kündigung ohne Nachweis des Diebstahls ist nicht möglich. Der Sachverhalt muss erst geklärt werden. Unbedingt selbst ein Gespräch mit Sylvia führen. Termin vorschlagen und eintragen.

Brief von der Kundenkreditbank

Das ist wichtig im Zusammenhang mit den „Vertraulichen Briefen" und der E-Mail vom Rechtsanwalt. Geringster Verlust durch Teilverkauf von Aktien im Wert von 20.000 Euro. Versicherung abschließen. E-Mail oder Brief an die Bank schreiben. Muss heute noch alles geklärt werden.

Zettel von Tochter Kathrin

Wichtig im Zusammenhang mit dem Brief vom Schuldirektor. Den Termin wahrnehmen und im Kalender eintragen. Unbedingt vorher mit dem Direktor persönlich sprechen. Die Ehefrau oder Haushälterin bitten, einen Termin am Dienstag, den 5. Oktober, zu vereinbaren.

Brief von der Gärtnerei

Unwichtig. Scheint alter Lieferant zu sein und weiß, was er machen soll. Am 5. Oktober sind Sie ja wieder da. Nichts tun.

Schreiben vom Amtsgericht (Schöffe)

Relativ unwichtig, da erst am 5. Oktober. Selbst wenn man keinen Entschuldigungsgrund vorbringen will, kann man eine so kurzfristige Terminsetzung ablehnen. Wenn man hingeht, Termin eintragen – sonst einen kurzen Brief an das Amtsgericht schreiben oder ein Fax schicken.

Nachricht von Sohn Karsten

Im Augenblick unwichtig. Sobald wie möglich mit dem Sohn ein klärendes Gespräch führen. Themen: Umgang mit Geld, Schulleiterbrief. Der Juwelier hat Karsten die Brosche auf eigenes Risiko verkauft, da dieser erst 15 Jahre alt ist. Deshalb kann er warten.

„Vertrauliche Briefe"

Wichtig ist der Beitrag „Information aus der Börsenwelt". Es handelt sich nur um ein Gerücht und deshalb stellt sich hier die Frage, wem man eher traut – den „Vertraulichen Briefen" oder seiner Bank. Wichtig ist, die Dinge im Kontext zu betrachten.

Brief vom Direktor

Wichtig. Es geht nicht nur um den Rausschmiss, sondern es könnte auch noch eine Anklage wegen Urkundenfälschung drohen. Wie gesagt – Termin vereinbaren und Sachverhalt klären.

Notiz von der Haushälterin (Nachbar Karlus)

Wichtig: Termin mit dem Nachbarn bald nachholen. Vorsicht mit dem Termin „neuer Lehrling". Was ist, wenn die Auszubildende Sylvia (angeblicher Diebstahl) gegen die fristlose Kündigung klagt und Recht bekommt? Und dann gibt es noch eine Terminkollision: „Chefbesuch" und „Opernpremiere" mit der Ehefrau. Hier müssen Sie Prioritäten setzen. Tipp: dem Chef einen anderen Termin anbieten und mit der Frau in die Oper gehen.

Brief vom Rechtsanwalt

Hier geht es um Ihre Risikobereitschaft und um die Frage, wem Sie in dieser Angelegenheit trauen (siehe andere Vorgänge in diesem Zusammenhang). Lösung: Für 800 Euro decken Sie das Risiko bis auf 20000 Euro (beziehungsweise 10000 Euro bei Teilverkauf) ab.

So weit also die Musterlösungen zu diesem „Postkorb". Sie sollen in dieser Übung zeigen, dass Sie

■ die wesentlichen Informationen der verschiedenen Vorgänge/Schreiben erfassen,

- diese in einen Zusammenhang bringen können und

- daraus die richtigen Handlungsschritte beziehungsweise Entscheidungen abzuleiten in der Lage sind.

DAS EISENHOWER-PRINZIP: PRIORITÄTEN SETZEN

Dwight D. Eisenhower, der erfolgreiche General aus dem Zweiten Weltkrieg und spätere US-Präsident, beurteilte und sortierte Aufgaben nach zwei Kriterien:

- Wichtig oder unwichtig?

- Eilig oder nicht eilig?

Natürlich muss man diese Kriterien als Dimensionen verstehen, die von „sehr wichtig" bis „völlig unwichtig" und von „sofort" bis „irgendwann" reichen.

Mit dieser Vorgehensweise gelangt man zu vier Aufgabentypen:

- Aufgaben, die wichtig und eilig sind

- Aufgaben, die wichtig, aber nicht eilig sind

- Aufgaben, die weniger wichtig, aber eilig sind

- Aufgaben, die weniger wichtig und nicht eilig sind

Dwight D. Eisenhower ist mit diesen Gruppen folgendermaßen umgegangen:

- Unwichtig und nicht eilig: Papierkorb

- Weniger wichtig, aber eilig: Delegieren

- Wichtig, aber nicht eilig: in die Zeitplanung aufnehmen

- Wichtig und eilig: sofort anpacken

Das Eisenhower-Prinzip ist einfach und dennoch eine praktikable Grundlage für erfolgreiches Handeln.

Worauf es im Vorstellungsgespräch bei Polizei, Bundeswehr und Zoll ankommt

„Wer bist Du?", „Was kannst Du?", „Was willst Du?". Diese drei Fragen muss ein Bewerber glaubwürdig und in Hinblick auf die angestrebte Aufgabe beziehungsweise Ausbildung überzeugend beantworten. Das klingt einfach, ist aber doch manchmal recht schwer. Und zwar deshalb, weil die Personalexperten ihr Frageziel aus unterschiedlichen Richtungen kommend ansteuern und deshalb oft für Überraschungen gut sind. Mancher Bewerber wird auf dem falschen Fuß erwischt, verstrickt sich in Widersprüche oder muss gänzlich passen. Besonders ungemütlich sind Fragen, bei denen man als Kandidat nicht sofort erkennt, worauf der Interviewer überhaupt hinaus will.

Über Vorstellungsgespräche kursieren viele Gerüchte, was dabei so alles mit den Bewerberinnen und Bewerbern angestellt wird. Machen Sie sich keine Sorgen: In den Einstellungsverfahren beim Bund und bei den Ländern werden keine fiesen oder gar unzulässigen Fragen gestellt.

Selbstsicherheit, Überzeugungskraft und Schlagfertigkeit sind allerdings immer auch eine Frage der Vorbereitung. Wer im Vorstellungsinterview das jeweilige Frageziel durchschaut und inhaltlich aus dem Vollen schöpfen kann, wird elastischer reagieren und damit auch besser ankommen. Und darum geht es in diesem Kapitel. Lesen Sie also, wie und warum sich Bewerber im Frage-und-Antwort-Spiel um Kopf und Kragen reden, und erfahren Sie, wie und warum sich andere vorteilhaft positionieren.

TIPPS VON PROF. DR. REIMER EGGERS

„Im Vorstellungsgespräch wird häufig gefragt: ‚Warum wollen Sie zur Polizei?' Dann sollte man wahrheitsgemäß antworten und nicht so, wie man glaubt, dass die Prüfungskommission es hören möchte."

„Auf die Frage ‚Haben Sie sich schon woanders beworben?' sollten Sie ehrlich antworten."

„Sie brauchen keine Angst vor unfairen Psycho-Fragen haben – die sind bei uns nämlich verboten."

Klare Linie – das hat was für junge Menschen, die einen Beruf suchen, in dem das Sein wichtiger ist als der Schein. Dennoch ist es nicht verboten, sich taktisch klug zu verhalten. Das muss man später im Beruf schließlich auch können.

Auf diese Fragen müssen Sie sich vorbereiten

Zunächst wird erklärt, worauf die Person, die Sie interviewt, mit ihren Fragen abzielt. Die Antworten dazu sind jeweils für Sie kommentiert.

„Warum haben Sie sich ausgerechnet bei uns (Polizei, Bundeswehr, Zoll) beworben?"

Im Idealfall ist eine Bewerbung eine kleine Liebeserklärung. So zumindest sehen und hätten es gern die Anbieter von Ausbildungsgängen und Arbeitsplätzen. Man möchte „auserwählt" sein und verspricht sich davon ein besonderes Engagement. In der Tat: Keine Organisation ist an neuen Mitarbeiterinnen und Mitarbeitern interessiert, die nur „unterkommen" möchten – also bei der Suche nach einem Ausbildungsplatz oder einer Anstellung beliebig vorgehen. Ein wenig Herzblut sollte schon dabei sein.

Spielen Sie einmal den Personaler. Wie finden Sie die folgenden Antworten auf die obige Frage?

Antwort A

„Warum ich mich bei der Polizei beworben habe? Ich will etwas mit Menschen machen. Ich möchte einfach anderen helfen. Und deshalb habe ich mich schon immer für die Polizei interessiert. Das zeigt sich schon daran, dass ich mir immer gern Krimis im Fernsehen ansehe."

Bewertung

Es ist keine gute Idee, die Motivation für den Polizeiberuf mit dem Hang zu Krimis zu begründen. Und das Bekenntnis, man möchte „etwas mit Menschen" machen, ist recht platt. Das ist also keine gute Antwort.

Antwort B

„Ich habe mich schon immer für die Polizei interessiert. Und als ich dann gelesen habe, dass Nachwuchskräfte gebraucht werden, habe ich die Initiative ergriffen und mich beworben. Ich finde die Aufgaben bei der Polizei einfach spannend und vielseitig."

Bewertung

Geht in Ordnung.

SAMMELN SIE ARGUMENTE

Der zukünftige Erfolg eines Bewerbers hängt erheblich davon ab, ob er in einer Organisation oder einem Unternehmen seine „berufliche Heimat" findet. Es geht also um die Frage, ob sich ein Kandidat mit den Aufgaben und Zielen seines potenziellen zukünftigen Dienstherrn identifizieren kann. Im Vergleich zu einem Unternehmen der Privatwirtschaft sind die Bürgerinnen und Bürger der eigentliche Arbeitgeber. Und sie sind gegebenenfalls auch die Leidtragenden, wenn ungeeignete Männer und Frauen mit hoheitlichen Aufgaben betraut werden. Gründe für den Berufswunsch lassen sich auf den folgenden Gebieten finden:

- Welche grundsätzlichen Ziele verfolgt die Organisation?
- Welche Aufgaben sind zu erledigen, um die Ziele zu erreichen?
- Welche persönlichen Stärken passen besonders gut zu den Anforderungen des Berufs?
- Welche möglichen Vorzüge hat die Größe der Organisation?
- Gibt es reizvolle internationale Aufgaben?
- Welchen Stellenwert haben Kameradschaft und Teamarbeit?
- Wie ist die Altersstruktur?
- Gibt es ein besonderes Erlebnis, das das Bild von Polizei, Bundeswehr oder Zoll bei Ihnen positiv beeinflusst hat?
- Gibt es in der Familie oder im Bekanntenkreis einen besonderen Bezug zu Polizei, Bundeswehr oder Zoll?

Antwort C

„Nun, ich habe mir lange überlegt, welcher Beruf gut zu mir passen könnte. Und da habe ich mich auch gründlich mit dem Soldatenberuf befasst. Ich arbeite gern im Team, treibe viel Sport und gehe dabei auch mal an meine Leistungsgrenze. Außerdem übernehme ich gern Verantwortung für andere, interessiere mich für Technik und bin mobil."

Bewertung

Überzeugend.

„Was wissen Sie über die Geschichte der Polizei (oder Bundeswehr oder Zoll)?"

Die Identität und Unverwechselbarkeit von Unternehmen und Organisationen ist auch durch deren Geschichte bestimmt. Mit einem kenntnisreichen Auftritt kann man hier punkten. In einem früheren Kapitel konnten Sie Ihr einschlägiges Wissen ja bereits überprüfen und verbessern.

Lesen Sie ausschnittweise, wie die folgenden Kandidaten auf die Frage nach dem Informationsstand reagieren.

Antwort A (Polizei)

„(...) Nach dem Zweiten Weltkrieg wurde die Polizei aufgrund der schlechten Erfahrungen mit einem mächtigen Zentralstaat unter Hitler-Deutschland den jeweiligen Innenministerien der Länder unterstellt. Im Vergleich zur früheren Geschichte hat also jedes Bundesland seine eigene Polizei. Daneben gibt es noch eine Bundespolizei, die dem Bundesministerium des Innern untersteht. Sie nimmt unter anderem grenz- und bahnpolizeiliche Aufgaben wahr. (...)"

Bewertung

Das ist eine schnörkellose Antwort.

Antwort B (Bundeswehr)

„Die Gründung der Bundeswehr und damit die Wiederbewaffnung Deutschlands fand 1955 statt. Zuvor gab es erhebliche innenpolitische Auseinandersetzungen. Viele Bürger waren dagegen, dass Deutschland nach der Hitler-Diktatur wieder über Streitkräfte verfügen sollte. Zu Beginn bestand die junge Armee überwiegend aus Bundesgrenzschutz-Beamten. (...)"

Bewertung

Der/die Bewerber/in zeigt sich sehr gut informiert.

Antwort C (Bundeswehr)

„Die Bundeswehr wurde in den 1950er Jahren auf Druck der westlichen Alliierten gegründet. Vor allem die USA hatten die Sorge, dass Westdeutschland unter sowjetischen Einfluss geraten könnte. (...)"

Bewertung

Ein guter Start.

Antwort D (Zoll)

„Zölle gibt es seit Jahrhunderten. Sie waren für die jeweiligen Machthaber eine wichtige Finanzquelle. Vorrangig ging es darum, inländische Produkte vor ausländischer Konkurrenz zu schützen. Seit Ende des Zweiten Weltkriegs werden Zölle allgemein abgebaut. Im Gegenzug hat der Zoll in unserer Zeit viele neue Aufgaben übernommen. (...)"

Bewertung

Dies ist ein passabler Start für die Beantwortung der obigen Frage.

Antwort E (Zoll)

„Zölle gibt es seit über 2000 Jahren – Zöllner werden bereits in der Bibel erwähnt. Vorrangig ging es früher darum, inländische Produkte vor ausländischer Konkurrenz zu schützen. Zugleich waren Zölle ein einträgliches Geschäft. Die für Deutschland über Jahrhunderte typische Kleinstaaterei hatte unzählige Zollgrenzen zur Folge und begünstigte zugleich ein beträchtliches Schmuggelwesen. Seit Ende des Zweiten Weltkriegs werden

Zölle allgemein abgebaut. Die Europäsche Union ist heute zum Beispiel eine Zollunion, in der keine Zölle erhoben werden. Heute nimmt der Zoll viele zusätzliche Aufgaben wahr – von der Bekämpfung der Schwarzarbeit bis zur Unterbindung der Einfuhr von Plagiaten beziehungsweise gefälschter Markenartikel. (...)"

Bewertung

Ausgezeichnet.

„Warum haben Sie sich für diese Ausbildung entschieden?"

Beispiel: Der Bewerber hat eine Ausbildung zum Speditionskaufmann absolviert und strebt nun eine Laufbahn im mittleren Dienst bei der Polizei an. Den Interviewpartner interessiert jetzt natürlich, wie die damalige Entscheidung motiviert war und ob die jetzige Bewerbung folgerichtig oder doch eher beliebig ist.

Antwort A (Polizei)

„Mir wurde recht früh klar, dass ich Spaß am Organisieren von Dingen habe – zum Beispiel Klassenfeste und Jugendreisen. Und als ich dann ein Schülerpraktikum in einer Spedition gemacht habe, war mir klar: Das ist etwas für mich. Und ich denke, dass ich die bisherigen Erfahrungen und das im Beruf Erlernte auch gut bei der Polizei werde gebrauchen können. Hier gibt es ja viele organisatorische Aufgaben. (...)"

Bewertung

Diese Begründung ist absolut nachvollziehbar.

Antwort B (Zoll)

„Mein Onkel ist seit Jahren in einer Spedition tätig. Da habe ich schon sehr früh vieles mitbekommen und das fand ich recht interessant. Als ich dann nach dem Abitur vor der Frage stand ‚Studium oder erst einmal eine Ausbildung?' habe ich mich für eine Ausbildung entschieden. Und natürlich in einer Spedition. Das hat mir auch sehr viel Spaß gemacht. Ja – und in dieser Aufgabe hatte ich viel Kontakt mit dem Zoll und so kam der Wunsch auf, Zollbeamter zu werden. (...)"

Bewertung

Diese Begründung passt zwar nicht immer, weil nicht jeder Verwandte im erlernten Beruf hat, wirkt aber sympathisch. Die weitere Argumentation ist sehr schlüssig.

VORSICHT VOR WIDERSPRÜCHEN

Bei der Antwort auf die Frage nach den Gründen für die Berufswahl muss man aufpassen, dass man sich nicht selbst Lügen straft. Wer seine Berufswahl als goldrichtig abfeiert, aber ein miserables Ausbildungszeugnis erhalten hat, wirkt unglaubwürdig. Sagen Sie im Zweifelsfall lieber, dass Sie falsche Vorstellungen von diesem Beruf und den entsprechenden Anforderungen hatten. Es ist keine Schande einzuräumen, dass man sich für den falschen Beruf entschieden hat. Offenheit ist immer gut.

„Halten Sie sich eher für einen Generalisten oder für einen Spezialisten?"

Viele Aufgaben bei Polizei, Bundeswehr und Zoll erfordern ein hohes Maß an Spezialisierung. Bei der Antwort auf die obige Frage ist also zu bedenken, welche Laufbahn Sie konkret anstreben.

Antwort A

„Ich denke, ich neige eher dazu, ein Spezialist zu sein. Manche interessieren sich ja für viele Sportarten – mich interessiert vor allem Volleyball. Und da trainiere ich viel und bin auch ganz gut."

Bewertung

Das ist keine schlechte Antwort für jemanden, der beispielsweise seine berufliche Zukunft als Taucher oder Hundeführer sieht.

Antwort B

„Wenn ich mich mit einer Sache befasse, dann gründlich – etwa mit EDV-Anwendungen. Dann will ich es wissen und knie mich da ordentlich rein. Ich glaube, ich bin eher ein Spezialist."

Bewertung

Die Antwort ist stimmig.

„Entsprechen Ihre Zeugnisse Ihrem tatsächlichen Leistungsvermögen?"

Diese Frage ist natürlich gar nicht prickelnd, wenn man eher bescheidene Noten vorzuweisen hat. Der Fragende möchte wissen, ob und wie man zu Misserfolgen im Lebenslauf steht.

Antwort A

„Na ja, wer ist schon mit jeder einzelnen Note zufrieden. Manchmal hat man bei Prüfungen ja einen schlechten Tag und bei manchen Fächern sind die Beurteilungskriterien auch recht verschwommen. Und im Fach Mathematik fühle ich mich ungerecht beurteilt – der Lehrer mochte mich einfach nicht."

Bewertung

Der Bewerber flüchtet sich in Mutmaßungen und Plattitüden. Bei Freunden einer klaren Aussage kommt er damit nicht gut an. Nichts wird von Vorgesetzten mehr gehasst, als Schuldzuweisungen an Dritte. Wer sich als Bewerber hinsichtlich seiner Defizite herauszureden versucht, weckt die Befürchtung, dass er später im Beruf ebenso verfahren wird.

Antwort B

„In der Tat – mit meinen Noten kann ich nicht gerade beeindrucken. Ich hätte da durchaus noch zulegen können. Das ärgert mich jetzt natürlich, denn ich denke schon, dass ich deutlich mehr kann, als meine Zeugnisse belegen. Vor allem in der Schulzeit bestand mein Problem immer darin, dass ich nicht so recht verstanden habe, was ich warum lernen sollte. Das hat meine Leistungsfreude nicht gerade beflügelt. Leider. Aber inzwischen ist bei mir der Knoten geplatzt."

Bewertung

Das geht locker durch. Gute Noten sind im Zweifelsfall zwar immer besser als schlechte – aber ein solcher geradliniger Umgang mit den eigenen Defiziten kommt meistens gut an. Punkte gibt es vor allem dann, wenn der Gesprächspartner Zensuren generell keine hohe Aussagekraft für den späteren beruflichen Erfolg zubilligt.

WAS WIRKLICH IM ARBEITSZEUGNIS STEHT: ZEUGNISCODES

Für alle Bewerber/innen, die bereits über ein Ausbildungs- oder Arbeitszeugnis verfügen, gibt es hier einige Hinweise zu typischen „Geheimbotschaften":

- „Die von Herrn K. für unser Unternehmen erzielten Erfolge fanden unsere volle Anerkennung." Insider lesen diesen Satz so: „Wir haben alles getan, um den Mann zu motivieren. Es war vergeblich."

- „Seine Kontaktfähigkeit und die Art des Umgangs mit unseren Kunden haben wir geschätzt." Klartext: „Netter Kerl – doch leider ist nichts dabei herausgekommen."

- „Herr J. war immer sehr fleißig ..." Eine schonende Umschreibung für Begriffsstutzigkeit eines Mitarbeiters.

- „Die Arbeiten, die er aufgriff ..." = aber nicht erledigte!

- „Wir bescheinigen ihm gern, dass ..." = aber nur, weil er es forderte!

- „Er kümmerte sich auch um ..." = doch leider zu wenig!

- „Herr A. hat sich im Rahmen seiner Fähigkeiten ganz besonders ..." = Überfordert?!

- „Frau B. hat alle Aufgaben in der ihr eigenen Sorgfalt erledigt." = Chaotin?!

- Prüfen Sie auch, ob in einem Ihrer Zeugnisse die „Bedauernsformel" fehlt („Das Ausscheiden von Frau XX bedauern wir sehr ..."). Wenn ja, könnten Sie gefragt werden, ob Sie sich mit Ihrem Vorgesetzten angelegt haben.

„Welche beruflichen Ziele haben Sie?"

„Wo wollen Sie eigentlich hin?", fragte der Kabarettist Helmut Qualtinger einmal einen jungen Motorradfahrer. Der antwortete: „Das weiß ich selbst nicht genau." Qualtinger: „Warum rasen Sie dann so?" Die Antwort: „Na ja – umso schneller komme ich doch an."

Wer nicht weiß, wohin die berufliche Reise gehen soll, braucht sich nicht zu wundern, wenn er da landet, wo er überhaupt nicht hin wollte. Die Fähigkeit, Ziele zu formulieren und auch umzuformulieren, zählt zu den wichtigsten Schlüsselqualifikationen einer Fach- und Führungskraft. Ein Bewerber ist bei diesem Thema doppelt gefordert: Er sollte überhaupt Vorstellungen hinsichtlich seiner beruflichen Zukunft haben und diese müssen – zumindest in den Augen des Gesprächspartners – einigermaßen realistisch sein.

Antwort A

„Meine beruflichen Ziele? In fünf Jahren möchte ich auf Ihrem Stuhl sitzen."

Bewertung

Die Zeiten, als man mit dieser kecken Antwort Selbstbewusstsein demonstrieren konnte und damit auch noch gut ankam, sind lange vorbei. Wer sich heute zu sehr von der eigenen Vortrefflichkeit beeindruckt zeigt, positioniert sich nicht gerade vorteilhaft.

Antwort B

„Ach, wissen Sie, für mich ist es erst einmal wichtig, diese Hürde hier zu nehmen. Alles Weitere wird sich schon finden. Aber das würde mich schon interessieren: Wie sind denn die Karrierechancen bei der Polizei? Klar, eins ist sicher, ich möchte möglichst nicht fünf Jahre denselben Job machen."

Bewertung

Der Bewerber wirkt sehr planlos, hat – salopp formuliert – offenbar null Peilung. Sein letzter Satz nährt den Verdacht, dass er, einmal in den Niederungen des beruflichen Alltags angekommen, recht bald die Lust an seinem Beruf verlieren würde.

Antwort C

„Natürlich sind für mich zunächst einmal die Fragen ‚Was kann ich tun?‘ oder ‚Was kann ich hier lernen?‘ wichtiger als die Frage ‚Was kann ich werden?‘. Aber ich habe mir selbstverständlich auch Gedanken darüber gemacht, wie es mittelfristig weitergehen könnte. Toll fände ich eine spätere Spezialverwendung im Informations- und Kommunikationswesen.“

Bewertung

Gut. Wer permanent mit seinem beruflichen Fortkommen beschäftigt ist, vernachlässigt oft seine Aufgaben. Die vom Bewerber formulierten Vorstellungen sind klar.

Hier noch drei weitere gute Antworten.

Antwort D

„Natürlich würde ich mich freuen, wenn ich erst einmal die Chance für den Einstieg in den mittleren Polizeivollzugsdienst erhielte. Aber mein Ziel ist es schon, durch gute Leistungen den Aufstieg in den gehobenen Dienst zu schaffen.“

Antwort E

„Ich würde später beim Wasserzoll gern die Umweltverschmutzung bekämpfen. Auf jeden Fall möchte ich – nach allem, was ich heute weiß – in einer mobilen Kontrollgruppe mitwirken.“

Antwort F

„Am liebsten wäre ich später mal im Einsatzführungsdienst der Luftraumüberwachung tätig.“

„Was sind Ihre besonderen Stärken?“

Der fast vergessene Schriftsteller Wilhelm Raabe hat eine typisch menschliche Schwäche wie folgt auf den Punkt gebracht: „Unsere tägliche Selbsttäuschung gib uns heute!“ Diese Selbsttäuschung kann sich nach Erkenntnissen der Psychologie auf die Leugnung von Schwächen – zum Schutz des Selbstwertgefühls – und auf die Behauptung von Stärken beziehen, die nicht erkennbar sind.

Wer in eigener Sache auf Dauer die Wirklichkeit ignoriert, wird irgendwann Schiffbruch erleiden. Oder um es auf die hier zu behandelnde Frage zu beziehen: Wer von seinen Talenten keine Ahnung hat, kann sie auch nicht entwickeln und richtig einsetzen. Der Interviewpartner achtet hier natürlich genau darauf, ob die vom Bewerber benannten Stärken für die erfolgreiche Bewältigung der besprochenen Ausbildung beziehungsweise Laufbahn wichtig sind.

Antwort A

„Persönliche Stärken? Ach, wissen Sie, das können andere besser beurteilen. Ich kann mich zu diesem Thema doch nur ganz subjektiv äußern. Und das klingt dann immer so nach Eigenlob und das liegt mir gar nicht."

Bewertung

Mit solchen Gemeinplätzen darf man sich nicht aus der Affäre ziehen wollen. Natürlich können einen andere im Zweifelsfall besser beurteilen und natürlich ist jede Beurteilung mehr oder weniger subjektiv. Aber wer sich um eine Aufgabe bewirbt, muss sich vorher die Frage stellen, ob er dafür geeignet sein könnte – muss sich also selbst beurteilen.

Antwort B

„Meine Stärken? Teamfähigkeit, Durchsetzungsfähigkeit, Sozialkompetenz! Außerdem finde ich schnell Kontakt zu anderen Menschen. Ja, ich denke, dass ich auch kommunikationsstark bin. Ich kann zudem sehr gut zuhören. Aktives Zuhören ist eine wichtige Fähigkeit heutzutage."

Bewertung

Eine alte Handwerkerregel: Nach fest kommt ab. Wenn man eine Schraube überdreht, zerspringt sie. Wer bei der Frage nach den Stärken alle möglichen Eigenschaften beliebig aufsagt, wirkt unglaubwürdig. Im Übrigen erweckt der Bewerber den Eindruck, dass er mit Begriffen hantiert, von denen er wenig Ahnung hat.

Antwort C

„Mit dieser Frage habe ich mich natürlich gründlich befasst, bevor ich mich beworben habe. Ich glaube, ich erkenne recht schnell, worauf es ankommt, kann gut das Wesentliche vom Unwesentlichen unterscheiden. Ich hatte einen Deutschlehrer, der uns eingebläut hat, bei jedem Thema zunächst die Frage zu stellen: ‚Worauf kommt es eigentlich an?' Das war ein guter Tipp, der mir immer sehr geholfen hat. Außerdem halte ich mich für besonders belastbar. Mit Stress kann ich gut umgehen. Ja, ich glaube, das sind Stärken von mir."

Bewertung

Eine gute Darstellung der Stärken.

„WAS SIND IHRE BESONDEREN STÄRKEN?"

- Beachten Sie das Anforderungsprofil der Ausbildung oder Laufbahn! Es geht nicht um irgendwelche tollen Eigenschaften, über die Sie als Bewerber verfügen, sondern um jene, die zur Aufgabe passen.

- Keine falsche Bescheidenheit, aber auch nicht auf den Putz hauen! Stellen Sie sachlich dar, was Sie besonders gut können.

- Weniger ist mehr! Es gibt Bewerber, die bei der Frage nach den Stärken ein breites Sortiment ausloben. Das wirkt natürlich unglaubwürdig.

- Benennen Sie keine Eigenschaft als Stärke, bei der Sie (eventuell) sofort den Beweis antreten müssen und mit ziemlicher Wahrscheinlichkeit scheitern werden. Manche Bewerber sprechen recht unbedarft von ihrer „kommunikativen Kompetenz" und bekommen in Wirklichkeit keinen Satz vernünftig zu Ende. Wer seinem Gesprächspartner bei der Begrüßung die Hand wie einen nassen Lappen gereicht hat, muss sich überlegen, ob er „Belastbarkeit in Bewährungssituationen" als besonderen Vorzug anführen sollte.

„Was sind Ihre Schwächen?"

Schwächen, die einem bewusst sind, können nicht mehr sonderlich schaden. Das ist der entscheidende Punkt bei dieser Frage. „Bitte erzählen Sie uns etwas über Ihre Schwächen." Viele Bewerber greifen bei dieser Aufforderung erst einmal nach der Kaffeetasse wie nach einem Rettungsring. Unangenehme Frage? Überrascht? Nicht vorbereitet? Man kann nicht nicht kommunizieren. Auch wenn man nicht spricht, sagt der Körper meist etwas über einen aus.

Wie geht man mit dieser bei den meisten Bewerbern besonders verhassten Frage um? „Ehrlichkeit ist die wichtigste Voraussetzung für den Erfolg. Wer sie perfekt vortäuschen kann, ist ein gemachter Mann." So jedenfalls heißt es in einem irischen Kaufmannssprichwort. Das klingt zynisch – dürfte aber von Fall zu Fall zutreffen. Und bei der Frage nach den Schwächen darf man sich ausnahmsweise am irischen Volksmund orientieren. Es wird kein Seelenstriptease erwartet. Die Frage nach den persönlichen Schwächen ist eher ein „Elastizitätstest". Es geht darum, auf eine pikante Frage, auf die gar keine wahrhaftige Antwort erwartet wird, überzeugend zu reagieren. Allemal schlechte Karten hat deshalb jeder Bewerber und jede Bewerberin, der oder die von der Frage nach den persönlichen Schwächen überrascht wird. Schließlich gehört sie zum Standardrepertoire der meisten Personalverantwortlichen.

Aber lesen Sie die folgenden Antworten, die man als Personaler von Bewerbern bisweilen zu hören bekommt.

Antwort A

„Meine Schwäche ist – ich esse gerne Schokolade."

Bewertung

Veralbern kann man sich als Interviewer selbst.

Antwort B

„Mein Problem ist, dass mir die Dinge manchmal nicht schnell genug gehen, und dann werde ich ungeduldig."

Bewertung

Diese Antwort haben die Personaler schon tausend Mal gehört. Bitte streichen! Außerdem kann man hier kontern: „Aha, Sie sind also nicht belastbar!?" Dann ist Holland in Not.

Antwort C

„Ich glaube, dass ein gesundes Selbstbewusstsein die wichtigste Voraussetzung für Erfolg ist. Wer an sich selbst glaubt, hat auch die Energie, Hindernisse und Schwierigkeiten zu überwinden. Das ist es – darauf kommt es an. Ansonsten gilt: Niemand ist perfekt."

Bewertung

Dieser Satz „Niemand ist perfekt" müsste verboten werden. Dem Bewerber ist anzukreiden, dass er plump ausweichend reagiert und Allerweltsweisheiten absondert. Schlecht!

Antwort D

„Ich weiß, meine Englischkenntnisse sind nicht gerade überwältigend. Ich muss und werde da dringend etwas machen."

Bewertung

Gar nicht schlecht. Die Antwort zeugt von Problembewusstsein und kommt deshalb gut an.

Antwort E

„Ich muss dringend mehr Sport treiben. Bei einigen Übungen hatte ich Probleme. Das ist mir völlig klar."

Bewertung

Die rechte Einsicht ist oft die halbe Miete. Gut!

Antwort F

„Mich ärgert es maßlos, wenn Kollegen oder Kolleginnen im Team ihr Wissen für sich behalten – so nach der Devise: ‚Ich mache die anderen doch nicht schlau.‘ Wenn alle von ihrem Wissen abgeben würden, könnte vieles schneller gehen. Wenn ich so etwas merke, reagiere ich meist recht ungehalten und undiplomatisch."

Bewertung

Gelungen! So macht man aus einer Schwäche eine Stärke.

 „WAS SIND IHRE BESONDEREN SCHWÄCHEN?"

- Es geht nicht darum, einen Einblick in seelische Abgründe zu gewähren! Die Frage nach den persönlichen Schwächen ist ein „Elastizitätstest". Es geht darum, auf eine sehr persönliche Frage überzeugend und gewinnend zu reagieren – und Problembewusstsein in eigener Sache zu zeigen.

- Denken Sie immer an das Anforderungsprofil! Achten Sie darauf, dass Sie keine Schwäche thematisieren, die sich mit der zu vergebenden Aufgabe nicht verträgt. Sollte es die allerdings in klarer Ausprägung geben, überdenken Sie bitte Ihre Bewerbung.

- Unwissenheit zugeben! „Wenn die Menschen nur über das sprächen, was sie begreifen, dann würde es sehr still auf der Welt sein." Die Mutmaßung von Albert Einstein ist zwar ironisch überspitzt, enthält aber einen wahren Kern. Begeben Sie sich nicht fahrlässig auf dünnes Eis, sondern gestehen Sie Ihre Ahnungslosigkeit. Anderseits müssen Sie nicht gleich ungefragt erzählen, was Sie nicht wissen und können.

„Was heißt für Sie Erfolg?"

Für Gustave Flaubert bestand Erfolg vor allem darin, möglichst viele Menschen vor den Kopf zu stoßen. Für Albert Einstein war Erfolg = Arbeit + Muße + Mundhalten.

Jeder möchte erfolgreich sein, aber die Vorstellungen hinsichtlich dessen, was da angestrebt wird, laufen eben oft weit auseinander. Ihr Gesprächspartner möchte von Ihnen wissen, ob Sie eher ein Minimalist sind, der bereits von Erfolgen spricht, wo andere aufgrund ihrer Anspruchshaltung eine normale Pflichterfüllung sehen, oder ob Sie die Messlatte nach oben legen werden.

Antwort A

„Ein Erfolgserlebnis empfinde ich, wenn ich mein Arbeits- oder Lernpaket gut bewältigt habe und dabei meine Fähigkeiten voll einsetzen konnte."

Bewertung

Die Antwort geht in Ordnung.

Antwort B

„Das Gefühl, wirklich erfolgreich zu sein, stellt sich bei mir ein, wenn ich eine Aufgabe mit gutem Ergebnis bewältige, bei der ich auch hätte scheitern können. Genau da liegt ja die echte Herausforderung im Leben. Erfolg besteht für mich auch darin, wenn man etwas, das gut ist, verbessert hat."

Bewertung

Wer diesen Anspruch für sich formuliert, dürfte über das Mittelmaß hinauswachsen oder längst hinausgewachsen sein.

„Was war in Ihrem Leben die bisher beste Entscheidung?"

Viele Aufgaben bei Polizei, Bundeswehr und Zoll erfordern die Fähigkeit, schnell und richtig zu entscheiden. Fehlentscheidungen können fatale Folgen haben, denn schließlich verfügen Polizeibeamte und -beamtinnen über die Lizenz, die Gewalt des Staates auszuüben.

Antwort A

„Vor kurzem habe ich mich entschieden, einer Einladung zu folgen – obwohl ich eigentlich keine Lust hatte. Auf der Fete habe ich dann meine Freundin kennengelernt. Das war rundum eine gute Entscheidung."

Bewertung

So geht das auch, denn es darf durchaus „menscheln".

Antwort B

„Ich hatte während meiner Berufsausbildung einen Durchhänger und war kurz davor, die Sache aufzugeben. Und dann habe ich mich entschieden, die Ausbildung durchzuziehen – komme, was da wolle. Seitdem weiß ich, wie wichtig es ist durchzuhalten."

Bewertung

Das ist natürlich eine super Antwort.

„Worauf sind Sie in Ihrem Leben besonders stolz?"

Vor einiger Zeit gab es in Deutschland eine Debatte um die Frage, ob man auf etwas stolz sein dürfe, was man nicht selbst geleistet habe. Lassen Sie sich nicht verunsichern! Sie dürfen bei gegebenem Anlass durchaus stolz auf Ihren Lebenspartner, Ihre Kinder, Ihre Eltern oder Ihren Fußballverein sein. Und warum eigentlich nicht auch auf Ihr Land oder Ihre Heimat?

Die Deutschen tun sich hinsichtlich der Liebe zu ihrer Nation im Vergleich zu anderen Nationen bekanntlich schwer. Während jeder Däne oder Schwede vor seinem Ferienhaus Flagge zeigt, gerät man in Deutschland schnell unter Verdacht, wenn man die eigene Fahne hochhält. Aber wie dem auch sei, es ist immer gut, wenn man auf etwas stolz sein kann, denn das vermittelt Selbstbewusstsein und gibt Rückenwind.

Antwort A

„Worauf bin ich stolz ...? – Ich habe ja, wie Sie meinen Unterlagen entnommen haben, nach meiner Ausbildung in einer Abendschule das Abitur nachgeholt. Über die Hälfte meiner Klasse hat damals die Ausbildung hingeschmissen. Ein wenig stolz bin ich doch darauf, dass ich mich damals durchgebissen habe und dabei mein Job auch nicht zu kurz kam."

Bewertung

Darauf kann man mit Recht stolz sein.

Antwort B

„Auf meine Frau und mein Kind."

Bewertung

Manche Fragen kann man durchaus auch privat beantworten. Natürlich kommt diese Antwort besonders gut an, wenn sich der Interviewpartner in einer vergleichbaren familiären Situation befindet.

Hier nun einige Themenfelder, aus denen Sie Antworten auf diese Frage ableiten können. Prüfen Sie, was die angeführten Punkte für Sie persönlich hergeben.

„WORAUF SIND SIE BESONDERS STOLZ?" ✔ CHECK

- Mitgliedschaft in einem Verein oder einer Organisation ☐
- Leistungen dieses Vereins oder dieser Organisation ☐
- Sportliche Erfolge/Preise ☐
- Renommierte/r Schule/Ausbildungsbetrieb ☐
- Erwerb besonderer Fertigkeiten (Musik etc.) ☐
- Bewältigung einer schwierigen Lebensphase ☐
- Ehrenamt ☐
- Gute Noten ☐
- Besondere Auslandsaufenthalte/Praktika ☐

„Wie richten Sie sich nach einem Misserfolg wieder moralisch auf?"

Zu einem erfüllten und erfolgreichen Leben gehören auch Niederlagen. Fortschritte sind vor allem durch das Prinzip „Versuch und Irrtum" zu haben – es muss also auch einmal etwas schiefgehen (können). Viele Menschen haben eine falsche Einstellung zum Misslingen und machen sich damit das Leben unnütz schwer.

Gesucht werden Nachwuchskräfte, die einen langen Atem haben, geduldig auf den Erfolg hinarbeiten und Misserfolge wegstecken können. Die weder vorschnell an sich zweifeln, noch an der Aufgabe verzweifeln, sondern Herausforderungen mit einem „Jetzt gerade!" beantworten. Gehen Sie deshalb freimütig-offensiv mit den kleinen oder größeren Niederlagen in Ihrem Lebenslauf um. Und zeigen Sie auf, wie Sie sich nach einer persönlichen Niederlage wieder berappelt haben. Das hat eine Menge mit Ihrer persönlichen Zukunftsfähigkeit zu tun.

Antwort A

„Ach, bisher habe ich im Leben eigentlich immer Glück gehabt. So richtig schiefgegangen ist bei mir noch nichts."

Bewertung

Selbst wenn es stimmt, ist dies keine glückliche Antwort. Man könnte zu dem Schluss gelangen, dass der Bewerber in seinem bisherigen Leben keine Chance hatte, auch nur ein Mindestmaß an Frustrationstoleranz zu entwickeln. Die ist nämlich nur zu haben, wenn man hin und wieder mal einen Dämpfer erhält oder die Dinge mal weniger rund laufen.

Antwort B

„Erst einmal frage ich mich: Warum ist etwas schiefgegangen? Vor allem suche ich dabei nach meinem persönlichen Anteil am Scheitern: Was habe ich falsch eingeschätzt? War ich nicht ausreichend vorbereitet? Und dann suche ich nach dem Guten am Schlechten: Was kann ich daraus für die Zukunft lernen? Wichtig ist für mich auch, die Dinge mit anderen zu besprechen. Das macht Mut und man kann die Sache besser verarbeiten."

Bewertung

Dem ist nichts hinzuzufügen. Eine gute Antwort.

„Wovor haben Sie Angst?"

Der amerikanische Präsident und Gegner von Hitler-Deutschland, Franklin D. Roosevelt, warnte einst seine Landsleute: „The only thing we have to fear is fear itself." Da ist etwas dran. Und geradezu unwiderstehlich ist der Vorsatz, den der berühmte, leider jung verstorbene Publizist Johannes Gross einmal in sein Notizbuch schrieb: „Mit vierzig habe ich beschlossen, keine Angst mehr zu haben. Ich habe es nicht bereut." Man kann diesen Beschluss früher fassen.

Wie soll man sich als Bewerber bei der Frage positionieren? Nun, die Sprache ist ein guter Lehrmeister der Psychologie. „Angst" leitet sich ab vom lateinischen „angustiae" und das bedeutet so viel wie „Enge". Kein Zweifel: Angst schränkt einen Menschen in seinen Entscheidungs- und Entfaltungsmöglichkeiten ein. Vor allem ist Angst ein Energiefresser. Ängste können einem den Schlaf rauben und lähmend wirken. Andererseits gilt die Angst als „Hüterin der Gesundheit". Wer sich vor nichts fürchtet, kann ein Risiko für sich selbst und seine Umwelt sein. Gefragt ist – insbesondere im Vollzugsdienst – weder der Angsthase noch der kaltschnäuzige Draufgänger.

Antwort A

„Angst habe ich davor, dass meiner Familie ein Unheil widerfährt – vor einer unheilbaren Krankheit."

Bewertung

Die Antwort geht völlig in Ordnung. Man muss allerdings damit rechnen, dass nachgehakt wird: „Nennen Sie doch bitte noch ein Beispiel, das etwas mit Ihrem angestrebten Beruf zu tun hat."

Antwort B

„Ich glaube, man muss auch etwas wagen, wenn man erfolgreich sein will. Aber natürlich habe ich ein wenig Angst davor, eine Fehlentscheidung zu treffen. Ich kann ja, glaube ich, nicht wirklich einschätzen, was auf mich zukommt, wenn ich eingestellt werde. Trotzdem würde ich mich natürlich riesig freuen."

Bewertung

Das ist eine sachlich gut überlegte Antwort. Von einem Bewerber wird schon erwartet, dass er sich gewisser Risiken bewusst ist. Viele Bewerber zeigen sich hinsichtlich der zu erwartenden Anforderungen recht blauäugig.

„Arbeiten Sie lieber allein oder mit anderen zusammen?"

„Sorgen machen mir weiche Anforderungen wie Teamfähigkeit", sagte einmal Erwin Staudt in seiner Eigenschaft als IBM-Deutschland-Chef, „die viele unserer hochtalentierten Bewerber (...) nicht mitbringen."

Ja, viele Bewerber scheitern, weil sie den Verdacht erregen, ihren angemessenen Platz in Team nicht zu finden. Gerade bei Polizei, Bundeswehr und Zoll sind die entscheidenden Leistungen Teamleistungen. Man muss sich auf seine Kolleginnen und Kollegen verlassen können. Mangelnde Teamfähigkeit kann lebensgefährlich sein.

Antwort A

„Ich arbeite gern im Team. Da bekommt man die besten Ideen und man kann sich gegenseitig motivieren. Alle großen Leistungen sind im Grunde ja Teamleistungen. Das ist wie im Mannschaftssport."

Bewertung

Völlig in Ordnung.

Antwort B

„Ich denke, dass ich ein guter Teamplayer bin. Ich habe viel Mannschaftssport betrieben. Da kann man nur erfolgreich sein, wenn man seinen Platz im Team findet. Aber man muss manchmal auch mit seinen Aufgaben klarkommen, wenn man auf sich allein gestellt ist. Ich arbeite gern mit anderen zusammen, aber wenn es sein muss, beiße ich mich allein durch."

Bewertung

Mit dieser Antwort ist man auf der sicheren Seite, denn sie bildet am ehesten die Realität ab. Geschickt ist der Hinweis auf den Mannschaftssport.

An dieser Stelle könnten Sie gefragt werden, woran es wohl liegen mag, wenn Teams scheitern.

Exkurs: Warum Teams scheitern

Die Akademie für Führungskräfte der Wirtschaft in Bad Harzburg hat 2003 Führungskräfte zu dieser Problematik befragt. Das folgende Ranking nach der Häufigkeit der Nennungen können Sie gut für eine Antwort nutzen:

- Kommunikationsschwierigkeiten

- Unklarer Auftrag

- Keine Kultur der Zusammenarbeit

- Unausgesprochene Konflikte

- Fehlendes Vertrauen im Team

- Machtkämpfe

- Ineffektive Teamsitzungen

- Kein eindeutiger Teamleader

- Dominanz der eigenen Interessen

- Zu wenig Zeit

„Was bedeutet für Sie Loyalität?"

Was hat Julius Cäsar einmal gesagt? „Ich liebe den Verrat, aber ich hasse den Verräter." Natürlich möchten die kleinen und großen Machthaber dieser Welt rechtzeitig etwas über mögliche Gegner, Intriganten oder Versager in den eigenen Reihen erfahren, aber der Lieferant dieser manchmal durchaus nützlichen Informationen disqualifiziert sich aufgrund seines miesen Charakters.

Die Forderung, sich gegenüber dem Unternehmen und dem eigenen Vorgesetzten grundsätzlich loyal zu verhalten, ist unverzichtbar. Loyalität heißt allerdings nicht, alles klaglos hinzunehmen oder abzunicken.

Antwort A

„Loyalität, das ist für mich Verlässlichkeit, Geradlinigkeit und vor allem Integrität. Ein loyaler Mitarbeiter würde zum Beispiel niemals hinter dem Rücken seines Vorgesetzten sozusagen gegen ihn arbeiten oder ihn diskreditieren. Man muss offen seine Meinung sagen."

Bewertung

Alles sachlich richtig, aber doch etwas zu dünn vorgetragen.

Antwort B

„Wenn ein Unternehmen – hier der Staat – eine Fürsorgepflicht gegenüber seinen Mitarbeiterinnen und Mitarbeitern hat, so hat nach meinem Verständnis der Angestellte oder Beamte selbstverständlich eine Loyalitätspflicht. Dazu gehört zum Beispiel, dass man über seinen Arbeitgeber nicht schlecht redet und seine Aufgaben pflichtgemäß erfüllt, auch wenn man anderer Meinung ist."

Bewertung

Der Bewerber hantiert nicht mit großen Begriffen, sondern kommt pragmatisch auf den Punkt. So etwas wird immer geschätzt.

Antwort C

„Loyalität bedeutet für mich, dass man durchaus kritisch sein darf und sollte – aber wenn etwas entschieden ist, muss man das mittragen und darf nicht hinter dem Rücken der Vorgesetzten deren Entscheidungen unterlaufen. Die Loyalität endet allerdings an der Stelle, wo der Vorgesetzte mit seinen Maßnahmen und Entscheidungen offenkundig Recht und Gesetz verletzt."

Bewertung

Sehr gut.

„Was würden Sie tun, wenn Sie sich von Ihrem Vorgesetzten ungerecht behandelt fühlen?"

Nicht jeder bekommt, was er verdient, und nicht jeder hat verdient, was er bekommt. Derartige Schieflagen gibt es nun mal und sie sind von jenen, die sich benachteiligt fühlen, nicht immer leicht auszuhalten. Irgendwann wird dann ein Punkt erreicht sein, an dem es Laut zu geben gilt.

Antwort

„Ich frage mich erst einmal, ob das Gefühl der Benachteiligung wirklich durch Tatsachen begründet ist. Es gibt ja auch eine ‚gefühlte Temperatur', die von der Wirklichkeit manchmal erheblich abweicht. Wenn ich in eine derartige Lage geraten sollte, rede ich erst einmal mit Menschen, die es wirklich gut mit mir meinen – die mir also nicht nach dem Munde reden. Das ist für mich ganz wichtig. Und dann spreche ich eventuell meinen Vorgesetzten auf die empfundene Ungerechtigkeit an."

Bewertung

Das ist eine gute Vorgehensweise. Grundsätzlich gilt: Wer loyal ist, sucht zunächst das Vieraugengespräch mit dem direkten Vorgesetzten.

„Was würden Sie tun, wenn Ihr Kollege in eine Position befördert wird, für die Sie sich bestens geeignet halten?"

Diese Frage zielt darauf ab, wie Sie mit Enttäuschungen und Niederlagen umgehen. Zeigen Sie mit Ihrer Antwort, dass Sie eine gesunde Einstellung zu Konkurrenz und Wettbewerb haben und Fehlschläge verkraften können.

Antwort

„Na ja, toll fände ich das nicht. Aber zum Leben gehören Siege und Niederlagen. Ich würde dem Kollegen zu seiner neuen Aufgabe gratulieren und ihm viel Erfolg wünschen. Und wenn er mein Chef wäre, würde ich ihn natürlich vorbehaltlos unterstützen. Im Übrigen würde ich meine beruflichen Ziele weiter verfolgen."

Bewertung

So reagiert eine starke Persönlichkeit.

„Was verstehen Sie unter Flexibilität?"

„Sie sind flexibel und ..." Der Begriff „Flexibilität" fehlt selten in Stellenangeboten. Und so mancher Bewerber rühmt sich seiner Flexibilität, gerät aber in Not, sobald nachgefragt wird, worin sich diese denn im Alltag zeige. Deshalb sollte man eine Eigenschaft nur dann für sich beanspruchen, wenn man eine Vorstellung davon hat, was sie konkret bedeutet. Lesen Sie nun, wie sich einige Bewerber zu dieser Frage äußern.

Antwort A

„Wer flexibel ist, ist beweglich. Und das ist heute ganz wichtig. Man muss flexibel sein, wenn man beruflich erfolgreich sein will."

Bewertung

Hier wird eine konkrete Antwort verweigert. Schlecht.

Antwort B

„Ein flexibler Mensch ist nach meiner Auffassung jemand, der auf Veränderungen schnell und angemessen reagiert. Wer flexibel ist, verliert nicht so schnell sein seelisches Gleichgewicht, sondern reagiert ideenreich und souverän. Aber das ist sicher immer auch eine Frage der Erfahrung."

Bewertung

Das ist eine verständliche und gute Definition.

Antwort C

„Ich denke, dass man besonders im Vollzugsdienst sehr flexibel sein muss, weil man mit den unterschiedlichsten Menschen und Sachverhalten konfrontiert wird. Konflikte können plötzlich eskalieren oder ganz schnell aus dem Ruder laufen und da muss man elastisch sein und sich flott umstellen können."

Bewertung

Eine kompetente Antwort.

WAS IST EIN FLEXIBLER MENSCH?

Flexible Menschen

- gewinnen schnell ihr Gleichgewicht wieder, nachdem Erwartungen erschüttert wurden.
- bleiben physisch und emotional gesund, wenn sie mit Unsicherheiten zu kämpfen haben.
- vermeiden Sprüche wie „Das haben wir immer so gemacht!".
- haben immer einen Plan B, falls Plan A nicht funktioniert, verfügen also über Handlungsalternativen.
- denken an die Neben- und Fernwirkungen ihres Handelns.
- wissen, dass es oft nicht nur eine Wahrheit gibt.

„Können Sie sich durchsetzen?"

In Fernsehinterviews werden Menschen manchmal Begriffe mit der Bitte vorgeben, spontan zu äußern, was ihnen dazu einfällt. Das Wort „Durchsetzungsfähigkeit" kommt bei solchen Assoziationsspielen schlecht weg. Hier einige typische Gedankenverbindungen: Härte, Kälte, Rücksichtslosigkeit, Ellenbogen, Egoismus, Kapitalismus, Kampf, Aggression, Gewalt. Die Eigenschaft „Durchsetzungsfähigkeit" ist meist emotional negativ besetzt und wird von vielen Bewerberinnen und Bewerbern deshalb nicht als persönliche Stärke angeführt.

Was halten Sie von den folgenden Antworten?

Antwort A

„Natürlich kann ich mich durchsetzen. Und wenn man eine Waffe hat, ist ja sowieso alles klar."

Bewertung

„Django" ist weder bei der Polizei noch bei der Bundeswehr oder beim Zoll erwünscht.

Antwort B

„Das kommt drauf an, worum es geht. Es gibt Situationen, da gebe ich schnell nach, weil die Sache mir nicht wichtig ist oder ich es anderen gönne zu punkten. Aber wenn mir etwas wichtig ist, versuche ich, meine Kontrahenten erst einmal zu gewinnen – also zu überzeugen. Mir ist natürlich klar, dass man in dem von mir angestrebten Beruf ein hohes Maß an Durchsetzungsfähigkeit braucht."

Bewertung

Da ist eine durchaus angemessene Antwort.

„Wie konfliktfähig sind Sie?"

In der ehemaligen DDR galt der Grundsatz: Hauptsache einig – kann ruhig falsch sein! Das Ergebnis ist bekannt. Wenn Konflikte – sei es durch die Staatsmacht, sei es durch eine autoritäre Führungskultur im Betrieb – von vornherein unterbunden werden, gibt es keinen Wettbewerb der Ideen. Unter solchen Verhältnissen ist auch selten eine rechtzeitige Anpassung an ein sich wandelndes Umfeld möglich. Was bleibt, ist das „Weiter so!". Die spektakulären Firmenpleiten der letzten Jahre sind oft auf diese Haltung zurückzuführen.

Antwort

„Ich versuche bei Konflikten zunächst einmal das Gute am Schlechten zu finden. Zu einem Konflikt kommt es häufig, wenn Menschen offen ihre Wünsche und Interessen formulieren und diese dann mit denen der anderen zusammenprallen. Aber das hat einen Vorteil – man weiß, woran man ist. Meine Devise lautet, dass Konflikte die Menschheit sehr oft auch nach vorne gebracht haben. Es wurden neue Wege beschritten und neue Möglichkeiten ausprobiert. Schädlich sind Konflikte immer dann, wenn sie nicht rechtzeitig angesprochen werden."

Bewertung

Gute Analyse – guter Standpunkt.

GRUNDSÄTZE DER KONFLIKTPSYCHOLOGIE

- Konflikte sind eine Grundbedingung des Daseins. Menschen prallen mit ihren unterschiedlichen Interessen, Wertvorstellungen, Normen, Zielen und Wahrnehmungen aufeinander.

- Konstruktive Konflikte sind eine wichtige Funktionsbedingung von Entwicklung und Fortschritt. Durch „Ketzer" beziehungsweise Andersdenkende ist die Menschheit oft die Treppe hinaufgefallen.

- Es gibt destruktive Konflikte, die nur durch Gewaltanwendung zu lösen sind. Das muss allerdings auf legale Weise erfolgen.

- Konflikte, die nicht angesprochen und gelöst werden, vernichten Ressourcen. Wie Schwelbrände vergiften sie das Klima und machen auf Dauer krank. Dies gilt insbesondere für die Zusammenarbeit mit den Kolleginnen und Kollegen.

„Was machen Sie in Ihrer Freizeit am liebsten?"

Viele Bewerber verzichten darauf, Hobbys oder private Interessen im tabellarischen Lebenslauf anzugeben. Oft hört man als Begründung, das sei nicht mehr üblich. Dabei sind die privaten Aspekte einer Person nicht unwichtig. Es werden schließlich keine Personalnummern auf zwei Beinen gesucht.

Niemand gibt beim Betreten seiner Dienststelle seine persönlichen Interessen, Hoffnungen und Sehnsüchte beim Pförtner ab. Ein begeisterter Judoka bleibt auch an seinem Arbeitsplatz ein begeisterter Judoka. Und wenn er Kollegen hat, die dieses Hobby mit ihm teilen – prima.

Und natürlich sagt die Art der Freizeitgestaltung etwas darüber aus, wie sich jemand zum Beispiel neue Energiequellen erschließt. Ob Handballverein oder Schachclub – durch solche Aktivitäten kann man den Kopf wieder frei bekommen. Vorsichtige Rückschlüsse auf die Persönlichkeit sind auch möglich, wenn jemand die Freizeit gemeinsam mit anderen gestaltet oder lieber für sich allein bleibt. Mannschaftssport oder Mineraliensammlung? Orchestermusik oder allein am Piano?

Antwort A

„In meiner Freizeit lese ich viel."

Bewertung

Es schon erstaunlich, wie viele Bewerber auf die nachfassende Frage „Was lesen Sie denn?" mit „Alles mögliche" oder „Bücher" reagieren. Das gibt natürlich einen Minuspunkt im Vorstellungsgespräch. Wer Lesen als Hobby angibt, sollte mindestens einen Titel parat haben, mit dem er sich kürzlich befasst hat.

Antwort B

„Wie Sie meinen Unterlagen sicher entnommen haben, fahre ich gern Ski. Der Kampf mit dem Hang und seinen Unebenheiten ist schon eine tolle Herausforderung und hält einen körperlich und im Kopf fit."

Bewertung

Das kommt natürlich bei Skifahrern immer gut an.

Antwort C

„Ich treibe viel Sport, am liebsten Mannschaftssport. Ab und zu mache ich aber auch einen längeren Waldlauf für mich allein – da kann ich prima abschalten."

Bewertung

Solch eine Antwort lässt vermuten, dass man es mit einem Teamplayer zu tun hat, der aber nicht ständig andere um sich herum braucht.

„Wie wichtig sind für Sie Äußerlichkeiten?"

Lange Zeit war es üblich, einen Zusammenhang zwischen innen und außen zu leugnen. Wer gedankenschwer durchs Leben ging, musste um der Authentizität willen schlampig gekleidet sein. Inzwischen hält man sich allerdings wieder an Oscar Wilde und seinen Befund: „Nur oberflächliche Leute urteilen nicht nach dem Aussehen."

Es versteht sich von selbst, dass der öffentliche Auftritt von Amts- und Funktionsträgern bei Polizei, Bundeswehr und Zoll (fast) immer auch ein „werblicher" Auftritt ist. Schließlich repräsentiert man im Dienst – und in gewisser Hinsicht auch außerhalb des Dienstes – Staat und Gesellschaft. Kurzum: Das positive Erscheinungsbild ist ein nicht unwesentliches Auswahlkriterium, wobei dies freilich nichts mit einem wie auch immer verstandenen „guten" Aussehen zu tun hat.

Antwort A

„Äußerlichkeiten sind für mich nicht wichtig. Entscheidend ist der Charakter eines Menschen. Der schöne Schein täuscht doch allzu oft. Für mich zählen die inneren Werte."

Bewertung

Alles sachlich richtig, aber einseitig und damit an der Wirklichkeit vorbei.

Antwort B

„Der erste Eindruck spielt in vielen Situationen eine wichtige Rolle. Und der kommt ja durch Äußerlichkeiten zustande. Die Kleidung, das Auftreten, die Umgangsformen, das alles ist schon wichtig. Natürlich muss man versuchen, sich selbst treu zu bleiben, ich mache deshalb nicht jede Mode mit. Aber grundsätzlich kann es nicht falsch sein, eine positive Außenwirkung zu erzielen. Also – ich meine schon, dass Äußerlichkeiten wichtig sind."

Bewertung

Gut.

Antwort C

„Wenn sich mein Berufswunsch erfüllt, werde ich ja eine Uniform tragen. Und da ist mir völlig klar, dass man auffällt und deshalb das Äußere absolut korrekt sein muss. Schließlich hat man eine Vorbildfunktion und repräsentiert eine staatliche Institution. Im Übrigen beschädigen Nachlässigkeiten einzelner Personen ja auch das Image der Kollegen."

Bewertung

Besser.

 DAS OUTFIT

Wer Staat und Gesellschaft beruflich repräsentieren will, braucht dafür ein positives Erscheinungsbild. Nicht selten reicht schon der von der Optik her überzeugende Auftritt eines Vollzugsbeamten, um einen Konflikt zu dämpfen. Wie sollten Sie als Bewerber/in auftreten? Ina Wegner von der Bundesfinanzdirektion Nord (Zoll) hat sich im Interview wie folgt geäußert:

„Mein Tipp an die Bewerberinnen und Bewerber: Kommen Sie mit der dem Anlass entsprechenden Kleidung zum Auswahlverfahren und treten Sie authentisch auf, alles andere wird dem geschulten Auge der Auswahlkommission nicht entgehen!"

Hier noch einige weitere Hinweise:

- Nicht „aufbrezeln"! Weder ein das Knie umspielende kleine Schwarze noch eine Fliege sind angemessen. Entscheiden Sie sich für eine Kleidung, in der Sie sich wohlfühlen. Zeigen Sie bei Ihrer Wahl aber auch, dass Sie sich durchaus mit einer Uniform anfreunden können.

- Wer mit einem Nasenring anreist, ist als Bewerber sofort raus.

- Sichtbare Tätowierungen sind nicht akzeptabel.

„Wie gehen Sie mit Stress um?"

Zu den wichtigsten fachübergreifenden Qualifikationen gehört die psychische und körperliche Belastbarkeit. Dies hängt unter anderem mit der zunehmenden Arbeitsverdichtung und der erforderlichen Mobilität und Flexibilität in der Arbeitswelt zusammen. Für viele kommt noch ein Leben in ständiger Unsicherheit hinzu: „Was mache ich morgen beruflich?", „Was wird aus meinem Arbeitsplatz?", „Wann muss ich wieder aus beruflichen Gründen umziehen?". Wer seine Zukunft bei Polizei, Bundeswehr oder Zoll sucht, muss mit ganz besonderen körperlichen und seelischen Anforderungen und Belastungen rechnen. Bei dieser Frage geht es darum, wie Sie Stress ertragen, wie Sie ihn verarbeiten und wie Sie neue Kraft schöpfen.

Antwort A

„Ich liebe es, wenn so richtig viel los ist. Es gibt ja so eine Art von Stress, die einen beflügelt. Mir geht es jedenfalls so. Und ich denke, wichtig ist auch, dass man irgendwann abschalten kann. Und das kriege ich gut hin. Nach Feierabend treibe ich oft Sport mit Freunden oder bin sonst unterwegs. Am nächsten Tag ist dann der Kopf wieder frei für den Job."

Bewertung

Eine schlichte und glaubwürdige Antwort.

Antwort B

„Stress ist für mich die Würze des Lebens und deshalb suche ich auch einen abwechslungsreichen Beruf. Natürlich ist mir klar, dass es auch sehr belastende Situationen geben kann, die man nicht so schnell ‚verdaut' – aber für solche Fälle habe ich gute Freunde, mit denen ich alles bereden kann. Das ist viel wert."

Bewertung

Die Antwort ist besser, weil der Bewerber auf die beruflichen Anforderungen eingeht.

„Welche Vorbilder haben Sie?"

„Lernen am Modell" heißt das Prinzip, nach dem wir uns von frühester Kindheit an die Sprache und grundsätzliche Verhaltensmuster aneignen. Und weil dieses Prinzip so wirksam ist, sorgen sich Eltern sehr, wenn ihre Sprösslinge in vermeintlich oder tatsächlich schlechte Gesellschaft geraten. Immerhin könnten sie sich etwas Falsches abschauen.

Nenne mir deine Vorbilder und ich kann mir ein besseres Bild von dir machen! Darum geht es im Vorstellungsinterview bei dieser Frage. Denn Vorbilder könne wie Leuchtfeuer dem eigenen Handeln Orientierung geben oder als Leitplanken des Lebens verhindern, dass man aus der Bahn geworfen wird.

Antwort A

„Meine Großmutter pflegt immer zu sagen ‚Von nichts kommt nichts'. Das habe ich mir gemerkt und das habe ich im Leben immer zu beherzigen versucht. Man muss sich engagieren, man muss lernen und man muss das, was man macht, gut machen."

Bewertung

Die alten Großmutter-Regeln sind gar nicht so schlecht.

Antwort B

„Ein Vorbild ist für mich der Mann, der sich damals auf dem Bahnhof in München schützend vor Kinder gestellt hat, die von Jugendlichen bedroht wurden – und der dabei totgeprügelt wurde."

Bewertung

Das ist natürlich eine sehr konkrete und makellose Antwort. Zur Erinnerung: Gemeint ist Dominik Brunner, der Kinder auf einem Münchner Bahnhof vor dem brutalen Übergriff jugendlicher Schläger in Schutz nahm und zu Tode geprügelt wurde.

Und damit ist die nächste Frage eingeleitet.

„Was verstehen Sie unter Zivilcourage?"

Der Begriff ist hochaktuell, da immer häufiger ein Mangel an Zivilcourage in unserer Gesellschaf zu beklagen ist. Zivilcourage („civilis = bürgerlich, also nicht militärisch/„courage" = Mut) zeigt jemand, der offen sagt, was seinen Wertvorstellungen und Überzeugungen entspricht – auch wenn die Öffentlichkeit gegen ihn ist und er mit negativen Folgen rechnen muss. Und Zivilcourage zeigt, wer beispielsweise einschreitet, wenn andere bedroht oder misshandelt werden, statt wegzuschauen. Eine Gesellschaft mit Bürgern ohne Zivilcourage verliert jeglichen inneren Zusammenhalt. Andererseits kann diese Eigenschaft einen das Leben kosten, wenn man etwa an Dominik Brunner denkt.

Letztlich gilt es mit dieser Frage herauszufinden, ob jemand bereit ist, Verantwortung zu übernehmen und sich für andere einzusetzen, auch wenn persönliche Nachteile damit verbunden sein können.

Antwort A

„Unter Zivilcourage verstehe ich, dass man zum Beispiel einschreitet – möglichst mit anderen gemeinsam –, wenn jemand im Zug belästigt wird. Auch, wenn man persönlich Ärger bekommt oder seinen Anschlusszug verpasst."

Bewertung

Eine passende Antwort.

Antwort B

„Unter Zivilcourage verstehe ich, unbequeme Dinge auszusprechen, bei denen man mit Gegenwind rechnen muss. Ich finde, dass zum Beispiel die meisten Politiker sich um klare Aussagen drücken, um ja nicht anzuecken. Um wenn jemand doch mal sagt, was er denkt, gibt es ein großes Geschrei. Auch privat wünsche ich mir, dass man mir offen die Meinung sagt, statt hinter dem Rücken Kritik zu äußern."

Bewertung

Dies ist ein nicht unwesentlicher Aspekt von Zivilcourage, aber es fehlt das Inschutznehmen Schwächerer, die drangsaliert werden.

JUGENDLICHE VERPRÜGELN FRAU AUF DER STRASSE

„Ein 18-Jähriger hat in Bremen eine Frau gerettet, die auf der Straße von Jugend-lichen verprügelt worden ist. Die Frau hatte beobachtet, wie zwei Jugendliche eine Flasche auf den Boden warfen. Als sie die beiden Jungen darauf ansprach, schlug ihr einer von beiden mit den Fäusten ins Gesicht. Der 18-Jährige packte den An-greifer am Arm und zog ihn von der Frau, die am Boden lag, weg. (...)

„Hamburger Abendblatt" vom 16.10.2009

„Welche Eigenschaften sollte ein guter Vollzugsbeamter haben?"

Klar – hier geht es darum, ob Ihre Vorstellungen vom Berufswunsch eini-germaßen realistisch sind. Natürlich haben Sie sich über das Anforde-rungsprofil bereits vor Ihrer Bewerbung schlaugemacht. Sie wissen, dass Eigenschaften gefragt sind wie zum Beispiel:

- Demokratieverständnis

- Soziale Kompetenz

- Entscheidungsvermögen

- Körperliche Fitness

- Seelische Stabilität

- Teamfähigkeit

- Flexibilität

- Mobilität

- Leistungsbereitschaft

- Zivilcourage

- Kommunikative Kompetenz

Nun kann man seinen Interviewpartner bei dieser Frage nicht einfach mit Vokabeln abspeisen. Bringen Sie zum Ausdruck, was Sie unter solchen Eigenschaften verstehen und warum diese für den angestrebten Beruf so wichtig sind.

Antwort

„Ein guter Vollzugsbeamter hat zunächst einmal eine positive Einstellung zur Demokratie und zum Staat als Dienstherrn – das ist für mich selbstverständlich. Dann, denke ich, muss man vor allem belastbar sein und auch in problematischen Situationen einen klaren Kopf und den Überblick behalten. Flexibilität ist sicher auch wichtig, denn man muss sich schnell auf neue Anforderungen einstellen können. Ja, und dann habe ich gelesen, dass die wichtigste Waffe das Wort ist. Man sollte also in Sachen Kommunikation gut drauf sein. Wenn man einen Konflikt mit Worten schlichten kann, ist eine Anwendung von Gewalt nicht mehr notwendig. Und natürlich sollte man teamfähig sein."

Bewertung

Das ist eine gute Antwort. Natürlich kann man noch mehr Eigenschaften anführen, aber das muss nicht sein. Beschränken Sie sich auf das Wesentliche und zeigen Sie damit, dass Sie wissen, worauf es ankommt.

Und nun noch zwei Frage, die für die Betroffenen nicht immer leicht zu parieren sind.

„Warum haben Sie Ihre Ausbildung abgebrochen?"

Wer eine Ausbildung ohne einen Abschluss beendet hat, empfindet das meist als Makel. Immerhin hat man ja auf dem Gebiet der Berufsfindung einen Fehler gemacht oder in den Niederungen des Ausbildungsalltags nicht durchgehalten.

Die Lebenspraxis zeigt allerdings, dass zum Erfolg oft auch das Scheitern gehört. Allerdings nur dann, wenn man aus dem persönlichen Versagen etwas gelernt und die Konsequenzen gezogen hat. Das gilt es, als Bewerber zu zeigen.

Antwort A

„Ich habe mir nach dem Abitur gedacht, dass eine Ausbildung vor dem Studium die späteren Berufschancen deutlich verbessert. Aber nach einem Jahr habe ich mit dem Niveau der Ausbildung Probleme bekommen. Ich wurde überwiegend zu Routinetätigkeiten herangezogen und auch sonst war der intellektuelle Anspruch an die Azubis eher bescheiden. Eigentlich wurden wir Azubis ständig ausgenutzt und eine Zusage für die spätere Übernahme wollte man uns auch nicht geben."

Bewertung

Die Begründung ist nicht sonderlich glücklich, weil auch im späteren Berufsleben Routineaufgaben zu erledigen sein werden. Und es ist immer riskant, wenn man den Eindruck erweckt, sich für bestimmte Aufgaben zu schade zu fühlen.

Antwort B

„Der Abbruch war eine totale Fehlentscheidung. Ich hätte die Ausbildung durchziehen sollen. Heute bereue ich das natürlich, aber eins habe ich gelernt: Man darf niemals voreilig aufgeben."

Bewertung

Ein ganz klares Bekenntnis zur persönlichen Verantwortung für das eigene Schicksal. Und das Gute am Schlechten erkannt und benannt – dass man nämlich manchmal lieber einen langen Atem haben sollte. Solche Leute werden gebraucht.

„Warum haben Sie Ihr Studium abgebrochen?"

Auch hier geht es darum – wie bei vielen ähnlichen Fragen –, ob der Bewerber beziehungsweise die Bewerberin für die Begründung der kleineren oder größeren Niederlagen eher die Umstände bemüht oder sich selbst als Teil des Problems benennt.

In dieser Haltung unterscheiden sich die Menschen ganz erheblich. Da sind die einen, die alles auf sich beziehen und reumütig Asche auf ihr

Haupt streuen. Und da sind die anderen, die von einer persönlichen Verantwortung nichts wissen wollen. Wie klagt doch die frierende kleine Erna vorwurfsvoll? „Geschieht meiner Mutter recht, dass ich kalte Hände habe. Warum zieht sie mir auch keine Handschuhe an?" Gesucht werden Bewerberinnen und Bewerber, die ICH sagen – auch und gerade wenn etwas schiefgelaufen ist.

Antwort A

„Aus finanziellen Gründen, meine Eltern waren nicht mehr bereit, mich zu unterstützen. Bafög habe ich nicht bekommen. Ich musste dann regelmäßig jobben und das ließ sich mit dem Studium nicht vereinbaren."

Bewertung

Diese Begründung gilt es schnell zu vergessen. Bitte keine Schuldzuweisungen an andere. In diesem Land kann jeder, der das Zeug dazu hat und die formellen Voraussetzungen erfüllt, studieren.

Antwort B

„Vier Semester Jura. Ich weiß – es ist nicht berauschend, ohne Abschluss auszusteigen. Ich hätte mich früher für den Abbruch entscheiden müssen. Es fiel mir leider schwer, mir einzugestehen, dass ich mich für das falsche Berufsbild entschieden hatte. Aber nun weiß ich, wo meine berufliche Zukunft liegt. Ich bin Pragmatiker und deshalb denke ich, dass ich hier genau richtig bin."

Bewertung

- Der Bewerber hat seine Fehlentscheidung eingestanden und selbstkritisch begründet.

- Der Bewerber hat den Studiengang (an dem er gescheitert ist) nicht kleingeredet.

- Der Bewerber hat begründet, warum er sich mit seiner Bewerbung auf dem richtigen Weg sieht. Insgesamt gut.

„Was haben Sie aus Ihren bisherigen Fehlern gelernt?"

Hier wird im Sinne der allgemeinen Lebenserfahrung unterstellt, dass jeder Mensch im Lauf seines – wenn auch noch jungen Lebens – Fehler gemacht hat. Den Fragesteller interessiert natürlich, wie ein Bewerber generell zu seinen Fehlern steht.

Antwort A

„Na ja, wir machen doch alle Fehler. Das ist doch ganz normal."

Bewertung

So darf man niemals beginnen. Katastrophal ist die Wir-Form. „Haben wir heute schon Stuhlgang gehabt?", fragte früher und bisweilen noch heute der Chefarzt bei der Visite.

Antwort B

„Früher habe ich oft sehr spontan reagiert. Nach dem Motto: lieber eine falsche Entscheidung als gar keine Entscheidung. Damit bin ich leider ein paar Mal auf die Nase gefallen. Ich halte mich nach wie vor für entscheidungsfreudig – und das ist ja in diesem Job auch gefragt –, aber heute sichere ich mich doch gründlicher ab."

Bewertung

Eine gute Antwort.

„Welche Fragen haben Sie noch?"

Unterschätzen Sie diese Aufforderung nicht, das ist die Fortsetzung der Eignungsdiagnostik mit anderen Mitteln. Natürlich haben Sie jetzt die Chance, weitere Informationen für Ihre Entscheidung zu bekommen – für einen kompetenten Interviewpartner sagt aber jede von Ihnen gestellte Frage erst einmal etwas über Sie selbst aus.

Es gibt keine dummen Fragen? Doch, es gibt sie. In einem Vorstellungsinterview ist die alte Regel, nach der es keine dummen Fragen gibt, außer Kraft gesetzt.

Durch ihre Fragen zeigen Bewerber/innen,

- was ihnen wichtig und weniger wichtig ist,

- ob sie eine gewisse Vorstellung hinsichtlich dessen haben, was auf sie zukommt,

- ob sie gut vorbereitet sind,

- ob sie zuhören können und

- ob sie wirklich an der Aufgabe oder Ausbildung interessiert sind.

Frage A

„Sie sprachen vorhin das Hochschulnetzwerk CONRIS der Hochschule der Polizei Hamburg an. Wer ist denn da alles Mitglied?"

Bewertung

Bei Fragen ist es natürlich gut, wenn man sich auf Inhalte bezieht, die der Interviewpartner in einer früheren Gesprächsphase thematisiert hat. Man zeigt nicht nur Interesse, sondern auch, dass man ein guter Zuhörer ist.

Frage B

„Ich habe gelesen, dass es zu den Aufgaben des Zolls gehört, die Verbreitung von Pflanzen- oder Tierseuchen innerhalb der EU zu verhindern. Was wird denn da konkret gemacht?"

Bewertung

Das ist eine gute Frage, man muss allerdings aufpassen, dass man keine Fragen stellt, die bereits in einer früheren Phase des Gesprächs beantwortet wurden.

Frage C

„Muss man häufig am Wochenende Dienst schieben?"

Bewertung

Natürlich vergessen Sie derartige Fragen sofort.

„Haben Sie sich noch woanders beworben?"

Meist möchte der Gesprächspartner nur wissen, ob der Bewerber unter Zeitdruck steht – also ein anderes Angebot vorliegt oder kurzfristig zu erwarten ist. Manche Bewerber machen in der Antwort aber taktische Fehler oder wirken nicht glaubwürdig.

Antwort A

„Nein, mich interessiert diese Berufschance so sehr, dass ich keine anderen Bewerbungsaktionen fahre."

Bewertung

Für Berufseinsteiger ist diese Antwort, ob sie der Wahrheit entspricht oder nicht, eher unklug. Wer alles auf eine Karte setzt, ist ein Hasardeur. Da vom Absenden einer Bewerbung bis zur (möglicherweise negativen) Entscheidung viel Zeit vergehen kann, sollte man mehrere Eisen ins Feuer legen.

Antwort B

„Ja, das habe ich. Deshalb möchte ich Sie auch bitten, möglichst schnell zu einer Entscheidung zu kommen. Ich habe von einer anderen Firma bereits ein Angebot vorliegen und kann die nicht lange hinhalten."

Bewertung

Diese Antwort ist brandgefährlich, denn das klingt nach Erpressung. Tenor: Drücken Sie gefälligst aufs Tempo, wenn Sie mich haben wollen. So geht das natürlich nicht.

Antwort C

„Ja, ich habe mich auch noch woanders beworben, aber diese berufliche Chance hier bei Ihnen interessiert mich ganz besonders. Das ist mir im Zuge des Gesprächs noch einmal ganz deutlich geworden."

Bewertung

Klingt ehrlich und der Realität verpflichtet – und ist mit einem Bekenntnis zur Aufgabe verbunden, um die es im Gespräch geht.

„Warum sollten wir uns ausgerechnet für Sie entscheiden?"

Diese Frage wird immer wieder gern gestellt. Wer von ihr überrascht wird, ist schlecht vorbereitet. Worum geht es? Die Psychologie betrachtet den Menschen unter drei Aspekten.

- Erstens: Jeder Mensch ist in gewisser Hinsicht wie alle anderen Menschen. Hier geht es um die „Natur" des Menschen, um allgemeine Eigenschaften, die unser aller Fühlen, Denken und Handeln bestimmen.

- Zweitens: Jeder Mensch ist in gewisser Hinsicht wie viele andere Menschen. Hier geht es um Personen, die gemeinsame Merkmale haben, von denen angenommen werden kann, dass sie sich auf das Verhalten auswirken. Dazu gehören unter anderem: Geschlecht, Alter, Bildungsabschlüsse, Familienhintergrund oder die Zugehörigkeit zu einem bestimmten Kulturkreis.

- Drittens: Jeder Mensch ist in gewisser Hinsicht wie kein anderer Mensch.

Die hier zu erörternde Frage zielt auf den letzten Punkt ab – nämlich auf den/die Bewerber/in als einmaliges und einzigartiges Individuum.

Antwort A

„Ich glaube – insbesondere nach diesem Gespräch –, dass ich sehr gut zu diesem Beruf passe. Ausbildung und bisherige Erfahrung stimmen meines Erachtens. Ich denke, da können viele andere Bewerber nicht mithalten. Vom Kopf und vom Gefühl her würde ich bei Ihnen gerne starten."

Bewertung

Die Abwertung der Mitbewerber ist ungeschickt, alles andere ist okay.

Antwort B

„Es gibt sicher auch viele andere qualifizierte Bewerberinnen und Bewerber. Aber zu meiner Person: Ich bin hoch motiviert, habe in der Schule und in meiner Ausbildung gezeigt, dass ich lernbereit, zielstrebig und belastbar bin. Und was mir immer gut gefallen hat und hier ja auch wichtig ist: Ich arbeite gern mit anderen zusammen."

Bewertung

Das reicht völlig.

Stolpern Sie nicht auf den letzten Metern

Wer im Vorstellungsinterview seinen ersten Auftritt verpatzt – weil er etwa zu aufgeregt ist –, kann die Sache im Lauf des Gesprächs wieder gutmachen. Wer seinen Abgang verstolpert, hat diese Möglichkeit nicht mehr. Der letzte Eindruck ist nicht mehr zu korrigieren. Lesen Sie deshalb, was man zum Schluss noch falsch machen kann beziehungsweise wie man in guter Erinnerung bleibt.

Die unglückliche Frage nach den Chancen

Natürlich würde ein Bewerber spätestens zum Ende des Gesprächs gern das eine oder andere Signal hinsichtlich seiner Chancen empfangen. Aber bei allem Verständnis für diese Neugierde – für die Frage nach den Chancen gibt es eine Sechs minus in Sachen Einfühlungsvermögen. Das gilt vor allem dann, wenn man als Bewerber mindestens zwei Gesprächspartner hat. Und das ist ja beim Interview bei Polizei, Bundeswehr und Zoll der Fall.

Was sollen die denn sagen? Ihre Gesprächspartner wollen sich doch zunächst einmal unabhängig voneinander ein Bild machen und werden sich dann nach Verabschiedung des Interessenten austauschen und zu einem Ergebnis kommen. Mit der Frage nach den Chancen kann man also seine Interviewpartner nur in Verlegenheit bringen.

Prägen Sie sich Namen gut ein

Nicht jeder hat ein gutes Namensgedächtnis, dennoch wird von Bewerbern erwartet, dass sie sich die Namen ihrer Gesprächspartner merken. Leider gelingt das nicht jedem. Immer wieder gibt es Jobaspiranten, die den einen oder anderen Namen verstümmeln oder nach 20 Minuten nachfragen, wie ihre Gesprächspartner denn noch einmal heißen. Souverän wirkt das nicht.

Richtig unangenehm kann das bei der Verabschiedung werden: „Auf Wiedersehen, Frau Wagner, auf Wiedersehen, Herr Schulz, auf Wiedersehen, Herr ... ähhhh!" Kein schöner Abgang! Schlimmer ist nur noch – was hin und wieder auch passiert –, dass ein Bewerber seine drei Gesprächspartner konsequent mit falschen Namen verabschiedet.

Übrigens: Nicht ohne Grund werden Sie gegebenenfalls mit Tests konfrontiert, bei denen Sie sich Namen merken und diese später Gesichtern zuordnen müssen.

TIPPS ZUM VORSTELLUNGSGESPRÄCH

- Wenn Sie Ihren Vorstellungstermin kurz telefonisch bestätigen, fragen Sie im Sekretariat nach, wer an dem Gespräch (vermutlich) teilnehmen wird. So kann man sich bereits vorab mit den Namen vertraut machen.

- Manchmal kommt unerwartet noch ein Gesprächspartner hinzu. Wenn Sie bei der Vorstellung den Namen nicht verstanden haben, fragen Sie sofort nach.

- Legen Sie eventuell erhaltene Visitenkarten als Gedächtnisstütze vor sich auf den Tisch und versuchen Sie, die Gesichter mit den entsprechenden Namen zu verbinden.

- Sprechen Sie ab und zu Ihre(n) Gesprächspartner mit Namen an, aber bitte nicht penetrant. Auf diese Weise prägen sich die Namen ein.

- Rekapitulieren Sie gegen Ende des Gesprächs beziehungsweise kurz vor der Verabschiedung noch einmal alle Namen.

- Sollte im Zuge des Interviews Ihr eigener Name falsch ausgesprochen werden, korrigieren Sie diesen Fehler höflich.

Kompetenter Gesprächsabschluss

Ein guter Abgang besteht darin,

- noch einmal kurz das eigene Interesse zu bekunden,

- sich für die Einladung zu bedanken,

- beim Abschied jeden Gesprächspartner mit dem Namen anzusprechen und (falls es der Gastgeber nicht getan hat)

- den Verbleib zu klären. Wer meldet sich bis wann bei wem?

Wo Schweigen besser ist

„Wenn Du geschwiegen hättest, wärst Du ein Philosoph geblieben." 1500 Jahre ist dieser berühmte Satz des Römers Boëthius einstweilen alt, aber an Aktualität hat er nicht eingebüßt. „Hättest Du bloß Deinen Mund gehalten!" – Diesen Vorwurf kann sich mancher Bewerber im Nachhinein machen, weil er sich zu weit aus dem Fenster gelehnt und die Folgen seiner Worte nicht bedacht hat. Hier einige Vorsichtsmaßnahmen:

- Weltanschauliche oder religiöse Stellungnahmen haben in einem Vorstellungsgespräch nichts zu suchen.

- Politik ist ein gefährliches Thema, bei dem man sich möglichst bedeckt halten sollte. Wer in den Dienst des Staates tritt, muss sich bei der Ausübung seiner Arbeit politisch neutral verhalten.

- Äußern Sie sich niemals abschätzig über den Wert anderer Bildungs- oder Ausbildungswege – Ihr Gesprächspartner könnte genau auf den von Ihnen diffamierten Abschluss stolz sein. Beispiel: „Abgänger von Gesamtschulen sind wenig qualifiziert." Was ist, wenn Ihr Interviewpartner eine Gesamtschule besucht hat?

- Das Thema Alter kann ebenfalls brisant sein. Interviewer: „Wie stellen Sie sich Ihren beruflichen Weg bei uns vor?" Bewerber: „Es darf keinen Stillstand geben. Ich möchte nicht zehn Jahre lang denselben Job machen. Da brennt man doch völlig aus." Was ist, wenn der Interviewpartner seit über zehn Jahren denselben Job macht?

■ Spielen Sie Theoretiker und Praktiker nicht gegeneinander aus. Tenor: „Ich bin ein ausgesprochener Praktiker. Theoretiker haben wir schon genug." Der unterschwellige Hinweis auf die mangelnde Alltagstauglichkeit von Theoretikern kann zum Rohrkrepierer werden. Manchmal ist nichts praktischer als eine gute Theorie.

Als Bewerber muss man nicht auf Taubenfüßen daherkommen. Verhalten Sie sich also nicht so elastisch, dass sich Ihr Gesprächspartner die Frage nach dem Rückgrat stellt. Andererseits muss man auch nicht in jedes Fettnäpfchen treten.

URTEIL DES BERLINER VERWALTUNGSGERICHTS

> „Ein Polizist darf wegen zu großer Nähe zur rechtsextremen Szene aus dem Beamtenverhältnis entlassen werden. Das entschied das Berliner Verwaltungsgericht in einem nun veröffentlichten Urteil vom 22. September. Das Gericht wies eine Klage des Polizeimeisters gegen seine Entlassung ab. Der Mann hatte in Schulungsveranstaltungen von rechtsextremen ‚Kameradschaften' über die Arbeit der Polizei berichtet und Möglichkeiten vorgestellt, sich gegen polizeiliches Eingreifen zu wehren."
>
> „Die Welt" vom 16.10.2009

Rhetorik: Die wichtigste Waffe ist das Wort

Von Bewerbern wird erwartet, dass sie einen Standpunkt – im Bewerbungsgespräch naturgemäß meist in eigener Sache – sicher und psychologisch wirkungsvoll vertreten können. Nun wird man nicht über Nacht zum begnadeten Redner oder Selbstdarsteller, aber man kann sich einige Regeln einer guten Gesprächsführung noch einmal vergegenwärtigen. Zum

Beispiel den ältesten Grundsatz der Rhetorik: Es ist im Grunde egal, was man sagt – entscheidend ist, wie es ankommt.

Und das wiederum hängt nicht nur vom Inhalt, sondern ganz erheblich von den rhetorischen Gestaltungsmitteln ab. Bei all dem sollten Sie sich jedoch nicht auf Schauspielerei verlegen und ein Versprecher ist keine Schande. Lassen Sie nicht die Sau heraus, aber lassen Sie sich ein wenig von der Leine. Und vergessen Sie nicht: Die wichtigste Waffe ist das Wort.

Rhetorische Gestaltungsmittel

Befragen Sie sich einmal kritisch hinsichtlich der wichtigsten rhetorischen Gestaltungsmittel. Noch besser ist es, sich von einer gut meinenden Person ein ehrliches Feedback geben zu lassen. Sie können hierfür die folgenden Skalen verwenden.

Klang der Stimme

+++	++	+	0	-	--	---

optimistisch   depressiv

Bei manchen Menschen hört man bereits am Klang der Stimme, dass sie nicht an das glauben, was sie (über sich) sagen. Die Stimme klingt nun einmal so, wie man mental drauf ist. Das Mut machende „Yes, I can" ist zwar einstweilen etwas überstrapaziert worden, aber eine positive Erwartungshaltung kann nun einmal Wunder bewirken.

Stärke/Tragfähigkeit der Stimme

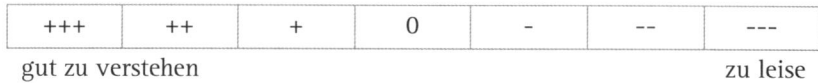

+++	++	+	0	-	--	---

gut zu verstehen   zu leise

„Tritt fest auf, mach's Maul auf, hör bald auf!" Dieser Tipp stammt von Martin Luther. Nehmen Sie ihn sich zu Herzen. Menschen, die sich unsicher fühlen, sprechen häufig besonders leise oder werden immer leiser. Wenn man darauf achtet, kann man gegensteuern – und überzeugen.

Sprechgeschwindigkeit

+++	++	+	0	-	--	---

angenehm   zu schnell

In der Ruhe liegt bekanntlich die Kraft. Wenn man als Interviewer den Nerv getroffen hat, erhöhen manche Kandidaten das Sprechtempo. Es klingt, als wollten sie ein unangenehmes Thema schnell hinter sich bringen und Schwachstellen durch den Redefluss überspielen. Daher gilt: innehalten und runter mit dem Sprechtempo!

Modulation

+++	++	+	0	-	--	---

angenehm   zu eintönig

Es gibt Bewerber, die leiern ihren Lebenslauf so nuancenfrei herunter, dass selbst interessante Inhalte öde wirken. Bringen Sie Dynamik in die Stimme, indem Sie den Tonfall ein wenig heben und senken. Das darf freilich nicht gekünstelt wirken.

Aussprache

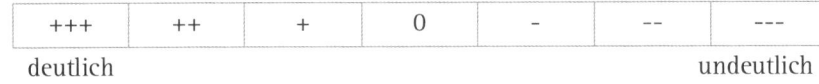

+++	++	+	0	-	--	---

deutlich   undeutlich

Wenn Du nicht beim Wort genommen werden willst, dann nuschle! So lautet eine nicht ganz ernst gemeinte Empfehlung. Aber da ist etwas dran. Eine klare und verständliche Ansage ist unverzichtbar. Das gilt ganz besonders für Berufe, in denen man sich bisweilen unmissverständlich klar äußern und verhalten muss. Lassen Sie sich zu diesem Thema von Freunden mal ein Feedback geben.

Formulierungsunarten

+++	++	+	0	-	--	---

keine   viele

Man kann die Menschheit einteilen in „Äh-Produzenten" und „Nicht-Äh-Produzenten". Bekanntlich gibt es zahlreiche Sprachmarotten, die bisweilen recht liebenswert sein können, manchmal aber auch die Wirkung des Gesagten beeinträchtigen. Hier gilt es, den eventuellen blinden Fleck zu verkleinern, denn nicht immer ist einem Menschen bewusst, wie er redet. Andere Menschen können einem dabei helfen, extreme Marotten zu erkennen und zu beseitigen.

Wortwahl

+++	++	+	0	-	--	---

zielgruppengerecht   nicht zielgruppengerecht

Eine wirkungsvolle Kommunikation hängt von der Fähigkeit ab, mit dem Kopf des Adressaten denken zu können. Kommt das, was ich sage, auch so an, wie ich es gerne hätte? Wörter und Formulierungen, die man im Freundeskreis verwendet, passen nicht immer in ein Vorstellungsinterview. Das gilt nicht nur für den Jargon, sondern manchmal auch für Amerikanismen und Fremdwörter. Weg mit allen Imponiervokabeln, mit denen manche Bewerber Eindruck zu schinden versuchen – und bei Nachfrage nicht wissen, was die verwendeten Begriffe bedeuten.

Körpersprache: Man kann nicht nicht kommunizieren

Nein, das ist kein Tippfehler! Der Körper redet immer mit. Manchmal bewusst und vorsätzlich, wenn wir mit unserer Gestik etwas unterstreichen oder akzentuieren wollen – manchmal unwillkürlich, wenn man etwa rot oder blass wird.

Viele körpersprachliche Signale werden allerdings abgegeben, ohne dass dies dem Sender bewusst ist. Häufig gehen sie einem auf die Nerven, wenn jemand beispielsweise ständig in der Luft herumfuchtelt oder mit Gegenständen hantiert. Und manchmal scheint die Körpersprache dem gesprochenen Wort auch zu widersprechen.

Der Körper bringt den Zustand der Seele zum Ausdruck und natürlich versucht jeder Personalexperte herauszufinden, was das Äußere eines Bewerbers über dessen Inneres verraten könnte.

Blickkontakt

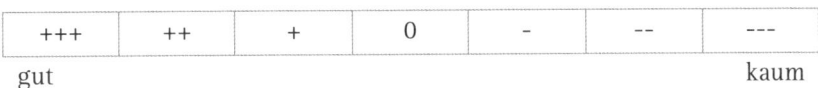

+++	++	+	0	-	--	---

gut   kaum

Es versteht sich von selbst, dass man sein Gegenüber anschaut. Viele Bewerber neigen bei mehreren Gesprächspartnern allerdings zu einer ungleichmäßigen Aufmerksamkeitsverteilung. Sie richten ihre Blicke auf den „Ranghöchsten" beziehungsweise auf jene Person, die sie für den Entscheider halten. Das kann danebengehen, wenn im Konsens entschieden wird und der eine oder andere Gesprächsteilnehmer vom Bewerber wie Luft behandelt wurde.

Gestik

+++	++	+	0	-	--	---

stimmt mit Redeinhalt überein   stimmt nicht überein

Mit der Gestik kann man Sprachinhalte illustrieren oder unterstreichen. Wer allerdings mit zittrigen Händen erklärt, dass er psychisch sehr belastbar sei, widerspricht sich vermutlich. Kontrollieren Sie Ihre Gestik! Kennen Sie Ihre Lieblingsgesten? Manche rücken bei jeder Frage, die gestellt wird, die Brille zurecht, zupfen sich am Ohr oder kneten die Hände, als wollten sie einen Mürbeteig zubereiten.

Haltung

+++	++	+	0	-	--	---

nicht störend   störend

Es ist schon erstaunlich, in welcher Haltung Bewerber einem bisweilen gegenübersitzen. Bei manchen hat man das Gefühl, dass sie gleich von Stuhl rutschen, andere wirken, als wären sie angekettet. Sehr unangenehm wirken die auf dem Tisch weit ausgebreiteten Arme oder hinter dem Kopf lässig verschränkte Arme. Achten Sie auf Ihre Haltung.

Bauen Sie möglichst unfallfreie Sätze

Keine Bange, Sie müssen nicht perfekt sein. Aber wer sich vor Aufregung ständig verhaspelt und in seinen Sätzen verheddert, wirkt unsouverän. Hier einige Tipps, die Ihnen helfen, verbal gut rüberzukommen:

- Reagieren Sie auf eine Frage oder Aufforderung zum Sprechen nicht sofort. Zu einem guten Dialog gehört es, einen Augenblick der Stille aushalten zu können. Niemand nimmt es Ihnen übel, wenn Sie einen Moment nachdenken, ehe Sie loslegen.

- Versuchen Sie nicht, sich als Formulierungskünstler zu profilieren. Ein derart falscher Ehrgeiz wird nicht unbedingt belohnt. Über den früheren französischen Außenminister Dominique de Villepin spottete man, dass dieser unfähig dazu sei, einmal einen nicht stilvollendeten Satz zu formulieren.

- Zwingen Sie sich zu Kunstpausen. Sie gönnen Ihren Zuhörern damit eine kurze Erholung und können sich sammeln. Die Pausen müssen natürlich an die richtige Stelle gesetzt werden, sie dürfen keinen zusammenhängenden Gedankengang auseinanderreißen.

- Sie haben den Faden verloren? Am ehesten finden Sie ihn wieder, indem Sie sich zu diesem kleinen Missgeschick bekennen. Das nimmt nämlich den psychischen Druck und wirkt sympathisch. Natürlich darf einem das nicht ständig passieren.

- Und wie bereits gesagt: Natürlich dürfen Sie sich auch mal versprechen. Perfektion zieht dem Leben das Mark aus den Knochen. Der Nachrichtensprecher, der sich verhaspelt, wirkt doch irgendwie ganz menschlich.

„Nun schießen Sie mal los!" – Die Selbstdarstellung

Eine klassische Phase des Vorstellungsinterviews besteht darin, dass Sie als Bewerber etwas über sich selbst erzählen. Warum, mag sich hier mancher Bewerber fragen, soll ich eigentlich noch einmal über meinen Werdegang sprechen? Mein Gesprächspartner weiß doch aus den schriftlichen Unterlagen bereits alles? Aber „Schreibe" ist nicht „Spreche"! Das Anschreiben und den tabellarischen Lebenslauf kann man zu Hause in Ruhe konzipieren und ausformulieren – und man kann sich von anderen dabei helfen lassen. Im Vorstellungsgespräch ist man auf sich alleine gestellt. Und es kommt eben nicht nur darauf an, was man sagt, sondern vor allem auch, wie man es sagt. Wer macht seine Sache bei dieser Bewährungsprobe gut?

Bewerber A

„Tja, wo fange ich am besten an? Also: Ich bin 20 Jahre alt, habe noch zwei ältere Brüder und bin in einem kleinen Dorf bei Winsen aufgewachsen. Meine Eltern hatten – und haben immer noch – eine kleine Bäckerei in meinem Geburtsort, in dem ich übrigens auch die Grundschule besucht habe. Später bin ich dann aufs Gymnasium gewechselt, obwohl meine Eltern sich sehr gewünscht hätten, dass ich einmal die Bäckerei übernehme. Meine großen Brüder hatten keine Lust dazu und so war ich die letzte Hoffnung. Sie müssen wissen, dass wir diese Bäckerei bereits in der dritten Generation betreiben. (...)"

Bewertung

„Aufhören!", möchte man dem Bewerber spätestens an dieser Stelle zurufen. Diagnose: verbale Diarrhoe. Viele Bewerber äußern sich nicht strukturiert, sondern liefern einen Informationsbrei ab.

Bewerberin B

„Nun, meine persönlichen Daten kennen Sie ja. Natürlich bin ich darauf stolz, dass ich nach meiner Ausbildung zur Industriekauffrau über den zweiten Bildungsweg das Abitur nachgeholt habe. War nicht einfach – hat sich aber gelohnt. Meinen Eltern bin ich sehr dankbar dafür, dass sie mir in dieser Zeit den Rücken freigehalten haben. Nach der Schule hatte ich wieder Lust auf Praxis. Eigentlich wollte ich mit dem Abitur nur zeigen, dass ich mir Ziele setzen und diese auch erreichen kann. Und natürlich wollte ich meine Berufschancen verbessern. Da ich vom Typ her belastbar bin, gern Verantwortung übernehme und im Team arbeite, sehe ich meine berufliche Zukunft im Sanitätsdienst der Bundeswehr. Und natürlich hoffe ich darauf, dass ich hinsichtlich meines Berufswunsches heute einen Schritt weiterkomme."

Bewertung

Bewerberin B kommt schnell auf den Punkt. Sie beginnt mit den Stärken im Werdegang, den erfolgreich absolvierten zweiten Bildungsweg, und hat damit die Prioritäten sofort richtig gesetzt! Sie zeigt Zielorientierung, Lernbereitschaft und Beharrlichkeit! Das sind alles Schlüsselqualifikationen, die bei Polizei, Bundeswehr und Zoll gebraucht werden. Passt!

 TIPPS ZUR SELBSTDARSTELLUNG

- Fragen Sie nicht, wo oder wie Sie anfangen sollen oder wie viel Zeit zur Verfügung steht. Die Anforderung liegt ja gerade darin, dies gekonnt selbst zu entscheiden.

- Die Wiederholung des bereits schriftlich vorliegenden tabellarischen Lebenslaufs ist öde und auch nicht Sinn dieser Übung. Die meisten formellen Daten haben in der mündlichen Selbstdarstellung nichts zu suchen. So können Sie anfangen: „Wie Sie meinen Unterlagen entnommen haben, habe ich nach der Schule eine Ausbildung zum ..."

- Gehen Sie auf jene Stationen Ihres Werdegangs ein, die sich in Beziehung zur konkreten Bewerbung setzen lassen. Das kann ein Ausbildungsabschluss, eine Fortbildungsmaßnahme oder auch ein Praktikum sein. Viele Bewerber erinnern an einen Gemischtwarenladen, der viele, aber eher beliebige Produkte im Angebot hat. Das ist wenig erfolgversprechend.

- Wer – in Wort oder Schrift – überzeugen will, muss einem roten Faden folgen und diesen für seine Adressaten sichtbar werden lassen. Alles andere stiftet Verwirrung und wirkt inkompetent.

- Wer während der Selbstdarstellung das Zeitgefühl verliert, muss damit rechnen, vom Gesprächspartner unterbrochen zu werden. Um es hart zu formulieren: Die Initiative, die dem Bewerber übergeben wurde, wird ihm abrupt wieder weggenommen, weil er diese missbraucht hat. Auf die Gesprächsatmosphäre wirkt sich das eher ungünstig aus.

- Zum Ende Ihrer Selbstdarstellung müssen Sie die Kurve zur Polizei, zur Bundeswehr oder zum Zoll kriegen. Leiten Sie aus Ihrem Werdegang und Ihrer Persönlichkeit Gründe ab, die Sie für die angestrebte Laufbahn empfehlen. Etwa: „... und deshalb denke ich, dass diese Ausbildung für mich genau richtig ist."

Diese Sätze bitte streichen

Bert Brecht hat einmal angemerkt: „Wir waschen unsere Wäsche, aber niemals unsere Wörter." Doch hin und wieder ist Letzteres durchaus nötig. Und was für Kleidungsstücke gilt, gilt ebenfalls für Sätze, auch sie müssen mal ausrangiert werden. Man denke nur an Reiseberichte über jene Sehnsuchtsziele, an denen man angeblich „die Seele baumeln" lassen kann. Meist lässt dies nichts Gutes ahnen und das gilt auch für bestimmte Formulierungen im Vorstellungsgespräch. Verabschieden Sie sich von folgenden Sätzen:

- „Da haben Sie mich falsch verstanden!" (Schuldzuweisung)

- „Wie ich vorhin schon versucht habe, Ihnen zu erklären ..." (Unterstellung von Begriffsstutzigkeit)

- „Ehrlich gesagt ..." (Erst ab jetzt ehrlich?)

- „Jeder hat doch bestimmt schon mal ..." (freche Unterstellung)

- „Wir alle können doch nicht immer ..." (plumpe Anbiederung)

- „Sie können sich sicher vorstellen ..." (Unterstellung)

- „Entschuldigen Sie bitte, wenn ich Sie hier unterbreche." (Ungehörigkeit)

Diese Umgangsformen sollten Sie beherrschen

Als das englische Königspaar einmal die Bundesrepublik beehrte, wurde Prinz Philip, der Gemahl von Queen Elizabeth, mit dem Wort „Protokoll" konfrontiert. „Protokoll?", soll er gefragt haben. „Das Wort kennen wir gar nicht." Als der Gesprächspartner dem Prinzen erklärt hatte, was darunter zu verstehen sei, soll dessen Antwort gelautet haben: „Ein Protokoll gibt es bei uns nicht. Alles, was wir haben, sind gute Manieren!"

Nun sind die Flegeljahre der Etikette auch in Deutschland vorbei und deshalb kann man als Bewerber auch auf diesem Gebiet punkten. Mehr noch: Wer die Anstands- und Umgangsregeln beherrscht, fühlt sich bei seinem Auftritt sicherer. Außerdem signalisieren gute Manieren Wertschätzung.

Eine überzeugende Definition des etwas in die Jahre gekommenen Wortes „Manieren" stammt von dem amerikanischen Philosophen Ralph Emerson: „Gute Manieren bestehen aus lauter kleinen Opfern." Es geht also um ein Geben und Nehmen und da gilt es aufzupassen, dass keine Schieflage entsteht. Wissen Sie hier Bescheid?

Test: Wie stilsicher ist Ihr Auftritt?

1. Früher war die Frage, wer wen zuerst grüßt, eine Statusfrage. Heute grüßt derjenige zuerst, der den anderen zuerst sieht.

    ☐ stimmt   ☐ stimmt nicht

2. Wenn das Gespräch bereits begonnen hat und ein weiterer Gesprächspartner dazu kommt, steht man heutzutage zur Begrüßung nicht mehr auf.

    ☐ stimmt   ☐ stimmt nicht

3. Die Regel, dass eine Dame in diesem Falle immer sitzen bleibt, gilt nicht mehr. Heute entscheidet jede Frau selbst, ob sie bei der Begrüßung aufstehen möchte.

    ☐ stimmt   ☐ stimmt nicht

4. „Bitte schön, nehmen Sie Platz!" Das war einmal. Souveräne Bewerber warten nicht auf diese Aufforderung, sondern suchen sich ihren Platz selbst aus.

    ☐ stimmt   ☐ stimmt nicht

5. Wenn Getränke angeboten werden, sollte man diese annehmen.

    ☐ stimmt   ☐ stimmt nicht

6. Kompetente Bewerber eröffnen das Gespräch und zeigen damit Initiative. Etwa so: „Ich möchte vorschlagen, dass ..."

    ☐ stimmt   ☐ stimmt nicht

7. Wenn Sie als Bewerber von Ihrem Gastgeber durch ein Gebäude geleitet werden, gehen Sie auf seiner rechten Seite.

    ☐ stimmt   ☐ stimmt nicht

8. An einer Treppe geht der Mann hinter seiner weiblichen Begleitung, wenn für ein Nebeneinander nicht ausreichend Platz ist.

    ☐ stimmt   ☐ stimmt nicht

9. Welche Regel gilt für ein Fünf-Gänge-Menü? Das Besteck des ersten Ganges liegt ganz außen und dann geht es Richtung Teller weiter.

    ☐ stimmt   ☐ stimmt nicht

10. Nach dem Essen wird das Besteck in der Position „20 vor auf der Uhr" auf den Teller gelegt.

    ☐ stimmt   ☐ stimmt nicht

Auswertung

Ungerade Testitems: stimmt = 2 Punkte, stimmt nicht = 0 Punkte

Gerade Testitems: stimmt = 0 Punkte, stimmt nicht = 2 Punkte

Interpretation

20–14 Punkte

Sie kennen die wichtigsten Dos und Dont's im Umgang mit anderen. Und deshalb wissen Sie bestimmt auch, dass man das Weinglas immer am Stil anfasst.

13–6 Punkte

Schauen Sie sich Ihre Fehler noch einmal an und lesen Sie dieses Kapitel zu Ende.

5–0 Punkte

Gutes Benehmen ist bei Ihnen reine Glückssache. Kaufen Sie sich ein aktuelles Benimmbuch oder machen Sie einen entsprechenden Kurs.

Smalltalk meistern

Smalltalk ist eine Urfunktion der Sprache – er dient der Kontaktaufnahme und soll „Nestwärme" herstellen. Auch wenn knallharte Verhandlungen anstehen, wird zunächst aus guten Gründen in die Gesprächsatmosphäre investiert, also geplaudert. Die Fähigkeit, mit fremden Menschen über belanglose Themen ins Gespräch zu kommen, ist eine Frage der Sozialkompetenz. Wer hier als Bewerber verkrampft, hölzern oder hilflos wirkt, es aber um einen Job geht, der Kontaktstärke erfordert, hat im Verlauf des Gesprächs eine Menge zu tun, um diesen Eindruck wieder auszubügeln.

 BEISPIEL „HATTEN SIE EINE GUTE ANREISE?"

Nach der Begrüßung ist dies häufig der Einstieg in einen kurzen Smalltalk. Vielen Bewerbern fällt jetzt nicht mehr ein, als sich artig für die Nachfrage zu bedanken. Damit ist der Dialog schon wieder zu Ende. Dabei hätte man aus dieser Frage etwas Gutes machen können:

- „Vielen Dank. Ich habe vorhin noch einen kleinen Bummel durch die Innenstadt machen können. Toll, wie viele Fachwerkhäuser es hier noch gibt."

- „Danke – hat alles gepasst. Ich bin eben an dem neuen Stadion von Schalke vorbeigekommen. Habe gelesen, dass man den Rasen herausfahren kann …"

Es kommt immer gut an, wenn man zeigt, dass man mit offenen Augen und neugierig durchs Leben geht:

- „Die Anreise war sehr angenehm. Sie haben hier aber auch eine sehr gute Bahnverbindung."

Die Sitzordnung beachten

Wenn Sie gebeten werden, sich einen Platz auszusuchen, prüfen Sie zuerst, welche Plätze durch Unterlagen oder Gegenstände bereits markiert sind. Im Zweifelsfall haben ja schon andere Bewerbungsgespräche stattgefunden. Vermeiden Sie grundsätzlich die Stirnseite eines Tisches. Wenn möglich, suchen Sie sich einen Platz, von dem aus Sie nicht in die Sonne blicken müssen. Und setzen Sie sich möglichst nicht direkt neben Ihren Gesprächspartner. Über Eck ist eine gute Position.

Die Gesprächseröffnung

Der Gastgeber bestimmt die Agenda. Und deshalb bestimmt er auch, wann die Aufwärmphase vorbei ist. Manche Bewerber starten mit dem Satz „Vielen Dank für die Einladung. Wenn es Ihnen recht ist, erzähle ich zunächst einmal von mir." Nicht jeder Gesprächspartner wertet dies als Sozialkompetenz, sondern als Amtsanmaßung. Sie sind auf der sicheren Seite, wenn Sie nach der Beendigung des Smalltalks einfach abwarten.

Im Zweifelsfall ist nicht Forschheit gefragt, sondern die Fähigkeit, erst einmal zuzuhören. Auch den Übergang zu weiteren Gesprächsphasen bestimmt der Einladende. In der Regel hat er ja nicht nur einen Zeitplan, sondern auch eine Vorstellung, welche inhaltlichen Stationen im Lauf des Interviews angesteuert werden sollen. Es ist Ihr Job als Bewerber, diese Stationen gut zu bewältigen, nicht aber, die Agenda zu bestimmen.

Verhalten an Türen, Treppen und Fahrstühlen

Wer hat das nicht schon einmal erlebt? Zwei Männer blockieren sich gegenseitig, weil jeder vor der Tür dem anderen den Vorrang einräumen möchte. Als Bewerber/in können Sie derart unbeholfene Szenen vermeiden, indem Sie sich an folgende Regeln halten:

- Wenn Sie von Ihrem Gastgeber durch das Gebäude geleitet werden, gehen Sie auf seiner rechten Seite.

- An einer Treppe geht der Mann vor seiner weiblichen Begleitung, wenn für ein Nebeneinander nicht ausreichend Platz ist.

- Beim Betreten von Fahrstühlen gilt: Der Gast hat den Vortritt. Verzichten Sie auf ein Hin und Her, sondern marschieren Sie – mit einem „danke"– beherzt los.

Manieren bei Tisch

Obwohl es im deutschen Markt einstweilen über 500 psychologische Testverfahren gibt, werden ständig neue Techniken der Menschenerkenntnis entwickelt. Der Forschritt auf dem Gebiet der Potenzialermittlung scheint aber eine Schnecke zu sein, denn es gibt immer noch Fehlentscheidungen. Dabei stehen den Personalexperten zwei psychodiagnostische Situationen zur Verfügung, die leicht zu arrangieren und besonders aufschlussreich sind.

Erstens: Man fahre mit einem Kandidaten – dieser chauffiert – während der Rushhour durch eine deutsche Innenstadt und bitte ihn, einen Parkplatz zu suchen. Hier kann er Umsicht, Belastbarkeit und Frustrationstoleranz zeigen. Diese Möglichkeit der Stärken-Schwächen-Analyse wird selten genutzt und ist natürlich nicht ganz ernst gemeint.

Zweitens: Man mache den „Gabeltest". Beim gemeinsamen Essen kann der Kandidat eine aufschlussreiche Kostprobe in Sachen Sozialkompetenz und Benimm abgeben. In der Wirtschaft ist es deshalb nicht unüblich, sich mit dem Kandidaten der engeren Wahl zu Tisch zu begeben.

Wer Lust hat, mag jetzt einfach einmal davon ausgehen, dass es mit dem Traumjob klappt. Dann werden Sie gewiss irgendwann mit den neuen Kolleginnen und Kollegen oder mit den Kameradinnen und Kameraden ganz gediegen speisen. Das gemeinsame Essen hat vor allem eine soziale Funktion: Man will und kann sich kennen und einschätzen lernen. Und weil es eben nicht nur darum geht, sich den Bauch vollzuschlagen, spielen Regeln im Verlauf der Nahrungsaufnahme eine bedeutende Rolle. Hier die wichtigsten Tipps:

- Die Hände sind immer auf dem Tisch.

- Auch bei angeregten Gesprächen fuchtelt man nicht mit Messer und Gabel in der Luft herum.

- Bevor man zum Glas greift, wird der Mund mit der Serviette kurz abgetupft.

- Das Besteck für den ersten Gang liegt ganz außen, dann geht es in Richtung Teller weiter.

- Wenn man Messer und Gabel während des Essens ablegt, dann mit der Spitze zur Tellermitte hin.

- Spargel, Kartoffeln und Gemüse dürfen mit dem Messer geschnitten werden.

- Oliven- oder Kirschkerne spuckt man oben in die Faust.

- Auf die Toilette geht man nur am Ende eines Ganges.

- Wenn das Essen allmählich zu Ende gehen soll, lässt man sich zunächst einmal nicht nachschenken.

- Nach dem Essen wird das Besteck in der Position „20 nach auf der Uhr" auf den Teller gelegt.

Abkürzungsverzeichnis

BePo	Bereitschaftspolizei
BGS	Bundesgrenzschutz
BKA	Bundeskriminalamt
BPOL	Bundespolizei
cm	Zentimeter
dm	Dezimeter
EAV	Eignungsauswahlverfahren
EU	Europäische Union
g	Gramm
gD	gehobener Dienst
h	Stunde
ha	Hektar
hD	höherer Dienst
KED	Kriminalermittlungsdienst
kg	Kilogramm
km/h	Kilometer pro Stunde
KriPo	Kriminalpolizei
l	Liter
LBP	Landesbereitschaftspolizei
LKA	Landeskriminalamt
m	Meter
m^2	Quadratmeter
m^3	Kubikmeter
mD	mittlerer Dienst
MEK	Mobiles Einsatzkommando

min	Minute
N	Newton
PVB	Polizeivollzugsbeamter
SchuPo	Schutzpolizei
SEK	Spezialeinsatzkommando
WaPo	Wasserschutzpolizei

Stichwort- und Personenverzeichnis

Der Autor

Claus Peter Müller-Thurau ist Diplompsychologe und seit vielen Jahren auf den Gebieten Potenzialermittlung und -entwicklung von Mitarbeitern selbstständig tätig. Vorher war er Leiter der Personalentwicklung und Nachwuchsförderung im Axel Springer Verlag sowie geschäftsführender Gesellschafter der Personal- und Unternehmensberatung Selecteam in Hamburg.

Weitere Informationen zum Autor:

www.mueller-thurau.de